日系移民社会における言語接触のダイナミズム

ブラジル・ボリビアの子供移民と沖縄系移民

工藤真由美・森 幸一＝編

Mayumi Kudo　Koichi Mori

大阪大学出版会
Osaka University Press

まえがき

　今から1世紀ほど前、北海道から沖縄に至る日本全国からの移民が南米へと海を越え、現在、ブラジルでは最大の日系社会が築かれている。1908年6月18日、笠戸丸がサントス港に到着、埠頭を踏んだ瞬間から移民のブラジルでの生活が始まった。6月19日、輸送監督として渡伯した上塚周平が詠んだ「ブラジルの初夜なる焚火祭かな」は、記録に残っている移民俳句の第1号とされている。

　本書は、2002年から2011年にかけて実施された現地調査に基づき、ブラジルとボリビアの本土系・沖縄系移民コミュニティーにおける、日本語、沖縄方言とポルトガル語、スペイン語との言語接触と言語移行の動態（ダイナミズム）を、社会的、文化的、心理的側面から考察しようとするものである。工藤・森・山東・李・中東（2009）『ブラジル日系・沖縄系移民社会における言語接触』（ひつじ書房）の続編であり、ブラジルとは対照的な様相を示す、ボリビアにおける沖縄系移民コミュニティーも加えた総合的な分析結果を提示している。

　第1章では、本調査研究における新たな視点とその成果を述べている。我々が注目したのは〈子供移民〉と〈沖縄系移民〉の存在である。南米、特にブラジルへの日本人移民の最大の特徴は、北米諸国への移民と違って、〈家族形態〉での移民であったことにある。在伯邦人社会が最盛期を迎えた1920年代後半から30年代においては、その半数近くを子供移民が占めていた。それにもかかわらず、子供移民の存在は従来ほとんど無視されてきたに等しく、彼らが、戦前期の2つのナショナリズムの狭間での葛藤を経て、戦後「永住」を決意するなかで、「準二世」として名乗りを挙げながら日系エスニック運動（日本語文学、子女教育、ムラ作り運動等）の牽引者になったという事実を提示したことが本書の第1の成果である。次に、沖縄系移民について言えば、1908年の第1回ブラジル移民の約半数が沖縄県からの移民で

まえがき

あったという事実も従来の研究では無視されてきたに等しいものであった。本書では、戦前期および戦後期における、本土系の日本人移民に「同化する」という意志表示に代えて、1980年代初頭から、沖縄方言（ウチナーグチ）にエスニックアイデンティティーの象徴化機能を担わせつつ、沖縄文化再活性化運動が展開され、〈沖縄系・日系・ブラジル人〉という複合的アイデンティティーの再構築がなされているという事実を指摘する。

第2章では、第3章～第5章における考察の前提となる本調査研究の特徴を述べる。本調査研究は、①言語生活調査、②談話録音調査、③文献の掘り起こし調査という3つのタイプからなるが、これらは相互補完関係にあり、言語接触と言語移行の過程を言語的側面と歴史社会的側面から総合的に考察するために必要不可欠なものであった。2.1では、精緻な言語生活調査が実施された経緯を説明した上で、どういう社会的属性をもった人々が分析対象になっているかについて示している。2.2では、調査対象となった、2つの本土系コミュニティーと2つの沖縄系コミュニティーの歴史を概観する。

第3章では、言語生活調査に基づき、本土系移民コミュニティーと沖縄系コミュニティーにおける、①言語能力意識の変化、②言語使用意識の変化、③エスニックアイデンティティーに関わる継承意識の変化の分析結果を提示している。データから浮かび上がってきた重要な点の第1は、現地生まれの2世ではなく、言語形成期以前に渡航した〈1世子供移民〉から、日本語から現地語（ポルトガル語やスペイン語）への言語移行が、急激にあるいは緩やかに起こってくることである。子供を伴った家族移民であったというブラジルへの日本人移民の最大の特色が、日本語と現地語の言語接触と移行のダイナミックな様相を提示するのだが、この点は、北米の場合とは大きく異なるものである。第2の重要な点は、現地語へのモノリンガル化が進み、日常生活においては、日本語や沖縄方言を使用しなくなっていったとしても、日本語や沖縄方言に対する継承意識はなくならないことである。これは、言語の象徴化機能と相関する〈沖縄系・日系・ブラジル人〉という複合的アイデンティティーの構築を物語っている。以上の言語的側面に焦点をあてた新たな成果は、第4章と第5章で、社会的、文化的、心理的側面から歴史的考察が

なされることになる。

　第4章と第5章は文献の掘り起こし調査に基づくものである。第4章では、第3章における分析結果の1つである〈子供移民〉の存在意義をうけて、日本人としてのアイデンティティーを有する1世とも、ブラジル人としてのアイデンティティーが卓越する現地生まれの2世とも異なる、積極的には2つの言語文化の媒介者としての意識、消極的には「中途半端な存在」としての苦悩を抱えながら自らのアイデンティティーを模索し続けた子供移民をめぐる葛藤の諸相を考察する。重要なことは、戦後、ブラジル永住を決意するなかで析出された「コロニア人アイデンティティー」と軌を一にしながら、子供移民のなかから〈準二世アイデンティティー〉が構築されたことである。この事実は、これまで安易に使われてきた1世、2世といった分析指標では、ブラジル日系人をめぐる言語状況とエスニシティーの分析は不可能であることを示す。4.2では、今回新たに掘り起こされた『日本語読本』を取り上げ、〈準二世〉としての世代意識の醸成へと通じていった日本語教育の問題、具体的には、移民社会内での生活方略として戦前に模索された日本語教科書作成事業を中心に考察している。

　第5章は、本書のもう1つのキーワードである〈沖縄系移民〉についての論考である。まず、5.1では、戦後における沖縄からの海外移民史について、移民政策、移民数、移民形態等の観点から、南米全体、ブラジル、ボリビアの順に概観した上で、本書における調査コミュニティー（サンパウロ市ビラカロン、オキナワ第1移住地）の位置づけを行っている。5.2では、1908年に始まったブラジルの沖縄系移民において、そのエスニックアイデンティティーが、①「日本人になる」という「県人」アイデンティティー、②「ブラジルの日本人になる」という「コロニア人」アイデンティティー、③「ブラジルのウチナーンチュになる」という「ウチナーンチュ」アイデンティティー、④「汎ウチナーンチュ」アイデンティティーという変遷を経て現在に至っていることを述べる。③の段階では、沖縄文化再活性化運動を通して、かつて、文化的低さ、前近代性等を表象するとみなされた沖縄的なるものに対する誇りや自負が生まれた。日常生活の言葉としては、沖縄方言が使

移民募集広告（昭和前期）

サントス港（1920年頃）

用されなくなっていくにもかかわらず、エスニックアイデンティティーに関わる言語の象徴化機能の高まりが見られるのである。

以上のように、本書では、言語的、社会的、文化的、心理的側面を総合化しつつ、①言語接触と言語移行における子供移民（準二世）の存在意義とその葛藤の諸相、②本土系移民とは異なる沖縄系移民コミュニティーにおける3言語接触とエスニックアイデンティティーの複合性の問題を軸に構成されているが、特に①の点は、北米における日系移民研究の成果を安易に持ち込んだ従来の考察とは一線を画すものである。

なお、詳細なデータについては巻末の資料編を参照されたい。また、ボリビアの沖縄系移民コミュニティーにおける談話録音調査の一部を、本書のDVD-ROMで公開している。ブラジルについては、『ブラジル日系・沖縄系移民社会における言語接触』（2009）に付けたCD-ROMを参照されたい。

本書は、大阪大学21世紀COEプログラム「インターフェイスの人文学」（2002〜2006年度）および大阪大学グローバルCOEプログラム「コンフリクトの人文学国際研究教育拠点」（2007〜2011年度）による研究成果の一部である。

2015年7月1日

工藤真由美

目　次

まえがき　*i*

第1章　本書の目的と成果 …………………………………… 1
1.1　本書の目的 ………………………………………………… 3
  1.1.1　子供移民の存在意義　4
  1.1.2　沖縄系移民の存在意義　7
1.2　本調査の特徴 ……………………………………………… 10
  1.2.1　調査対象コミュニティー　10
  1.2.2　言語生活調査　12
  1.2.3　談話録音調査　13
  1.2.4　文献調査　16
1.3　言語生活調査による成果 ………………………………… 18
  1.3.1　分析対象者の社会的属性上の特徴　19
  1.3.2　言語能力意識の移行過程　21
  1.3.3　言語使用意識の移行過程　28
  1.3.4　継承意識の保持　35
1.4　日系移民社会における言語接触論が提起するもの ……… 38
  1.4.1　日本語と現地語の狭間で葛藤する子供移民　39
  1.4.2　沖縄方言の象徴化と複合的アイデンティティー　43
  1.4.3　日本語保持の社会的要因　45
1.5　今後の課題 ………………………………………………… 47

第 2 章　本土系・沖縄系コミュニティーにおける言語生活調査 …… 51
2.1　調査の概要 ………………………………………………………… 53
　2.1.1　本土系コミュニティー　53
　2.1.2　沖縄系コミュニティー　57
　2.1.3　分析対象者の社会的属性　60
2.2　調査コミュニティーの歴史 ………………………………………… 63
　2.2.1　ブラジル・アリアンサ移住地　63
　2.2.2　ブラジル・スザノ市福博村　70
　2.2.3　ブラジル・サンパウロ市ビラカロン　75
　2.2.4　ボリビア・オキナワ第 1 移住地　79

第 3 章　言語接触と言語移行の動態 ………………………………… 93
3.1　言語能力意識の変遷 ………………………………………………… 95
　3.1.1　本土系コミュニティーにおける 2 言語接触　96
　3.1.2　沖縄系コミュニティーにおける 3 言語接触　100
　3.1.3　四技能別の変遷過程　103
3.2　言語使用意識の変遷 ………………………………………………… 109
　3.2.1　家族内における言語使用の変遷　109
　3.2.2　家族外における言語使用の変遷　117
3.3　言語機能と複合的アイデンティティー …………………………… 120
　3.3.1　言語の混交に関する意識　120
　3.3.2　日本語と沖縄方言の継承意識　126
　3.3.3　言語能力意識と継承意識の関係　133

第 4 章　子供移民と日系エスニック運動 …………………………… 141
4.1　葛藤の主体「準二世」………………………………………… 143
- 4.1.1　戦前期日本人移民における家族と子供移民　144
- 4.1.2　子供移民のなかの「準二世」　150
- 4.1.3　「準二世」をめぐる環境と主観的解釈　154

4.2　世代意識と日本語教育 ………………………………………… 182
- 4.2.1　世代意識と「準二世」　182
- 4.2.2　世代意識と日本語――その史的意味について――　186
- 4.2.3　日本語教育の方略　189
- 4.2.4　言語生活調査と日本語教育　200

第 5 章　沖縄系移民と文化再活性化運動 …………………………… 205
5.1　戦後沖縄からの移民史 ………………………………………… 207
- 5.1.1　南米への移民　208
- 5.1.2　ブラジルへの移民　220
- 5.1.3　ボリビアへの移民　228

5.2　ブラジル沖縄系人のエスニックアイデンティティーの変遷 ‥ 241
- 5.2.1　「県人」アイデンティティー　243
- 5.2.2　「コロニア人」アイデンティティー　253
- 5.2.3　「ウチナーンチュ」アイデンティティー　257
- 5.2.4　「汎ウチナーンチュ」アイデンティティー　265

資料編　Ⅰ　第 2 章と第 3 章の言語生活調査に関わる詳細データ　275
　　　　　Ⅱ　パウリスタ新聞社編『日本・ブラジル人物交流事典』に掲載
　　　　　　　された「子供移民（15 歳以下でのブラジル渡航）一覧」　299
　　　　　Ⅲ　DVD-ROM で公開するボリビアの談話資料に関する説明　302

参考文献　307
あとがき（謝辞）　313
索引　315
著者紹介　318

第1章

本書の目的と成果

日本ボリビア協会・会館前の移民像（オキナワ第1移住地）

1.1 本書の目的

　今から 1 世紀ほど前、北海道から沖縄に至る日本全国からの移民が、ブラジルをはじめとする南米へと海を越えた。彼等は、経済的、社会的成功をめざして、移民先（ホスト社会）におけるポルトガル語やスペイン語と格闘しつつ、エスニックアイデンティティーに関わる日本語や沖縄方言をいかに次世代へ継承させるかも模索し続けてきた。しかしながら、世代交代とともに、日本語や沖縄方言の使用が無くなりつつある現在、最大の日系社会を築いてきたブラジルにおいても、言語接触と言語移行に関わる諸問題の考察は喫緊の課題となっている。

　このような状況を受けとめて、本書は、共同研究として実施した言語生活調査と文献調査に基づき、ブラジルおよびボリビアにおける言語接触・言語移行のダイナミズムと複合的なエスニックアイデンティティーの構築について考察したものである。Thomason and Kaufman（1988）が述べるように、また、Weinreich（1953）も強調したように、言語接触・言語移行の諸相を考えるにあたっては、歴史社会的な状況、あるいは言語文化に対する心理的な態度を視野に入れることが必要不可欠であろう。

> Finally, we have argued throughout this book that the major determination of contact-induced language change are the social facts of particular contact situations, nor the structural linguistic relations that obtain among the languages themselves. Language shift, for instance, is a social fact with linguistic implications. Linguistic factors do influence the linguistic outcome of a contact situation, but only secondarily.　　　　　　　　　　　　　（Thomason and Kaufman 1988：212-213）

　本書では、南米移民の実態に即し、これまで重視されてこなかった、1)〈子供移民〉と 2)〈沖縄系移民〉に焦点をあてることによって、社会的、文化的、心理的側面を視野に入れた、日系移民社会における言語接触と言語移行の動態の重層性を考察する。以下で述べるように、子供移民と沖縄系移民こそ

第1章　本書の目的と成果

は、自らのアイデンティティーをいかに構築していくのかという葛藤、苦悩を背負った人々であったと思われる。

1.1.1　子供移民の存在意義

現在、消滅の危機に瀕した言語の問題においても、「次世代への継承性」が最も重要になっているが、「世代」という要因は、多言語社会の動態を分析するにあたって必要不可欠であろう。その場合、従来は、「1世」「2世」「3世」という単純な括りで考察されることがほとんどであった。

しかしながら、ブラジルへの日本人移民の重要な特徴は、〈家族移民〉という形態であったがゆえに、「1世」として括られてしまう人々のなかに、言語形成期あるいは言語形成期以前の子供移民が、多数含まれていたことである。この点は、北米諸国への日本人移民との大きな違いである。1920年代後半から1930年代半ばにかけて、ブラジルへの日本人移民数はピークを迎えるが、次のように、実に半数近くが子供移民であった。前山（2001：213）より簡略化して示す。（この点の詳細は第4章参照。）

表1　ブラジル渡航時における家族内地位

	1923～1927年	1933～1937年
夫婦	21.3%	18.5%
子供	46.8%	48.2%
構成家族員	26.2%	27.5%
その他	5.7%	5.8%

言語形成（社会化）の途上において、自らの意志とは無関係に渡航を余儀なくされ、日本とは全く異質な社会に投げ出されてしまった子供移民こそは、日本語と現地語（ポルトガル語）との葛藤を最も苛烈に体験せざるを得なかった人々であっただけでなく、その親世代においても、子供の教育をどうするのか、教育の中核となる言語選択において、日本語重視なのか、あるいは現地語重視なのかという深刻な苦悩を抱えることになったのである。こ

移住地初期の学校（日本ボリビア協会・文化会館横）

こに、子供移民に注目することの意義があると言えよう。

次に示すのは、子供に対する教育、子供の日本語教育に対する焦燥感をうたったものである。（3番目は日本語教育禁止令下での嘆きの声である。すべて、梶山美那江編（1998）所収の清谷益次「証言としての移民短歌」より引用。）

移り来し同胞の誰もかれも子の教育に思い煩う　　　　　池田重二
秋となりて棉を摘めども自が嘆き邦語教育にかかわりてあり　　葛西妙子
日本語学校閉鎖の記事を見つつ湧く悲しみは消さむ術なし　　武田静

以上の点は、ごく一部の論考を除き、従来無視されてきたが、日系移民を考察する際、成人移民と子供移民をひと括りにしてしまうことは、言語接触と言語移行のダイナミズムを見失うことになる。後述するように、言語移行は、「1世子供移民」から始まっているだけでなく、彼等は、ブラジルの日系エスニック運動における中核的存在として、戦後重要な役割を果たしてきたのである。

本書では、次のように、「1世成人移民」と「1世子供移民」を分けて分析する。

1世成人移民　→　1世子供移民（準二世）　→　2世　→　3世

現在の「オキナワ第一日ポ学校」

　この点は、2世になって、バイリンガルな状態が生起するという単純な見方を否定することになるだろう。同時に、渡伯後の歴史を生き抜くなかで、なにゆえ、子供移民のなかから、日本人としてのアイデンティティーを有した「1世」とも、ブラジル人としてのアイデンティティーが卓越していった現地生まれの「2世」とも区別して、〈準二世〉として周囲から名指され、また主体的に自己規定していった人々が出現したのか、についても解明のメスを向けることになる。

　1926年尋常小学校5年次に10歳でブラジルに渡航し、歌人、作家として活躍した清谷益次は、『遠い日々のこと』(1985) において、自らの「中途半端な生い立ち」に対する苦悩を、次のように述べている。

　　私はかねがね、準二世それも自我がやや形成され始めた年代に、突然まったく異質の環境の中へ投げ出され、それに順応も適応もできかねながら（なまじ日本の事を意識に持ち得るほどにはなっていたゆえに）、しかも一方にすがるべき確とした拠りどころを何一つ持たずに成長しなければならなかった幼い移住者の精神の遍歴の過程がつかまえなければ、コロニアに関するいろいろな論議も片手落ちになるのではないかという考えを抱いてきた。
　　　　　　　　　　　　　　　　　　　　　　　　　　　（清谷 1985：237）

　言語接触と言語移行のダイナミズムを理解するためのキーパーソンは、現

地生まれの2世というよりもむしろ、日本生まれの子供移民（準二世）であると思われる。

1.1.2 沖縄系移民の存在意義

　日本人移民のなかには、北海道から鹿児島に至る本土系移民とともに、沖縄からの移民が含まれていることも忘れてはならない。1908年、ブラジルへの第1回移民が開始されたが、その781人のうち、約42％を占める318人は沖縄県からの移民であった。

　沖縄系移民にとっての母語は「ウチナーグチ」（沖縄方言）であることから、本土系移民の場合とは言語接触・言語移行のあり様やエスニックアイデンティティーも異なってくると思われる。後述するように、本土の諸方言とは異なって、「ウチナーグチ」は彼らのエスニックアイデンティティーと大きく関わっており、本土の諸方言と沖縄方言（ウチナーグチ）を同列に置くことはできない。

　大局的に見て、本土系移民コミュニティーでは、日本語と現地語の〈2言語接触〉が起こったのに対し、沖縄系移民コミュニティーでは、沖縄方言（ウチナーグチ）、日本語、現地語の〈3言語接触〉が起こり、その動態はさらに重層的である。

　戦前においては、沖縄の言語文化は圧殺されていた。1926年に設立されたブラジル初の沖縄県人組織「球陽協会」の「申し合わせ14か条」のなかには、「出来る限り普通語及びポルトガル語を話すこと、殊に他県人の前にては方言を使わないこと」という文言が明記されている。また、清谷益次と同じく子供移民（尋常小学校5年次に渡航）であった半田知雄（画家、移民史研究者）は、パウリスタ新聞（1955年3月7日）における「カンポ・グランデ」と題するエッセーで次のようなことを述べている。カンポ・グランデは、マット・グロッソ州第1の都市である。

　それにもかかわらず、私がここで興味を覚えたのは、ここが沖縄の人たち

第 1 章　本書の目的と成果

の集団地であり、内地人の集団地とはどこか違った点があるからである。ここでは沖縄語が多くつかわれ、二重に異質文化の問題がある。今後来る移民のことはわからないが、古い人たちの家庭では沖縄の言葉を話し、子供たちにも、おぼえてほしいと思い、標準語もわかり、なおブラジル語もと思いながら、いつのまにか一方的にブラジル化した子供をもっている。そして今日では1世たちでも「お早う」と云うより「ボンジーヤ！」と云うほうが親しみ深いといわれる程である。（中略）

　戦前はなんでも大和民族日本文化一式でかたづけようとした雰囲気があったため、沖縄の本当の歴史や文化について語ることが、なんとなくはばかられた。私は残念に思っていた。（半田 1966『今なお旅路にあり』所収：76-77）

　しかしながら、1980年代初頭からは、沖縄文化の再活性化活動が盛んになってきており、「ブラジルのウチナーンチュ」としてのエスニックアイデンティティーの高まりが見られる。このような状況のなかで、沖縄方言（ウチナーグチ）は、日本語や現地語とどのような関係を形成してきているのであろうか。北海道から鹿児島に至る「本土系の日系移民」と「沖縄系の日系移民」とを一括化してしまうこともまた、言語接触・言語移行のダイナミズムを見失うことになるであろう。本書では、〈沖縄系移民〉における、沖縄方言を含めての言語接触・言語移行の動態を考察するものである。

　重要なことは、上述のように、沖縄方言をどう考えるかには、彼らのエスニックアイデンティティーが関わっており、これは、生活の言葉として日常的に沖縄方言を使用するかどうかとは必ずしも一致しない点である。従来の調査研究では、単純に、日系移民社会における言語の日常的使用について分析しているに過ぎないのだが、沖縄方言は、実用的なコミュニケーション機能（the most important medium of human communication）を失ったとしても、「エスニックアイデンティ

半田知雄『今なお旅路にあり』

「沖縄伝統芸能を学ぶ子供たち」
（ボリビア・オキナワ第 1 移住地の日ボ校）

ティーの象徴化機能」（a means by which people can identify themselves and others）を前面化させてきている。ブラジルの沖縄系コミュニティーでは、2 世において、すでにポルトガル語へのモノリンガル化が進行しているが、これは、彼らのアイデンティティーもまたブラジル人になったということを意味しない。逆に、「ブラジルのウチナーンチュ」意識を前面化させつつ、複合的なエスニックアイデンティティーが構築（再構築）されてきているように思われる。

したがって、本書では、〈日系人（日系コミュニティー）〉を、〈本土系人（本土系コミュニティー）〉と〈沖縄系人（沖縄系コミュニティー）〉に分けた上で、両者の共通性と違いを考察する。

日系人（日系コミュニティー）	
本土系人（本土系コミュニティー）	沖縄系人（沖縄系コミュニティー）
2 言語接触	3 言語接触

以上により、本書は、多言語社会における〈子供移民〉と〈沖縄系移民〉の存在意義に焦点をあてながら、言語接触・言語移行のダイナミズムを多角的な観点から考察し、同時にこれが、歴史状況の変動のなかで、複合的なエスニックアイデンティティーの生成にどう関わってきたのかを考察するものである。

1.2 本調査の特徴

　言語接触と言語移行の動態を、言語的、社会的、心理的、文化的側面から総合的に分析するために、ブラジルとボリビアにおける4つの日系コミュニティーを対象にして、「言語生活調査」「談話録音調査」「文献調査」という3つのタイプの現地調査を実施した。この3つのタイプの調査は相互補完関係にある。

1) 言語生活調査：社会的側面と言語的側面を中心とする考察
2) 談話録音調査：言語的側面を中心とする考察
3) 文献調査：社会的、文化的、心理的側面を中心とする歴史的考察

　対象となった日系コミュニティーは4地点と少ないものの、政治的、経済的背景をも視野に入れた総合的な観点から分析できるように、この3つのタイプの調査すべてが可能なコミュニティーを選定した。
　以下、①調査対象コミュニティー、②言語生活調査、③談話録音調査、④文献調査についてその概要を述べる。

1.2.1　調査対象コミュニティー

　〈本土系移民〉からなるコミュニティーと〈沖縄系移民〉からなるコミュニティーを区別した上で、都市（サンパウロ市）あるいはその近郊にあるコミュニティーと、奥地農村にあるコミュニティーを取り出し、次の4地点について調査を実施した。このうち、サンパウロ市近郊にあるスザノ市福博村、サンパウロ市ビラカロン、アリアンサ移住地の3地点はブラジルであり、オキナワ第1移住地はボリビアである。なお、ブラジルのビラカロンには、ボリビアのオキナワ移住地から移動してきた人々も居住しており、この2つの沖縄系コミュニティー間には歴史的なつながりがある。（詳細は、第2章、

第 5 章参照。)

	都市（周辺）	奥地農村
本土系コミュニティー	スザノ市福博村	アリアンサ移住地
沖縄系コミュニティー	ビラカロン	オキナワ第1移住地

図1　ブラジルとボリビアの調査地点

1) 言語的な面から言えば、ブラジルの3つのコミュニティーにおける現地語はポルトガル語であり、ボリビアにおける現地語はスペイン語である。上述したように、本土系コミュニティーでは、日本語と現地語の2言語接触、沖縄系コミュニティーでは、沖縄方言、日本語、現地語の3言語接触が起こっている。本土系コミュニティーにおいても、当然ながら本土の諸方言間の接触が起こっているが、本土系移民における方言は、エスニックアイデンティティーに関わっていない点で、沖縄方言（ウチナーグチ）とは決定的に異なる。

2) 社会的な側面から言えば、都市（または都市周辺）か奥地農村かという違いは、同時に、彼らの職業が、商業（自営業）やホワイトカラー（専門・技術職を含む）か、農業（畜産）かという違い、そしてまた学歴（高学歴化の有無）の違いとも相関している。上述したように〈家族移民〉であったがゆえに、子女教育のために、奥地農村からサンパウロ市を中心とする都市への再移動を行ったという側面があるのである。そして、ブラジルでは、戦後、永住を決意するなかで、ブラジルの公教育を重視することに

なった。一方、ブラジルとは違って、ボリビアのオキナワ移住地においては、日本への長期にわたるデカセギ（研修）という生活戦術が顕著であり、スペイン語と日本語の2言語2文化教育体制を整えていることが特徴的である。（これらの点に関しては、第2章の「調査コミュニティーの歴史」を見られたい。また、第5章でも、戦後における沖縄からの移民史のなかで、ビラカロンとオキナワ移住地の位置づけがなされている。）

こうした彼らの生活戦術の違いが、大局的には、〈進行型〉か〈安定型〉かという言語接触と言語移行のプロセスを異なるものにしていっていると思われる。（ただし、日本語と沖縄方言に対する継承意識は別である。）

進行型：ブラジルの3つのコミュニティー
　　　　早い場合には、1世子供移民から日本語が使用されなくなっていき、3世では現地語のモノリンガル化（沖縄方言も2世から使用されなくなる）
安定型：ボリビアのオキナワ第1移住地
　　　　3世まで日本語を保持し、日本語と現地語のバイリンガル化（ただし、沖縄方言は使用されなくなる）

1.2.2　言語生活調査

　3つのタイプの調査研究のうち、言語生活調査の設計と実施にあたっては、次の点に留意した。

① 　言語生活調査は、2000〜2001年に、サンパウロ人文科学研究所が実施した「日系社会実態調査」をブラッシュアップして実施した。言語生活調査票は、生活の言葉としての「言語能力意識」、「言語使用意識」の動態を確認する言語項目を中心としつつ、その変化がどのような背景のなかで起こったのかを説明し得る「社会的属性」（渡航年、渡航目的、国籍、婚姻関係、

職業、教育歴、デカセギの有無など）や、エスニックアイデンティティーに関わる「継承意識」「文化活動（エスニック活動）」に関わる項目も入れた多角的なものである。
② 調査票は、日本語のものと現地語のものとの両方を用意し、4つのコミュニティー間、あるいは本土系の2つのコミュニティー間、沖縄系の2つのコミュニティー間の比較対照が可能なように、ほぼ同じ調査票で実施した。
③ 現地における調査員は、共同研究者の森幸一（サンパウロ大学）の指導を受けた、現地語と日本語に堪能な現地コミュニティーあるいは現地在住の方々であった。よそ者による面接調査ではなかった点は、調査の不自然さの解消、データの信頼性につながっているのではないかと思われる。この結果、質問項目が多く、また自由回答も入っていたにもかかわらず、多くの方々からの協力が可能になった。
④ 戦前に渡航した1世成人移民の方々の他界が相次ぎ、日本語や沖縄方言の使用が無くなっていく状況のなか、現地コミュニティーにおいて、このような調査への関心が高く、現地のリーダーをはじめとする方々の積極的なサポートを受けることができた。特に、沖縄方言に関して、ウチナーンチュ意識の高まっている沖縄系コミュニティーのビラカロンでは、「かつてのことを思うと、沖縄方言に関する調査が実施されることが夢のようだ」といった声さえ聞かれた。

本書の第3章では、この言語生活調査に関わる主要な分析結果を提示している。

1.2.3 談話録音調査

以上のような言語生活調査を実施した上で、その方々のなかから適切な方を選んで談話録音調査を実施した。したがって、この談話録音は、談話者の社会的属性や言語能力意識、言語使用意識等がすべてわかっているものであ

第1章　本書の目的と成果

る。(ブラジルの3つのコミュニティーにおける談話録音については、工藤・森・山東・李・中東 2009 を参照されたい。)

談話録音を実施した目的は、次の通りである。

① 言語生活調査においては、「日本語」という括りで質問項目を設定したが、これは必ずしも標準日本語を意味しない。日本各地の移民から構成されるコミュニティーであることから、全国各地の諸方言の接触と混交による immigrant koine が形成されようとしていた可能性が考えられる。(なお、これらの方言のなかには沖縄方言は含まれていない。)

② 国内の那覇市を中心とする沖縄地域では「ウチナーヤマトゥグチ」と言われる沖縄方言と本土日本語(標準語や九州方言など)との接触言語が使用されているが、同じようなことがブラジルやボリビアの沖縄系移民コミュニティーでも起こっている可能性がある。ただし、ここに現地語も絡み合っていることから、すべてが、国内のウチナーヤマトゥグチと同じであるとは限らないであろう。

③ 言語生活調査のなかの「言語使用意識」の項目設定では、「日本語」か「現地語」かという選択肢のみではなく、「日本語と現地語半々」といった項目を設定しているが、これは、実際には、語彙借用（lexical borrowing）やコードスイッチング（code-switching）のさまざまな様相があると考えられたためである。ブラジルの日系社会では、日本語とポルトガル語の混交を表象する「コロニア語」といった名付けも生まれているが、実際の具体的な諸相を精密に記述するためには、談話録音調査が必要不可欠である。

本書においては、工藤・森・山東・李・中東（2009）に引き続いて、ボリビアのオキナワ第1移住地における談話録音の一部を、文字化データとともに公開する。談話録音内容全体の言語学的分析自体は次の課題としたい。言語生活調査と談話録音調査は相互補完関係にあるが、まずは、「歴史的、社会的状況のなかで言語を話す人々の接触」という側面を分析し、次に、接触の結果、言語構造においてどのような変化が生じているかに分析のメスを入

れる必要があると考えたためである。

　前述の半田知雄に、次のような興味深い観察がある。半田は栃木県宇都宮市生まれの子供移民である。(1)は本土の諸方言の接触と混交（前述の①の点）に関するものであり、(2)は、日本語とポルトガル語の接触と混交（前述の③の点）に関するものである。談話録音データからも頷ける指摘であるが、このような諸相の言語学的分析はすべて今後の課題である。（なお、以下の引用中の「ブラジル語」とはポルトガル語のことであり、日系人はこのように言うことが多い。）

(1)　コトバに対する感覚がにぶくなり、自信が失われていく他の原因は、ブラジルにおいては各地方の方言がまじり合うことである。（中略）同じ場所で2つ以上の方言が常にいりみだれていると、さてどちらが本当だろうという疑念が起きる。（中略）「借りた」「買った」が区別できないで困ったことがある。「かってきた」というから「買ってきた」のかと思うと「借りてきた」のであった。「買うてきた」のではなかった。（半田 1966：120）

(2)　（前略）「おきらいですか？」とたずねられた場合、「ハイ、そうです」と日本語で答えられる筈であるが、どうも否定の場合、「ハイ」というのもおかしいと思う。「いいえ、きらいです」では日本語にならないだろう。そこで「ノン、きらいです」とやれば、問いが肯定形であっても否定形であっても自分が否定する意志は通る。その場合「ノー」は「いいえ」のように強くひびかないという特典がある。（中略）どんなにブラジル語を混ぜない人であってもこの「ノーン」又は「ノー」を使わない人はめずらしい。

（半田 1966：136）

　戦後、ブラジルの日系社会では「コロニア語」という言い方が生まれたが、これは実際には、上記の(1)と(2)の側面を含んだ「日本語とポルトガル語の混交形態」であったのではないかと思われる。そして、これは、第二次世界大戦時における国交断絶と日本語禁止令、日本の敗戦による帰るべき故郷の喪失などを経て、戦後、永住を決意した「ブラジルの日系人＝コロニア人」というエスニックアイデンティティーと結びついていた。

　今回の言語生活調査では、「日本語と現地語をまぜて話すこと」に対して

第1章　本書の目的と成果

日系人がどう評価しているかに関する調査項目を入れ、その結果を第3章で提示しているが、「2つの文化の中で生活している証であってよいことだ」といった積極的に肯定する意見や「正しい日本語や現地語で話すべきであって混ぜるのはよくない」といった否定的な意見は少なく、「わかりやすいので混ぜて使ってしまう」「仕方ないとも言えるがあたたかみも感じる」といった現状認識型の意見が多かった。半田知雄（1966）も、佐藤常蔵（1957）も、次のように述べている。

　　ブラジルの生活が長くなると自然にブラジル語に対する感覚が変化してくる。初めはブラジル語をまぜて使うといかにもキザにきこえる。（中略）ところが、時がたつにしたがってブラジル語をまぜた方が自然であり、親しみを感じるようになる。
　　　　　　　　　　　　　　　　　　　　　　　　　　（半田　1966：124）

　　先ず初めに代表的なコロニア語の実例を挙げてみる。
　「ターちゃんはフィカ・ケッとしてコメしないとママイはノン・ゴスタですよ」（中略）
　　かくも日常会話が乱雑だが、過去の生活環境を通して出来上がったコロニア語が1つの型をなして殆どの家庭に滲みこんでいることを悟るのである。ところが、この乱れたコロニア語に中にコロニア語自体の歴史と姿が反映しているかのようで何かしら親しみがある。
　　従って若し急にコロニアの各家庭で整然とした日本語が話されるとなれば美しい冷蔵庫を眺める感じになるかもしれない。　　　（佐藤　1957：81-82）

1.2.4　文献調査

　言語生活調査のみでは捉えきれない政治的、経済的諸相を把握しつつ、言語移行を引き起こす社会的、文化的、心理的側面の歴史的考察を行うために、4つのコミュニティーすべてにおいて、文献の掘り起こし調査を実施した。言語生活調査と文献調査もまた相互補完関係にある。
　言語生活調査では、〈子供移民〉を、機械的に「12歳以下で渡航した人」

1.2 本調査の特徴

と規定して分析を進めざるを得なかったが、前山（1996）に次のような指摘があるのを見ても、世代意識が、歴史的状況のなかで、周囲から名指され、あるいは主体的に選択しつつ、変化していくものであることがわかる。上述のように、半田知雄は尋常小学校5年次にブラジルに移住した子供移民である。

> 日本人移民史に関するいくつかの著作のある画家の半田知雄は1906年生まれで、現在90歳である。第二次世界大戦後、彼を「二世」と呼ぶ者はブラジルにはいない。時には「準二世」と呼ばれる。しかし彼は誰の目にも典型的な一世で、話すポルトガル語は完全に外国人のものであり、その日本語の格調の高さには定評がある。（中略）だが、この半田も1930年代には自分を「第二世」と呼んでいた。（中略）
> 半田や高畠、木村の論の展開から読み取れることは、人を「第二世」とし、そのようなアイデンティティを抱かせるようにするのは出生地や国籍、話す言葉や文化といった「ひと」のもつ属性ではなく、それぞれの個人の「ひととなり」に基づいて状況を見極め、判断し、解釈し、決断し、選択する行いである、ということである。
> 　　　　　　　　　　　　　　　　　　　　　　　（前山 1996：373-374）

半田氏自身は、戦後に書いた「ブラジル日系社会における日本語の問題（完）」（1980）において、次のように述べている。

> 私のような少年時代にブラジルに渡ったものは、二世とは区別する意味で準二世と呼ばれる。（中略）
> 二世がどんどん移住者的境遇と性格からぬけだして、ブラジル人になっていくにも関わらず、一世でありながらブラジルで自己形成をとげた準二世は、移民史の最後をかざる老一世とともに、愛する日本文化の特長的なものを、なんとか二世やブラジル人一般に伝えたいと、今でも思いつづけていることをつけ足しておこう。
> 　　　　　　　　　　　　　　　　　　　　　　　（半田 1980c：71-72）

「第二世」や「準二世」という世代意識は、一定の歴史的、社会的状況のなかで構築されたものであるが、このようなエスニックアイデンティティー

の動態と葛藤の諸相に関する考察が、第4章の中心的なテーマである。

沖縄系移民については、第5章で詳述されるが、ブラジルでは、歴史状況の変化とともに、戦前期の「日本人になる」という「県人」アイデンティティーから、戦後、「ブラジルの日本人になる」という「コロニア人」アイデンティティーを経て、「ブラジルのウチナーンチュになる」という「ウチナーンチュ」アイデンティティーが構築されていく。だが、ボリビアの場合は、そうではない。ウチナーンチュ意識は卓越せず、「ボリビアの日系人」というエスニックアイデンティティーのなかに包摂されていると思われる。この違いは、言語生活調査結果の「沖縄方言の継承意識」の違いにも表れていると考えられるのである。

1.3　言語生活調査による成果

本書では、3つのタイプの調査のうち、言語生活調査と文献調査に基づいた考察を行っている。第3章では、言語生活調査に基づく分析結果を記述し、それを受けて、第4章と第5章では、文献調査に基づく歴史的考察がなされる。第2章は、これらの前提となる言語生活調査の概要と調査コミュニティーの概要を提示している。

第3章：言語生活調査とその主要な分析結果
第4章：文献調査に基づく子供移民の葛藤の諸相
第5章：文献調査に基づく沖縄系移民の葛藤の諸相

以下、本書の構成に沿って、まず、量的分析が中心になる言語生活調査の成果について述べ、1.4で、文献調査による成果との総合化を行う。

1.3.1 分析対象者の社会的属性上の特徴

　言語接触と言語移行の動態を考察するにあたって重要になる、分析対象者の社会的属性の特徴を示すと次のようになる。一方はブラジル、他方はボリビアにある沖縄系コミュニティーでは、社会的属性の違いが大きい。

1) 本土系コミュニティー（アリアンサ移住地、スザノ市福博村）
　1.1) 共通点
① 1世の渡航は、戦前から戦後にわたっている。（子供移民はすべて戦前渡航である。）戦前渡航であることは、第二次世界大戦時における2つのナショナリズムの狭間にあって、日本語禁止令や戦後の日系社会の分裂などを経験していることを意味する。
② 子供移民を含む1世については、多少の偏りはあるが、基本的に、北海道から鹿児島県に至る全国各地出身者から構成されている。（沖縄県出身者はいない。）
③ 「ガイジン」と称される非日系人との婚姻はほとんど見られず、本土系人同士との婚姻関係である。
　1.2) 相違点
　アリアンサ移住地では、3世に至るまで農業（あるいは牧畜）が中心である。一方、サンパウロ市近郊にあるスザノ市福博村では、農業（あるいは牧畜）が中心だが、戦後生まれの2世から商業やホワイトカラーの人が増え、高学歴化も進む。

2) 沖縄系コミュニティー（ブラジルのビラカロン、ボリビアのオキナワ第1移住地）
　2.1) 共通点
① 1世の渡航は、戦後である。
② 全員が、ウチナーンチュ（沖縄系人）同士の婚姻関係である。ヤマトーンチュ（本土系人）との結婚は見られない。

第1章 本書の目的と成果

2.2) 相違点

① ボリビアのオキナワ第1移住地の2世、3世は2重国籍が多く、ブラジルのビラカロンの2世、3世は、ほとんどがブラジル国籍である。
② サンパウロ市にあるビラカロンの2世、3世は、ブラジル公教育を受けており、学歴が高く、職業も、商業やホワイトカラーである。一方、ボリビアのオキナワ第1移住地では、日ボ校において、午前はスペイン語、午後は日本語による2言語2文化教育を受けており、職業は大規模農業である。
③ ボリビアのオキナワ第1移住地では、長期にわたる日本へのデカセギ（研修）経験者が多い。この点は、①の国籍の問題と相関すると思われる。

以上のような社会的属性の共通点や相違点を視野に入れつつ、以下、言語生活調査の分析結果を述べるが、分析にあたってのポイントは次の通りである。なお、すべて、被調査者の自己評価であることに注意されたい。（そのため、「言語能力意識」「言語使用意識」「継承意識」といった用語を使用している。）

1) 大きくは、(a) 言語能力意識、(b) 言語使用意識（家族内の場合と家族外の友人の場合）、(c) アイデンティティーの複合性に関わる日本語と沖縄方言の継承意識に焦点をあてて分析する。
2) 大きくは、「1世成人移民（13歳以上で渡航）」、「1世子供移民（12歳以下で渡航）」、「2世」、「3世」に分けて、(a)(b)(c) の動態を分析する。なお、(a) 言語能力意識の分析では、日本での学校経験の有無などを含む社会化の違いを勘案し、1世子供移民をさらに、「5歳以下での渡航」と、「6歳以上12歳以下での渡航」に2分類して分析する。また、本土系コミュニティーについては、2世のなかに、①「戦前に生まれ戦前に就学期を迎えた人」と、②「戦後に生まれた人」および「戦前に生まれたが戦後に就学期を迎えた人」とがおり、社会状況の違いが言語能力の違いに表れていることから、①②を下位分類して分析している。（言語使用意識については、質問項目の選択肢が多く回答が分散しているため、今回は、子供移民と2世の

下位分類は行わないことにした。)
3) 日本語と現地語の能力意識については、話し言葉（聞き話す技能）と書き言葉（読み書く技能）に分けて、その動態を分析する。また、家族内の言語使用意識については、「話しかける」時と「話しかけられる」時とを分けて、その動態を分析する。
4) 沖縄系コミュニティーにおける話し言葉については、沖縄方言、日本語、現地語の3言語接触の様相を分析する。

　すべての質問項目を分析できてはおらず、今後の検討課題も多いのだが、以上の観点を踏まえた現時点での分析結果をモデル化して示すと、次のようになる。第3章では、分析結果を詳述しているが、ここでは、その分析結果のモデル化が中心となる。

1.3.2　言語能力意識の移行過程

　言語能力意識（language competence）と言語使用のあり様（language use patterns）は、基本的には相関すると思われるが、まず、言語能力意識の移行プロセスをモデル化すると次のようになる。

（1）日本語と現地語の2言語接触

　日本語（表2では「J」）と現地語（表2では「B」）については、話し言葉と書き言葉を有することから、表2のような移行過程のモデル化が可能である。日系移民社会では、「読み書く能力はあるが聞き話す能力はない」といった状態はなかった。
　4つのコミュニティーに共通する点は以下の通りである。（沖縄系コミュニティーの話し言葉では、沖縄方言も使用されるが、この点を含めたモデル化は後述する。）

1) 現地語の習得プロセスにおいては、話し言葉から身につけ、その後書き

表2　言語移行過程のモデル化（日本語・現地語）

	J（日本語）	B（現地語）
I	＋＋	－－
II	＋＋	＋－
III	＋＋	＋＋
IV	＋－	＋＋
V	－－	＋＋

＋＋　聞き話す能力（話し言葉）と読み書く能力（書き言葉）がともにある。
＋－　聞き話す能力（話し言葉）はあるが、読み書く能力（書き言葉）はほとんどない。
－－　どちらの能力もほとんどない。

言葉能力も習得される。日本語に関しては、書き言葉能力から磨滅が始まり、その後話し言葉能力も磨滅する。

2) 4地点ともに、1世成人は、上記の表の「I」の段階である。ただし、サンパウロ市ビラカロンのみ、現地語の話し言葉能力意識がある。移住当初はポルトガル語がわからなかったと回答していることから、都市部で商業（販売業）を営んでいることと相関して、朴・森・工藤（2014）で述べたように、移住後習得したと思われる[1]。

3) 言語移行は1世子供移民から始まる。

世代ごとの移行プロセスについては、4つのコミュニティーごとに、表3のような、質的な違いと移行速度の違いがある。

ここでは、1世子供移民を下位分類せずにまとめて、大局的な観点から示す。特に、戦前渡航の子供移民については、第4章で述べるように、「準二世」アイデンティティーの構築に関わって、6、7歳以上での渡航かどうかは重要になるのだが、ここでは下位分類しないで示している。

表3で、例えば「IIIII」として示しているのは、「II」の段階の人も「III」の段階の人もいるという意味である。

この表3からわかるように、基本的に、言語移行は「1世子供移民」から

1.3 言語生活調査による成果

表3 4コミュニティーにおける言語移行プロセス（日本語・現地語）

	オキナワ移住地	アリアンサ	福博村	ビラカロン
1世成人移民	I	I	I	I II
1世子供移民	III	II III	II III	IV
2世	III	III IV	IV	V
3世	III	V	V	V

始まる。そして、コミュニティーごとの違いは次のようである。

1) 日本語とスペイン語による2言語2文化教育体制が整っているボリビアのオキナワ移住地では、1世子供移民（戦後渡航）から、日本語、現地語ともに、話し言葉能力も書き言葉能力も有するバイリンガルな段階（IIIの段階）になり、3世まで保持される。

2) 一方、ブラジル公教育が選択されるサンパウロ市ビラカロンでは、1世子供移民（戦後渡航）において、現地語の話し言葉能力と書き言葉能力を習得するが、日本語の書き言葉能力は無くなる（IVの段階）。そして、2世では、日本語の話し言葉能力も磨滅し、モノリンガル化（Vの段階）する。Winford（2003：261）も指摘するように、1世子供移民における、限定された能力しかない話者の出現（'the emergence of speakers with limited competence'）は、進行型の言語移行の特徴であろう。

3) アリアンサ移住地とスザノ市福博村では、1世子供移民（戦前渡航）において、日本語および現地語の話し言葉能力と書き言葉能力を有するバイリンガルな人（IIIの段階）も出てくる。そして、若干の違いはあるが、2世では、日本語の書き言葉能力が磨滅し、3世では、日本語の話し言葉能力も磨滅してモノリンガル化する。（1世子供移民を下位分類した場合には、「6歳以上で渡航した子供移民」の方がより「成人移民」に近く、「5歳以下で渡航した子供移民」より2世に近い傾向になる。また、2世を下位分類した場合は、「戦前に生まれ戦前に就学期を迎えた2世」の方が、「戦後に生まれた2世」あるいは「生まれは戦前だが就学期は戦後に迎えた2世」より日本語能力が保持されている傾向がある。）

第 1 章　本書の目的と成果

以上のことから、日本語が保持される安定型（X）と現地語へのモノリンガル化が進む進行型（Y）の 2 つのタイプがあることになる。そして、進行型のなかにも、ビラカロン（戦後渡航）のような急速な進行型（Y1）と、相対的に緩やかな進行型（Y2）があることになる。そして、この違いをもたらすのは、生活戦術を含む社会的要因の違いであると思われる。

(X)〈安定型〉【ボリビアのオキナワ第 1 移住地】
　1 世子供移民からバイリンガルになり、3 世まで保持されるタイプ
　・オキナワ第一日ボ学校（日ボ校）において日本語とスペイン語の 2 言語 2 文化教育を受けている。
　・生活戦略として、長期にわたる日本へのデカセギ（研修）がある。（主として大規模農業であり、高学歴化は目指されていない。）

(Y1)〈進行型 1〉【サンパウロ市ビラカロン】
　1 世子供移民から 2 世にかけてモノリンガルな状態が出てくるタイプ[2]
　・戦後の永住目的の人々であり、ブラジル公教育を選択している。
　・高学歴化による社会的経済的成功を目指しており、商業やホワイトカラーが中心である。

(Y2)〈進行型 2〉【アリアンサ移住地、スザノ市福博村】
　1 世子供移民において、バイリンガルな状態の人もいるが、現地語の書き言葉能力がほとんどない人もいる段階を経て、2 世からモノリンガル化が進むタイプ
　・戦前に渡航し、現地での学校教育を受けられなかったり、また日本語禁止令を含む複雑な歴史的体験をしている。
　・現地語への移行の進行速度が相対的に速いスザノ市福博村では、2 世から、高学歴化や、農業から商業やホワイトカラーへの職業選択の変化が起こっている。

さらに、日本語については、書く能力の方が読む能力よりも、また、話す能力の方が聞く能力よりも早く磨滅し、現地語の習得においては、逆になる。

この点は、3.2で示す言語使用意識の違いに相関する。具体的には、次の通りである。

1) 1世子供移民、2世、3世では、上の世代から「話しかけられる」時の方が「本人が話しかける」時よりも日本語が使用されるが、これは日本語の4技能のなかで、最後まで保持されるのが「聞く能力」であることと相関する。
2) 1世子供移民、2世では、下の世代から「話しかけられる」時の方が「本人が話しかける」時よりも現地語が使用されるが、これは現地語の4技能のなかで、最初に習得されるのが「聞く能力」であることと相関する。

（2）沖縄方言、日本語、現地語の3言語接触

沖縄系コミュニティーでは、「話し言葉」において3言語接触が起こっている。この場合の言語移行のプロセスをモデル化して示すと、表4のようになる。（「O」は沖縄方言を示す。）個人差はあるが、基本的には、沖縄方言能力の方が磨滅が早い。表4の「＋」は聞き話す能力があること、「－」は聞き話す能力がほとんどないことを表す。

表4　言語移行過程のモデル化（沖縄系コミュニティー）

		O（沖縄方言）	J（日本語）	B（現地語）
Ⅰ	2言語能力	＋	＋	－
Ⅱ	3言語能力	＋	＋	＋
Ⅲ	2言語能力	－	＋	＋
Ⅳ	モノリンガル	－	－	＋

・「Ⅰ」は、沖縄方言と日本語の2言語能力を有する段階である。
・「Ⅱ」は、沖縄方言、日本語、現地語の3言語能力がある段階である。
・「Ⅲ」は、沖縄方言能力が磨滅し、日本語と現地語の2言語能力になる段階である。
・「Ⅳ」は、現地語能力のみのモノリンガル化が進んだ段階である。

第1章　本書の目的と成果

2つのコミュニティーに共通する特徴は次の3点である。

1) 1世成人移民は、基本的に、「Ⅰ」の段階であり、日本語能力と沖縄方言能力がある。ただし、上述のように、ビラカロンの1世成人は、全員が移住当初は「Ⅰ」の段階であったと回答しているが、我々の調査時点においては、現地語の話し言葉能力が「+」であると回答した人が出てきている。
2) 基本的に、変化は「1世子供移民」から始まり、どちらのコミュニティーでも3言語能力がある「Ⅲ」の段階の人が出てくる。（ただし、ビラカロンでは、沖縄方言と現地語の2言語能力になる人も存在し、これは、5歳以下で渡航した人に見られた。）
3) どちらのコミュニティーでも、2世では、沖縄方言能力が磨滅する。

移行プロセスは、上述のように、オキナワ第1移住地とビラカロンでは大きく異なる。ボリビアのオキナワ第1移住地では、2世、3世においても、日本語と現地語能力が保持される（Ⅲの段階）が、ビラカロンでは、2世から現地語能力のみのモノリンガルな状態（Ⅳの段階）になる。

表5　沖縄系コミュニティーにおける言語移行プロセス
（沖縄方言・日本語・現地語）

	オキナワ第1移住地	ビラカロン
1世成人移民	Ⅰ	ⅠⅡ
1世子供移民	Ⅱ	Ⅱ
2世	Ⅲ	Ⅳ
3世	Ⅲ	Ⅳ

ただし、表5は、「話し言葉」の場合である。言語移行が始まる「1世子供移民」に焦点をあてて、沖縄方言（話し言葉）、日本語（話し言葉と書き言葉）、現地語（話し言葉と書き言葉）の能力意識を総合化して示すと図2のようになる。（この図2の詳細については朴・森・工藤 2014 参照。）ビラカロンの1世子供移民では「日本語の書き言葉能力」が「少ししかできない（2）」に

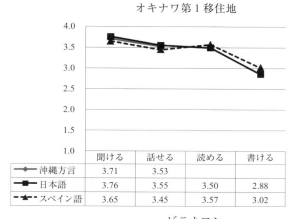

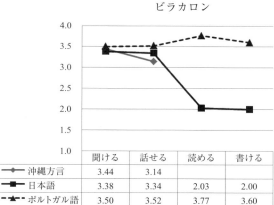

図2　沖縄系1世子供移民の言語能力意識（四技能別の移行プロセス）

なっていることがわかる。そして、2世では、さらに進んで、「日本語の話し言葉能力」も「沖縄方言の話し言葉能力」も無くなり、現地語のモノリンガルとなるのである。（図2のオキナワ第1移住地の場合、沖縄方言と日本語の関係が見えにくいが、これはほぼ重なっているためである。）

1.3.3 言語使用意識の移行過程

　複数の言語の話し言葉能力がある場合、話し相手によって、言語を使い分けることが起こる。そして、ここにも世代間の違いがあり、その違いのなかに、より具体的な言語移行のプロセスが見えてくる。
　ここでは、この点について述べるが、次の点に留意しておく必要があろう。上述したように、多言語社会の場合、語彙借用（語彙挿入）から始まって、文中あるいは文間のコードスイッチングが起こるわけだが、この点については、1世成人を含め、「複数の言語をまぜて話す」という回答がほとんどであるとともに、この点に対して否定的な評価を下す人もほとんど見られなかった。したがって、以下で考察するのは、「主としてその言語を使用するかどうか」という観点からのモデル化である。

（1）家族内の話し言葉の場合

　家族内の言語使用は、最も日本語や沖縄方言が保持されやすいドメインである。したがって、このドメインで日本語や沖縄方言が使用されなくなることは、現地語への移行が避けられないことを示すことになるわけだが、この場合、下記に述べるように、「上の世代」との会話か「下の世代」との会話かによって、日本語や沖縄方言の使用のされ方が異なる。あわせて、「話しかける」時か「話しかけられる」時かによっても、使用言語の違いが見られる。そして、この違いは、上述の「話す能力」か「聞く能力」かの違いに相関する。
　以下では、①相手が「上の世代」なのか「同世代」なのか「下の世代」なのか、②「話しかける」時なのか「話しかけられる」時なのか、という2つの観点を総合化して、本土系コミュニティー、沖縄系コミュニティーの順にモデル化する。

①　本土系コミュニティーの場合

　「話しかける」時と「話しかけられる」時の使用言語を総合化してモデ

1.3 言語生活調査による成果

化すると表6のようになる。オーストラリアの移民コミュニティーにおける言語移行を分析した Clyne（2003：29）の述べる通り、日系コミュニティーでも、日本語保持の重要な要因は、上の世代とのコミュニケーションである。そして、逆に、下の世代とのコミュニケーションでは、現地語の使用が進む。（なお、以下の「同世代」というのは、夫婦間または兄弟間の会話を言う。そして、(a) 話しかける時の言語（左側）、(b) 話しかけられる時の言語（右側）として示す。また、例えば、アリアンサ移住地やスザノ市福博村の2世が同世代の人に話しかける場合は、「主として日本語」が各45％、48％、「日本語と現地語半々」が各32％、28％、「主として現地語」が各23％、24％であるが、これを、「JB」というかたちで示している。また「B(J)」といったように（ ）で括っているのは、日本語の使用の方が少ないことを示す。）

表6　家族内の使用言語の移行過程（本土系コミュニティー）
(a) 話しかける時の使用言語　(b) 話しかけられる時の使用言語

	上の世代		同世代		下の世代	
	(a)	(b)	(a)	(b)	(a)	(b)
1世成人移民	J	J	J	J	J	J
1世子供移民	J	J	J	J	J	B(J)
2世	J	J	JB	JB	B(J)	B
3世	B(J)	B(J)	B	B	B	B

アリアンサ移住地でもスザノ市福博村でも、〈進行型の言語移行〉が起こっているが、家族内の言語使用の側面から見て共通するのは次の点である。

1) 上の世代との会話で日本語使用が保持されやすい。上の世代との会話では、日本語の使用が3世であってもやや保持される（B(J)／B(J)）。
2) 下の世代との会話から現地語使用が始まる。具体的には、1世子供移民の「話しかけられる」場合から、現地語の使用が始まる（J(B)）。
3) 同世代の会話では、話しかける時でも話しかけられる時でも、日本語と現地語の両方を使う段階（JB／JB）を経て、現地語のみの段階に至る。
4) 同世代との会話では、基本的に、1世は日本語（J）、2世は日本語と現地

語の併用（JB）、3世は現地語（B）という移行過程になるが、上の世代との会話や下の世代との会話ではそうはならない。

Clyne（2003：42）は、ホスト社会の言語である英語と移民コミュニティーの言語（ドイツ語やギリシャ語など）との関係において、オーストラリアの移民コミュニティー間に、次のようなバリエーションがあることを指摘しているが、このようなバリエーションは、モノリンガル化が進むブラジルの日系コミュニティーでは、概ね【　】で示したような世代差となって現象していると思われる。

There is variation between the communities in the general pattern of family discourse.
　parents speak English to each other and to the children　　　　　　【3世】
　parents speak the community language to each other but English to the children
　　　　　　　　　　　　　　　　　　　　　　　　　　　　　　　　【2世】
　parents speak the community language to the children who answer in English
　　　　　　　　　　　　　　　　　　　　　　　　　　　　　　【1世子供移民】
　parents and children speak to each other in the community language
　　　　　　　　　　　　　　　　　　　　　　　　　　　　　　【1世成人移民】

以上、大局的には、次の点を確認した。

上の世代との会話		日本語が保持されやすい （上の世代から話しかけられる時）
↕		
本人	⇄ 　同世代との会話	両者の中間的様相
↕		
下の世代との会話		日本語が保持されにくく、現地語が使用されやすい （下の世代から話しかけられる時）

② 沖縄系コミュニティーの場合

沖縄系コミュニティーの話し言葉では、3言語接触であるため複雑な様相を呈するが、家族内の言語使用を、世代ごとにモデル化すると下記のように

なる。

オキナワ第 1 移住地とビラカロンでは様相が異なるので、分けて述べるが、共通するのは、次の点である。

1) 沖縄方言は、下の世代との会話から使用されなくなる。(上の世代との会話では保持されやすいと思われるが、今回の調査では、同居する上の世代がいないために、1 世の場合の調査結果がなく（表 7 では空欄になっている）、また 2 世では、日本語または現地語になっているため、データからは出てきていない。)
2) 日本語よりも沖縄方言の方が、使用しなくなる速度が速い傾向がある。(ただし、ビラカロンでは個人差が見られる。)

オキナワ第 1 移住地では、次のようになる。(表 7 では、例えば、1 世子供移民が同世代（妻または夫）に話しかける場合、「主として沖縄方言」22%、「沖縄方言と日本語半々」11%、「主として日本語」11%、「日本語と現地語半々」11%、「主として現地語」11%、「日本語、沖縄方言、現地語の 3 言語併用」33% となっているが、これを「JOB」というかたちで示している。)

表 7　家族内の使用言語の移行過程（オキナワ第 1 移住地）

(a) 話しかける時の使用言語　(b) 話しかけられる時の使用言語

	上の世代		同世代		下の世代	
	(a)	(b)	(a)	(b)	(a)	(b)
1 世成人移民			OJ	OJ	J(O)	J(O)
1 世子供移民			JOB	JOB	JB	JB
2 世	J	J	JB	JB	JB	JB
3 世	JB	J(B)	JB	JB		

1) 1 世成人移民は、同世代との会話では、沖縄方言と日本語の併用（OJ）だが、下の世代との会話では、日本語の使用が多い（J(O)）。
2) 1 世子供移民は、同世代との会話では、3 言語を使用する（JOB）。下の世代とでは、沖縄方言を使用しなくなって、日本語と現地語の併用（JB）

になる。
3) 2世は、同世代や下の世代との会話では、日本語と現地語の併用（JB）が中心になるが、上の世代との会話では日本語中心（J）である。
4) 3世になると、上の世代との会話でも、現地語と日本語の併用（JBまたはJ(B)）になる。

急速なモノリンガル化が起こっているビラカロンでは、次のようになる。（表8で、「OJB」となっているのは、使用率が、沖縄方言、日本語、現地語の順であることを示す。）

表8　家族内の使用言語の移行過程（ビラカロン）
(a) 話しかける時の使用言語　(b) 話しかけられる時の使用言語

	上の世代		同世代		下の世代	
	(a)	(b)	(a)	(b)	(a)	(b)
1世成人移民			OJB	OJB	JB	B
1世子供移民			JOB	JOB	B(J)	B
2世	B	B	B	B	B	B
3世	B	B	B	B		

1) 1世成人では、同世代の場合には、沖縄方言優先の3言語使用（OJB）だが、下の世代との会話では、話しかける時は、日本語と現地語の2言語併用（JB）、下の世代から話しかけられる時は、現地語中心（B）になっている。
2) 1世子供移民では、同世代との会話では日本語優先の3言語使用（JOB）だが、下の世代に対しては、話しかける場合でも、現地語の使用が増える（B(J)）。
3) 2世になると、上の世代との会話でも、現地語中心になる（B）。ただし、朴・森・工藤（2014）で示したように、両親の場合と祖父母の場合を分けて分析すると、両親の場合は、基本的に現地語であるが、祖父母の場合は、日本語（若干だが沖縄方言）も併用されている。

（２）家族外の友人との会話の場合

　本土系コミュニティーでは、家族内の同世代との会話とコミュニティー内の本土系の友人との会話（「話しかける場合」）では、同じようになる。同世代に話しかける場合では、家族内であれ友人であれ、2世から現地語の併用が始まり、3世では現地語になる（表9）。

表9　家族内外の使用言語の移行過程（本土系コミュニティー）

	家族内（夫婦・兄弟）	日系の友人
1世成人移民	J	J
1世子供移民	J	J
2世	JB	JB
3世	B	B

　沖縄系コミュニティーでは、本土系の友人の場合と、沖縄系の友人の場合とでは違いが出てくる。表10に示すのは、ビラカロンの場合である。詳細は第3章を参照されたいが、基本的に、本土系の友人に話しかける場合は、沖縄方言は使用されにくい。

表10　家族内外の使用言語の移行過程（ビラカロン）

	家族内（夫婦・兄弟）	沖縄系の友人	本土系の友人
1世成人移民	OJB	O	J
1世子供移民	JOB	JOB	JB
2世	B	B	B
3世	B	B	B

　オキナワ第1移住地でも同様である（表11）。（ただし、ビラカロンとは違って、オキナワ第1移住地内には本土系の人はほとんど住んでいない。）

　以上、複数の言語能力があっても、話し相手の世代（上の世代、同世代、下の世代）によって、日本語と現地語の使用の仕方が異なること、そしてまた、沖縄方言については、話し相手が、沖縄系人か本土系人かによって、使い分けていることを述べた。

表11　家族内外の使用言語の移行過程（オキナワ第1移住地）

	家族内（夫婦・兄弟）	沖縄系の友人	本土系の友人
1世成人移民	OJ	OJ	J
1世子供移民	JOB	JOB	J
2世	JB	JB	JB
3世	JB	JB	JB

　そして、現地語へのモノリンガル化が急速に進むサンパウロ市のビラカロンにおいて典型的に見られるように、日本語能力と沖縄方言能力の磨滅に相関して、家族内でも複数言語の使い分けは無くなり、2世からは、家庭内でもすべて現地語使用になってしまっている。

　表8を再掲すると次の通りである。移住当初は奥地農村在住者が90％近くを占めていたが、その日系移民の多くは、再移住の結果、サンパウロ市在住となっている。したがって、2世からモノリンガル化しているというビラカロンの実態には、現在のブラジルにおける日系コミュニティーの実態が反映されていると考えられる。

表8を再掲：家族内の使用言語の移行過程（ビラカロン）

(a) 話しかける時の使用言語　(b) 話しかけられる時の使用言語

	上の世代		同世代		下の世代	
	(a)	(b)	(a)	(b)	(a)	(b)
1世成人移民			OJB	OJB	JB	B
1世子供移民			JOB	JOB	B(J)	B
2世	B	B	B	B	B	B
3世	B	B	B	B	B	B

　このような事実こそは、第4章と第5章で述べるように、

① 戦後、子供移民のなかから、自らを、現地生まれの「2世」（〈純二世〉）と区別して、〈準二世〉と規定し名乗りを挙げる世代意識（積極的には、日本人である1世とブラジル人としての2世の媒介者、消極的には、どっちつかずの中途半端な存在として葛藤する主体）が、なぜ構築されていったのか、

② 沖縄方言にエスニックアイデンティティーの象徴化機能を担わせつつ、

1.3 言語生活調査による成果

1980年初頭から、沖縄文化再活性化運動が、なぜ展開されてきているのか、
に大きく関与すると思われるのである。

1.3.4 継承意識の保持

以上に示した言語能力意識、言語使用意識に関する回答結果は、「1世子供移民」から言語移行が始まり、2世になると、オキナワ第1移住地を除き、日本語能力の磨滅が進み、家族内でも現地語を使用し始めること、また沖縄方言能力も磨滅し、家族内でも使用しなくなっていくことを示している。

しかしながら、日本語と沖縄方言の継承意識に関しては異なる。表12は、4つのコミュニティーの世代ごとに、次の①②③を示したものである。

① 日本語能力意識（話し言葉能力と書き言葉能力全体）の平均値
② 「日系人なら日本語が話せて当然だ」と考える人の割合（表12では「継承意識（当為）」として簡略化）
③ 「子供や孫に日本語を学習させたい」と考える人の割合（表12では「継承意識（希望）」として簡略化）

①の日本語能力については、「4」が「よくできる」、「3」が「大体できる」、「2」が「少ししかできない」、「1」が「まったくできない」である。したがって、アリアンサ移住地で見れば、1世成人の「3.60」は「よくできる」にほぼ相当し、2世の「2.99」は「大体できる」に相当し、3世の「2.08」になると「少ししかできない」に相当することになる。

まず、日本語の継承意識については、日本語能力意識の違いにかかわらず、3世に至るまで、4つのコミュニティーともに強いことがわかる。

最も注目されるのは、（サンパウロ市）ビラカロンである。2世、3世では、日本語能力が、「2」（少ししか話せない）以下であると意識されているにもかかわらず、半数以上の人が、「日系人なら日本語を話すべき」「子供や孫に日

表12　継承意識と言語能力意識（日本語）

【アリアンサ移住地】

	能力意識	継承意識（当為）	継承意識（希望）
1世成人	3.60	62.5%	62.5%
1世子供	3.70	76.5%	76.5%
2世	2.99	76.7%	81.3%
3世	2.08	53.8%	88.5%

【スザノ市福博村】

	能力意識	継承意識（当為）	継承意識（希望）
1世成人	3.81	70.0%	40.0%
1世子供	3.62	88.9%	44.4%
2世	2.31	74.2%	53.3%
3世	2.19	54.5%	59.1%

【オキナワ第1移住地】

	能力意識	継承意識（当為）	継承意識（希望）
1世成人	3.63	65.0%	76.2%
1世子供	3.39	81.8%	100.0%
2世	3.03	62.5%	65.3%
3世	3.23	62.5%	85.7%

【ビラカロン】

	能力意識	継承意識（当為）	継承意識（希望）
1世成人	3.72	88.9%	88.9%
1世子供	2.68	90.0%	70.0%
2世	1.90	57.1%	66.7%
3世	1.58	61.5%	53.8%

本語を学習させたい」と思っている。

　そして、この理由については、4つのコミュニティーすべてにおいて半数以上の人が、次に示すaとbをあわせた回答をしているのである。

a. 日系人として祖先の言葉を受け継ぐため
b. 日本文化に興味があるから
c. 就職につながるから／今の仕事に必要だから
d. 世界や日本の現状を知りたいから

　この事実は、ポルトガル語へのモノリンガル化が進んでも、〈日系・ブラジル人〉という複合的アイデンティティーを有していることを示していると思われる。そして、朴・森・工藤（2013）で示したように、このような継承意識の高いビラカロンの2世と3世の半数近くの人は、日本語能力が磨滅していかざるを得ないことに対する理由として、「現地で日本語を使う機会がないこと」を挙げている[3]。

1.3 言語生活調査による成果

　さらに注目すべきは、沖縄方言に関する継承意識である。表13を比較されたい。日本語の継承意識については、2世と3世において、オキナワ第1移住地とビラカロンの間に、大きな違いはない。一方、沖縄方言の能力意識については、2世から磨滅する点では、オキナワ第1移住地もビラカロンも同じであるのだが、継承意識は大きく異なっている。オキナワ第1移住地の2世、3世では、14〜25%の人しか継承意識を有していないが、ビラカロンの2世、3世では、33〜46%に上るのである。

表13　継承意識と言語能力意識（日本語と沖縄方言）

【オキナワ第1移住地】

	日本語		沖縄方言	
	継承意識（当為）	継承意識（希望）	継承意識（当為）	継承意識（希望）
1世成人移民	65.0%	76.2%	30.0%	28.6%
1世子供移民	81.8%	100.0%	36.4%	50.0%
2世	62.5%	65.3%	21.7%	18.4%
3世	62.5%	85.7%	25.0%	14.3%

【ビラカロン】

	日本語		沖縄方言	
	継承意識（当為）	継承意識（希望）	継承意識（当為）	継承意識（希望）
1世成人移民	88.9%	88.9%	77.8%	66.7%
1世子供移民	90.0%	70.0%	70.0%	40.0%
2世	57.1%	66.7%	44.4%	33.3%
3世	61.5%	53.8%	45.5%	33.3%

　沖縄方言については、日本語の場合よりも高い割合で、aとbの理由が表明されている。（詳細は第3章を参照。）

a. 祖先の言葉を受け継ぐため（沖縄方言を残したいから）
b. 沖縄文化に興味があるから
c. 家業に必要だから

d. 親戚や地域の付き合いに必要だから
　　e. 沖縄の現状を知りたいから

　ビラカロンでは、沖縄方言についても、エスニックアイデンティティーに関わる言語の象徴機能を前面化させつつ、継承意識が無くなっていないことがわかる。この事実は、第5章で述べるような沖縄文化再活性化運動とともに、現在のビラカロンでは、〈日系・ブラジル人〉にとどまらない、〈沖縄系・日系・ブラジル人〉という複合的アイデンティティーが構築されていることを示すのではないかと思われる。
　一方、2世、3世でも、日本語能力が保持され（日本語とスペイン語のバイリンガルであり）、沖縄方言の継承意識が高くないオキナワ第1移住地では、〈日系・ボリビア人〉というエスニックアイデンティティーが卓越し、ウチナーンチュであるというアイデンティティーは、日系のなかに包摂されて前面化していないのではないかと思われる。

1.4　日系移民社会における言語接触論が提起するもの

　当然ながら、言語生活調査だけでは量的分析にとどまらざるを得ず、政治的、経済的背景を視野に入れて、言語移行に決定的な影響を与える社会的要因を分析することはできない。また、子供移民や沖縄系移民の葛藤の諸相を浮かび上がらせることも不可能である。冒頭に述べたように、本書は、〈子供移民〉と〈沖縄系移民〉に注目しつつ、歴史状況の変動のなかで彼等がいかに生活戦術やエスニックアイデンティティーを再構築し続けてきたのかを視野に入れて、言語接触と言語移行のダイナミズム（重層性）を考察することであった。第4章、第5章も含めて総合化すると次のようになる。

1.4 日系移民社会における言語接触論が提起するもの

1.4.1 日本語と現地語の狭間で葛藤する子供移民

　冒頭に、ブラジルへの日本人移民においては、北米諸国への日本人移民と異なり、〈家族移民〉の形態が特徴的であることから、これまで安易に使われてきた、1世、2世という分析指標では、言語接触・言語移行の動態の考察が不可能であり、「1世子供移民」の存在に注目する必要があることを述べた。ブラジルの日系社会が最盛期を迎えた1920年代後半から1930年代にかけて、子供移民は半数近くを占めただけでなく、戦後、彼等こそが、ブラジル永住を決意するなかで日系エスニック運動を牽引していったのである。

　上述のように、言語生活調査から、1世子供移民から言語移行が始まることを確認することができたのだが、一口に1世子供移民とは言っても、一枚岩ではない。第4章で紹介されている、邦字新聞記者として活躍した中隅哲郎（1998：41）は、戦前渡航の子供移民には次の3つのタイプがあると観察している。

1) 正式にはブラジル語を習わず、習っても小学四年程度で、日本語と日本にこだわり続けた日本派
2) ブラジル語を勉強し、一応日伯両文化を理解した派
3) 日本語もブラジル語も半端となった、もの言わざる派

　なお、12歳前後を目安として、1世を2分類すること自体については、Clyne（2003）でも指摘されている。

I will take over Haugen's (1953：334) differentiation between two types of first-generation bilinguals, which he terms Generation 1b and 1a.

　Generation1b share some characteristics with the second generation − native-like pronunciation in both languages, childhood experience in both languages because of early migration, all or most schooling in the majority language, and early acquisition of the national language.

　Generation1a do not usually exhibit native-like pronunciation in the majority

『椰子樹』
（日系社会最古の短歌結社）

弘中千賀子『いのち折々』（1994 年）

language, nor have they had childhood experience or most schooling in it.
　We will draw the line between the two groupes at age twelve although there is no hard and fast boundary.
(Clyne 2003：5)

　以上のことは、「戦後渡航の子供移民（特にピラカロンの子供移民）」については概ね当てはまると言ってよいだろう。だが、「戦前に6歳あるいは7歳以上の年齢で渡航した」子供移民は、2世と同じではない。第4章で詳述されるように、日本とブラジルの国交断絶による2つのナショナリズムの軋轢を体験せざるを得なかった戦前渡航の子供移民のなかから、1世とも2世とも異なる〈準二世〉という世代意識が、戦後構築されたのである。
　第4章で紹介されている、9歳で渡伯、日系社会最古の短歌結社『椰子樹』の中心的メンバーであった弘中千賀子は、『いのち折々』（1994）において、「1世たちが郷愁として持ち、2世たちが憧れとして持つ日本への思いとはまた異なる準2世たちが持つ屈折した思い」として表現しつつ、次のように述べている。このような「葛藤」こそは、準二世を特徴づけるものであろう。弘中は「身をやくような焦燥感」とも表現している。

　　日系2世同志の間でもその共通語はポ語であり、風俗習慣、思考の形態も完全にブラジル人なのである。日系として日本的なものへの志向を持つと

いっても、それはあくまで他国の文化としての摂取の仕方であり、接し方なのである。我々のように自分自身のものとしての受け取り方とは画然として異なっている。このような当然なことに今更思い至るとき、たとえわが子であっても息子は明らかにブラジル人であり、私は遂に日本人なのである。

(弘中 1994：32)

　そうした歳月の中で最も私の心を苛み続けて来たのは準二世というまことに曖昧な場に立っている自分の姿である。基礎的な教育を遂に受けることなく、偏頗な独学とも言えない日本語の知識で、三十一文字の詩型に思いを込めていく作業も、また忸怩たる思いである。
　劣等感のかたまりのような心の中に潜め持つ反発の心。
　自ら選んだものではないにしろ苗木のうちに他国に移し植えられて、そこで日本在来種のまま根を下ろしてゆかねばならなかった心の葛藤と怨念は私たち準二世と呼ばれる者すべての思いである。　　　(弘中 1994：139-140)

　この葛藤する主体としての〈準二世〉アイデンティティーの析出プロセスは、本書第4章で述べられているが、簡略化すれば次のようになる。

1）　戦前期のデカセギ主義を前提にした「在伯同胞社会」において、在伯邦人の下位範疇として〈在伯青年〉という名付けがあった。これは、日本生まれかブラジル生まれかを問わない日系の若者世代に対する名付けであった。
2）　デカセギ主義を前提とした「在伯青年」に対して、ブラジル定住を前提とした〈第二世〉と名乗る学生らが出てきた。この〈第二世〉という名乗りにおいても、日本生まれかブラジル生まれかは問われなかった。
3）　この「第二世」は、2つのナショナリズムの軋轢のなかで、2つの国や文化の調停を試行しようとする日本生まれの「折衷派」と、明確に自らを「ブラジル人」として規定するブラジル生まれの〈純二世〉に分裂していった。
4）　戦後、ブラジル生まれの「純二世」が圧倒的多数になってくると、「純二世」という範疇は消滅し、かわりに、日本生まれの〈準二世〉という範疇が登場してきた。

第1章　本書の目的と成果

　15歳で渡伯し、自らも〈準二世〉と名乗ったサンパウロ大学教授の斉藤（1960）は、「準二世という言葉はコロニアという用語と同様に戦後「発明」された」と述べるとともに、「準二世という年齢帯は下限が6、7歳、上限が15、6歳である」とも観察している。一口に子供移民とは言っても、5歳以下では「日本での第一次社会化」が希薄である。〈準二世〉とは、「日本での第一次社会化」と「ブラジルでの第二次社会化」の複合性ゆえに、日本の言語文化とブラジルの言語文化の狭間で葛藤しつづけた人々であったと言ってよいだろう。だとすれば、次のような半田知雄の言葉も頷ける。

　　私のような少年時代にブラジルに渡ったものは、二世とは区別する意味で準二世と呼ばれる。（中略）
　　二世がどんどん移住者的境遇と性格からぬけだして、ブラジル人になっていくにも関わらず、一世でありながらブラジルで自己形成をとげた準二世は、移民史の最後をかざる老一世とともに、愛する日本文化の特長的なものを、なんとか二世やブラジル人一般に伝えたいと、今でも思いつづけていることをつけ足しておこう。
　　　　　　　　　　　　　　　　　　　　　　　　　（半田 1980c：71-72）

　そして、何よりも重要なのは、このような準二世こそが、戦後期、日系エスニック運動の牽引者として活躍したことである。準二世の存在は、日系社会構造の世代的連続性という観点から見て重要な役割を担ったと言えよう。以下は、第4章からの引用である。

　　準二世はブラジル日系社会におけるエスニック運動の中核的存在であり、日本語文学、子弟教育、社会福祉・医療、スポーツ、地域コミュニティー、婦人会などの様々な分野における運動（活動）を牽引し展開してきた。それぞれの運動における準二世の全体像を現時点において把握することは困難であるものの、例えば日本語文学運動（コロニア文学運動）領域ではこれまで引用してきた薮崎正寿、清谷益次、弘中千賀子、陣内しのぶ、井本淳などをはじめとして枚挙にいとまがないほどであるし、社会福祉活動では社会福祉法人「救済会」や「サンパウロ聖母婦人会」の創設者であり、戦中から日本移民救済活動を行ってきた渡辺トミ・マルガリーダ、美術（絵画）領域では

半田知雄、間部学、地域コミュニティー（ムラ造り）領域では大浦文雄、スポーツ領域では竹中正などの名前を準二世のプレゼンスと重要性を象徴するものとして挙げることが可能である。

1.4.2　沖縄方言の象徴化と複合的アイデンティティー

　言語の重要な機能に、'a distinctive symbol of ethnicity' あるいは、'the symbolic function of language as a means of group formation' があることは周知の事実であろう。

　この点が最も象徴的に表れるのが、ビラカロンの状況であろうと思われる。ここでは、2世や3世は、日常生活で沖縄方言を使用しなくなっているにもかかわらず、継承意識は無くなってはいない。第5章で詳述するように、ビラカロンは、現在、最も活発な沖縄文化再活性化運動を展開しているコミュニティーである。

　ブラジルの沖縄系人の場合、戦前には〈県人〉アイデンティティーを、戦後期には〈コロニア人〉アイデンティティーを構築したわけであるが、これは、どちらも、本土系人と同じ「日本人」あるいは「コロニア人」へ同化していくのだという意思表示であった。沖縄文化の劣等性や前近代性という差別的な眼差しが強く存在していたのである。

　このような歴史的経緯を経て、文化的にも歴史過程的にも本土系人とは異なる存在であるという立場から、「ブラジルのウチナーンチュ」というアイデンティティーが構築されたのは、80年代初頭からである。文化的差異の指標として、琉球芸能（踊り、民謡など）や沖縄料理などが選択され、その実践を通じて、このアイデンティティーが表明され、強化されてきている。さらに、2003年から、2世リーダーたちを中心に「オキナワ祭（Festival do Okinawa）」が開催され、その規模は拡大の一途を辿り、いまや沖縄系コミュニティー最大のイベントになっている。他の文化を起源とするものとの対照のなかで、沖縄文化の独自性、異質性が明白にされつつ、「ブラジルのウチナーンチュ」という主体の構築に強く関わっていると考えられる。また、若

者たちがインターネットを通じて、現在のOkinawan Musicと接触していることもこうした主体の生成に関与しているようである。

こうした文脈のなかで、沖縄方言の継承性が意識されてきているのではないかと思われる。最近における動向で注目されるのは沖縄県人会支部会館や沖縄系人が経営するブラジル公教育機関（高校）のなかで「ウチナーグチ講座」が行われるようになったことである。

一方、ボリビアのオキナワ第1移住地では、ビラカロンと比べると、沖縄性を顕在化させる「日本」が不在ないし脆弱なのではないかと考えられる。日常的に接触するのは、ボリビア文化であり、ボリビア人である。ここでは、ボリビアと対比されるかたちで日本性が顕在化してきて、沖縄系人という意識が醸成されにくいのではないかと思われる。沖縄文化も「日本文化の一部」として位置づけられていることが、ブラジルの場合とは異なっている。このことから、沖縄性というのはあくまで「日本」との対照のなかで構築されるものなのではないかと考えられるのである。

ビラカロンでは、ブラジル人との関係のなかで〈日系人〉であることを否定はしないものの、〈ウチナーンチュ〉の方を前面化させつつ、〈沖縄系・日系・ブラジル人〉という複合的アイデンティティーが再構築されてきている。すでに〈汎ウチナーンチュ〉アイデンティティーが展開され始めている現在、「ブラジルのウチナーンチュ」という意識の高まりが、今後どのような展開を見せるか注目しておく必要があるだろう。

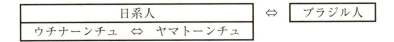

このような状況は、日本語使用が保持されているオキナワ第1移住地では顕著に表れておらず、沖縄方言の継承意識もビラカロンよりはるかに弱い。オキナワ第1移住地では、ボリビア人から隔離したかたちで、日本語とスペイン語の2言語2文化教育体制を確立している（次の1.4.3参照）ことから言っても、ボリビア人、ボリビア文化との関係のなかで、〈日系・ボリビア人〉

が前面化され、ウチナーンチュ意識は、背景化されていると思われる。Clyne (1997) が述べるように、沖縄系人が沖縄方言をどう位置づけるかは、他者との関係のダイナミズムのなかで変化すると思われる。

The position of language within the cultural value system may alter in a dynamic situation between groups. (Clyne 1997 : 310)

1.4.3 日本語保持の社会的要因

ブラジルの3つのコミュニティーではポルトガル語へのモノリンガル化が進行するにもかかわらず、ボリビアのオキナワ第1移住地では、3世においても、日本語が保持されている。この違いは、日本語とポルトガル語との接触か、日本語とスペイン語との接触かという言語的要因によって生じたものではない。

この違いを生み出した要因は、生活戦術という社会的要因であり、第4章で詳述されるように、第1には、日本への長期デカセギ(研修)、そしてそれに関わる日本国籍の取得(2重国籍)、第2には、日ボ校における2言語2文化教育体制(午前はボリビア公教育、午後は日本語による教育)である。Matras (2009 : 50) は、母国への移動やメディアによるアクセスなどが簡単になり、グローバリゼーションの進行が見られる現在では、「継承語」がjob market において有利な場合、3世でも保持されると指摘している。

日ボ校では、日本人の美徳や日本文化(日本の伝統)を立派に継承した「日系ボリビア人」の育成が目的として掲げられているわけだが、これは、ボリビアへの同化をめぐる葛藤の結果として出てきたものである。沖縄系人のボリビア人に対する眼差しは単純なものではなく、次のような相反する態度をとってきた。日ボ校の建設は、①の「現地人」(彼等は大規模農業を行う沖縄系人にとっての労働者である)を排除した教育を実施するためでもあったのである。

Ｅボ校の日語職員室

日ボ校の西語職員室

① 「現地人」と位置づけるボリビア人労働者に対する「同化すべきではない」とする否定的態度
② 「ボリビア人」と位置づけるボリビア人農家、酪農家、商家、医師等に対する「同化を許容する」態度

現在、日本への長期デカセギという生活戦術から、ボリビアにおける高学歴化（大学進学）という生活戦術に切り替わりつつあり、また、日ボ校へのボリビア人子女の入学、日本と同じ国語教科書から外国語としての日本語教科書の使用への切り替え、といったこれまでとは異なる事態が進行しつつある。したがって、今後については、言語移行が進行していく可能性が高いのではないかと思われる。

以上述べた点は、すべて、歴史状況や社会的コンテクスト抜きには、言語接触と言語移行の諸相の分析ができないことを示すものである。冒頭に示した Thomason and Kaufman（1988：212-213）を再掲する。

> Finally, we have argued throughout this book that the major determination of contact-induced language change are the social facts of particular contact situations, nor the structural linguistic relations that obtain among the languages themselves. Language shift, for instance, is a social fact with linguistic implications. Linguistic factors do influence the linguistic outcome of a contact situation, but only secondarily.

1.5 今後の課題

　今後に残された課題も多いのだが、子供移民に対する教育問題については、さらなる考察が必要である。本書の第4章では、文献の掘り起こし調査の成果として、1937年に刊行された『日本語読本』が取り上げられ、ポルトガル語からの借用語彙（下線箇所）が多く用いられていることが指摘されている。『日本語読本』は、「日本人の精神をもったブラジル人」として、その日本人の精神を体現する日本語が必要であるという論理を教材によって表現したものであると言えるのだが、第4章で述べられるように、日本の『国語読本』とすべて同じにすることはできなかったのである。以下は第4章からの引用である。

　ところで、平易な文章の教材の中には『国語読本』と異なる点として、注目すべき箇所が多々存在する。上記「巻一」の場合、「一　ハナ」において、『国語読本』ではサクラの挿絵のみで説明される個所に対して、イペーの花が加えられている。『日本語読本教授参考書　巻一』(1937)には「伯国に於ては、日本の桜に相当すべきもの、即ち国花と称すべきものはないが、まあ、それに近いものとして、ここにはイッペイを選んだのである。」(p.1)とある。また「巻二」の「二十　市場」は、以下のようにポルトガル語からの借用語彙が多く用いられている。（下線部が借用語彙。）

ケサ　早ク、オカアサン　ト　一ショ　ニ、市場　ヘ　買ヒモノ　ニ　イキマシタ。オカアサン　ハ、竹ノ　セスタ　ヲ　オサゲ　ニ　ナリ、私　ハ　小サナ　サッキンニョ　ヲ　持チマシタ。市場　ノ　近ク　ニハ、カラノ　荷馬車　ヤ、カミニョン　ガ　タクサン、ズラリト　ナランデ　キマシタ。サウシテ、

『日本語讀本』
(1937年　ブラジル日本人教育普及会)

第1章　本書の目的と成果

ソノ　前　ヲ、セスタ　ヤ、サッキンニョ　ヲ　サゲタ　人　ガ、ゾロゾロ　ト　トホッテ　行キマス。（pp. 99-101）

　継承意識だけではなく、日本語とポルトガル語の混交のあり様もエスニックアイデンティティーに深く関わると思われ、こうした日本語教育に関する史的背景を勘案しない限り、その全貌は明らかになってこないであろう。
　この点については、今後、談話録音データの言語学的分析も並行して行いつつ、さらに追及していきたいと思う。本書では、言語生活調査と文献調査の結果を提示したが、次の段階では、これに加えて、談話録音データの分析結果も総合化しなければならない。
　この談話録音データには、単純化しただけでも次のような諸相が見られる。

1)　ポルトガル語やスペイン語からの語彙借用
2)　日本語とポルトガル語やスペイン語のコードスイッチング（文間の切り替え、文中での切り替えなど）の諸相
3)　本土系コミュニティーにおける諸方言間の接触と混交
4)　沖縄系コミュニティーにおける沖縄方言と日本語の接触と混交（国内のウチナーヤマトゥグチと共通する様相）

　さらには、中南部沖縄方言と北部沖縄方言の接触と混交や、沖縄方言とポルトガル語やスペイン語との接触や混交、コードスイッチングも考えられる。
　ここで重要になってくるのは、話者を、不完全な言語学習者としてではなく、相互理解のために自らの言語習慣を創造的に変化させていく人々として考える観点である。
　以上のような言語学的分析と並行して、言語生活調査の他の調査項目の分析も進め、言語移行を決定づけてきた社会的、心理的要因の歴史的考察の精緻化が必要であろう。今回は、概略を述べるにとどまった点が多々あるた

1.5 今後の課題

め、今後さらに、文献の掘り起こしを行いつつ、学際的研究として、言語学的観点と文化人類学的、社会学的観点等の総合化を進めていく予定である。

[工藤真由美]

注

1) 次の表aは、「1世成人移民」に対して、「移住前の現地語の理解度」を質問した結果である。ビラカロンでもオキナワ第1移住地でも「まったくわからなかった」「少ししかわからなかった」という回答になっている。(なお、オキナワ第1移住地では、話し言葉と書き言葉を分けて質問した。また、書き言葉について「よくわかった」と回答した1名については、なぜそうなのかを質問票から確認することができなかった。)

表a 移住前の現地語の理解度(1世成人移民)

	オキナワ第1移住地		ビラカロン
	聞く 話す	読む 書く	
とてもよく	-	1	-
よく	-	-	-
少し	5	3	-
まったく	16	17	6
その他	-	-	3
合計	21		9

2) オキナワ第1移住地と異なり、ビラカロンは都市部にあることから、相対的に混質的様相を呈する。次の図aは、「2世の日本語能力意識」の回答結果である。ビラカロンでは、多くの2世がポルトガル語にモノリンガル化していくなか、日本語能力に対する自己評価が高い2世、つまり、以下の図aで「3.5~4.0」に相当する人も若干名存在している。日本語に対する自己評価が高い2世がどのような人であるのかは、朴・森・工藤(2014)を参照されたい。(第3章で述べるように、「よくできる(4)」「大体できる(3)」「少ししかできない(2)」「まったくできない(1)」というかたちで回答結果を整理している。)

第1章　本書の目的と成果

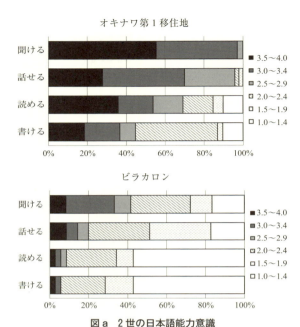

図a　2世の日本語能力意識

3)　次の表bは、「地域における日本語学習上の問題点はなんだと思うか」を質問した結果をまとめたものである。詳細は朴・森・工藤（2013）を参照されたい。なお、表の中の「-」は0名であることを表す。

表b　地域における日本語学習上の問題点

	オキナワ第1移住地				ビラカロン			
	1世・成	1世・子	2世	3世	1世・成	1世・子	2世	3世
日本語を使う機会がない	2 (14.3%)	1 (10.0%)	6 (15.8%)	1 (12.5%)	3 (30.0%)	3 (25.0%)	22 (41.5%)	9 (45.0%)
親が熱心でない	2 (14.3%)	4 (40.0%)	9 (23.7%)	2 (25.0%)	1 (10.0%)	6 (50.0%)	9 (17.0%)	4 (20.0%)
現地での日本文化の影響が少ない	1 (7.1%)	-	6 (15.8%)	2 (25.0%)	-	-	8 (15.1%)	-
日本語が難しい	1 (7.1%)	-	3 (7.9%)	2 (25.0%)	1 (10.0%)	1 (8.3%)	7 (13.2%)	5 (25.0%)
教師のレベルと学校の問題	-	1 (10.0%)	-	-	1 (10.0%)	-	3 (5.7%)	-
日本語を学習するメリットがない	1 (7.1%)	-	-	-	2 (20.0%)	-	1 (1.9%)	1 (5.0%)
その他	7 (50.1%)	4 (40.0%)	14 (36.8%)	1 (12.5%)	2 (20.0%)	2 (16.7%)	3 (5.6%)	1 (5.0%)

本土系・沖縄系コミュニティーにおける言語生活調査

調査打ち合せ（スザノ市福博村）

2.1 調査の概要

　本章では、第3章以降の考察の前提として、言語生活調査の概要と調査地（2つの本土系コミュニティーと2つの沖縄系コミュニティー）の歴史を述べる。

調査の概要

　まず、言語生活調査の概要を、本土系コミュニティー、沖縄系コミュニティーの順に述べる。

2.1.1　本土系コミュニティー

　2003年に実施したブラジルの本土系コミュニティー（アリアンサ移住地およびスザノ市福博村）の言語生活調査は、サンパウロ人文科学研究所が2000〜2001年に行った「日系社会実態調査」を母体にして行われたものである。サンパウロ人文科学研究所編（2002）『日系社会実態調査報告書』（55頁）より、同居世帯員の人口構成の「世代別分布」を示すと次のようになる（表1）。アリアンサ移住地でもスザノ市福博村でも、2世中心の人口構成になってきていることがわかる。（なお、ここでの世代算出方式は、日本政府方式

表1　世代別人口構成（2000〜2001年調査）

	アリアンサ移住地	スザノ市福博村	全体
1世	103　(16.0%)	100　(19.5%)	203　(17.6%)
2世	301　(46.7%)	217　(42.4%)	518　(44.8%)
3世	167　(25.9%)	131　(25.6%)	298　(25.8%)
4世	29　(4.5%)	7　(1.4%)	36　(3.1%)
混血日系人	34　(5.3%)	27　(5.3%)	61　(5.3%)
非日系人	10　(1.6%)	22　(4.3%)	32　(2.8%)
その他	−	8　(1.6%)	8　(0.7%)
計	644	512	1156

である。表1の中の「-」は0名であることを表す。以下の表も同様である。)

(1) 調査方法

調査方法などの実施概要は、表2に示す通りである。

表2　言語生活調査の実施概要（本土系）

調査コミュニティー	アリアンサ移住地	スザノ市福博村
調査実施期間	2003年4〜5月	
調査対象者	アリアンサ移住地在住の日系世帯の構成員	スザノ市福博村在住の日系世帯の構成員
選定方法	アリアンサ移住地（644人）、スザノ市福博村（512人）を対象として、120人を目安に、世代と年齢を考慮した等間隔抽出法を実施	
実施方法	調査票を用いた面接調査	
調査員	サンパウロ市在住の日本人（数人）	
調査票回答者（総計）	111人	108人

　言語生活調査票は、68項目からなり、大きくは、表3に示すような構成となっている。調査票の詳細は、工藤・森他（2009：371-415）を参照されたい。

言語生活調査（ビラカロン）

2.1 調査の概要

表3　調査票の構成

	調査項目	質問内容
1.1	個人的属性1： 社会的属性 （全世代共通）	1. 性別　2. 生年月日　3. 世代　4. 国籍　5. 出生地　6. 婚姻関係　7. 職業　8. 学歴（日本）　9. 学歴（ブラジル）
1.2	個人的属性2： 言語生活史 （1世対象）	10. 渡航年　11. 移住時の家族構成　12. 当初予定したブラジル滞在期間　13. 最初の入植地　14. 最初の入植地における日本人との接触の有無　15. 非日本人との接触の有無　16. 移住前のポルトガル語の知識　17. 移住直後のポルトガル語使用　18. 成人後のポルトガル語学習　19. 日本へのデカセギ　20. 日本（語）学校への通学経験
1.3	個人的属性2： 言語生活史 （2世、3世対象）	21. 出生地　22. 就学以前における家族内の使用言語　23. 就学以前における友人との使用言語　24. 日本（語）学校への通学経験　25. 成人後の日本語学習　26. デカセギ体験
2.1	家族内の言語使用	27. 同居世帯員　28. 家族に話しかける時の使用言語　29. 家族から話しかけられる時の言語　30. 家族が揃った時の使用言語
2.2	メディア・娯楽と 言語使用	31. NHK海外放送受信設備の有無　32. 日本の親戚との交際　33. 定期購読している新聞・雑誌　34. NHK海外放送　35. 日本のビデオ　36. ブラジルのテレビ番組　37. ブラジルの日系テレビ番組　38. NHK短波や日系ラジオ　39. 日本語の新聞　40. ポルトガル語の新聞　41. 日本の歌　42. カラオケ
2.3	職場・地域社会での 言語使用	43. 仕事での日本語使用の有無　44. 仕事でのポルトガル語使用の有無　45. 日系団体活動への参加状況と使用言語　46. 友人との使用言語　47. 宗教　48. 宗教活動への参加状況と使用言語
3	日本語とポルトガル語の 能力意識	（日本語）　49. 話す　50. 聞く　51. 読む　52. 書く　（ポルトガル語）　53. 話す　54. 聞く　55. 読む　56. 書く
4	日本語の学習や継承に 関する意識	57. 自分自身が日本語を学習したいか　58. 子供や孫に日本語を習わせたいか　59. 若い世代が日本語を学習することは必要か　60. 地域の日本語学習をめぐる問題　61. 日系人なら日本語が話せるのは当然という意見への態度
5	訪日経験と日本語	62. 訪日経験　63. 訪日目的　64. 訪日時に日本語は通じたか　65. ブラジルの日本語と日本の日本語の異同　66. 日本滞在による日本語能力の向上や日本のイメージ
6	言語の混交に関する意識	67. 日本語とポルトガル語を混ぜるか　68. 日本語とポルトガル語を混ぜることに対する意見

（2）調査票回答者と分析対象者

本土系コミュニティーの言語生活調査においては、上述のように、アリアンサ移住地 111 人、スザノ市福博村 108 人の回答が得られたが、その世代別人数の内訳は、表 4 の通りである。

表 4　調査票回答者の世代別分布（本土系）

	アリアンサ移住地	スザノ市福博村	計
1 世	41	39	80
2 世	42	41	83
3 世	28	28	56
計	111	108	219

第 1 章で述べたように、一口に 1 世とは言っても、「成人移民」と「子供移民」が含まれる。また、生年別分布を見てみると、1900 年代から 1960 年代にわたっており、両コミュニティーとも幅広い年齢層から構成されている。（表 5 を参照。）

以上のことから、本章では、まず、言語形成期を考慮して、12 歳を暫定的な基準とし、渡航時に 13 歳以上であった人を「1 世成人移民（図表では「1 世・成」と略して示す）、12 歳以下であった人を「1 世子供移民」[1]（図表では「1 世・子」と略して示す）として 2 分類することとした。また、2 世や 3 世についても、同一世代の内部に見られる、年齢およびその背後にある社会的属性の多様性を考慮し、暫定的に 30 年の範囲に収まる対象者に絞って分析することとした。

本研究における「分析対象者」を、出生年と世代別に分けて示すと、表 5 のようになる。表 5 では、次の点に注意されたい。

① 「1 世成人移民」には、戦前に渡航した人も戦後に渡航した人も含まれているため、これを「戦前／戦後」として示している[2]。1 世子供移民はすべて「戦前渡航」である。
② 「1 世子供移民」については、「6 歳以上で渡航」したか「5 歳以下で

2.1 調査の概要

表5 分析対象者（本土系）

出生年	アリアンサ移住地						スザノ市福博村					
	1世・成 (戦前/戦後)	1世・子 (6以上)	1世・子 (5以下)	2世 (戦前)	2世 (戦後)	3世	1世・成 (戦前/戦後)	1世・子 (6以上)	1世・子 (5以下)	2世 (戦前)	2世 (戦後)	3世
1900〜1909	(1)	−	−	−	−	−	−	−	−	−	−	−
1910〜1919	8	2	−	−	−	−	1	5	−	−	−	−
1920〜1929	3*1	9	3	(1)	−	−	7	7	4	−	−	−
1930〜1939	5	−	3	11	−	−	2	−	2	8	−	−
1940〜1949	(3)	−	−	−	13	−	(4)	(5)	−	−	17	−
1950〜1959	(2)	−	−	−	8	1	−	(2)	−	−	7	3
1960〜1969	(1)	−	−	−	(7)	14	−	−	−	−	(4)	6
1970〜1979	−	−	−	−	(2)	11	−	−	−	−	(5)	13
1980〜1989	−	−	−	−	−	(2)	−	−	−	−	−	(6)
合計	16	11	6	11	21	26	10	12	6	8	24	22

＊1　アリアンサ移住地において渡航年が不明な1世成人移民の1人を除いた。

渡航」したかによって下位区分して示している。
③　「2世」については、「戦前に生まれ戦前に就学時期を迎えた人」（これを「2世戦前」として示している）と、「戦後に生まれた人」および「戦前に生まれたが戦後に就学時期を迎えた人」（これを「2世戦後」として示している）を下位分類して示している[3]。
④　（　）内の数値は、分析の対象外となった人数であり、合計は分析対象者のみの人数である。分析対象者の1世成人移民と1世子供移民は、ともに1910〜1939年の30年間に生まれた人となっている。2世は1930〜1959年、3世は1950〜1979年の30年間である。

2.1.2 沖縄系コミュニティー

ここでは、ブラジルとボリビアにおける2つの沖縄系コミュニティーで実施した言語生活調査の概要を述べる。

（1）調査方法

調査方法などの実施概要は、表6の通りである。
調査票については、沖縄系であることから、本土系コミュニティーを対象

第2章 本土系・沖縄系コミュニティーにおける言語生活調査

表6 言語生活調査の実施概要（沖縄系）

調査コミュニティー	サンパウロ市ビラカロン（ブラジル）	オキナワ第1移住地（ボリビア）
調査実施期間	2005年5月～9月	2007年7月～8月
調査対象者	ビラカロン在住の沖縄系世帯の構成員	オキナワ日本ボリビア協会の会員で第1移住地に籍をもつ288人
選定方法	小禄・田原郷友会名簿に登録された150人から抽出	第1移住地の会員名簿に登録された116人から抽出
実施方法	調査票を用いた面接調査	
調査員	調査地在住の青年ウルクーンチュ	調査地在住の女性7人
調査票回答者（総計）	88人	107人

とした調査項目に次のような項目を追加して実施した。（その他、ボリビアの場合は、「ボリビア人労働者の雇用の有無」などについても質問項目を設けている。）

　ア）言語生活史（1世）：本土系日本人との接触時における差別意識、移住前の沖縄方言能力、移住当初における沖縄方言の使用
　イ）家族内外における沖縄方言の使用、沖縄方言能力の自己評価
　ウ）自分自身が沖縄方言を習いたいか、子供や孫に沖縄方言を習わせたいか、若い世代が沖縄方言を学ぶのは必要か、ウチナーンチュなら沖縄方言が話せて当然か
　エ）沖縄訪問の有無や回数、沖縄で自身の方言は通じたか

（2）調査票回答者と分析対象者

　調査票が回収された対象者の世代別人数の内訳は表7の通りである。ここでは、1世成人移民と1世子供移民を分けて示すが、1世はすべて「戦後渡航」である。（サンパウロ市ビラカロンでは、都市部コミュニティーのため回収率は低く、回答が得られた人数は87名であった。）

表7 調査票回答者の世代別分布（沖縄系）

	サンパウロ市ビラカロン	オキナワ第1移住地
1世成人移民	11	25
1世子供移民	11	12
2世	50	62
3世	15	8
計	87	107

表8 分析対象者（沖縄系）[4]

出生年	サンパウロ市ビラカロン					オキナワ第1移住地				
	1世・成 (戦前/戦後)	1世・子 (6以上)	1世・子 (5以下)	2世	3世	1世・成 (戦前/戦後)	1世・子 (6以上)	1世・子 (5以下)	2世	3世
1900〜1909	–	–	–	–	–	–	–	–	–	–
1910〜1919	(1)	–	–	–	–	–	–	–	–	–
1920〜1929	1	–	–	–	–	5	–	–	–	–
1930〜1939	4	–	–	(3)	–	13	–	–	(2)	–
1940〜1949	4	2	–	(4)	–	3	1	1	–	–
1950〜1959	(1)	3	2	(7)	(1)	(1)	4	6	(6)	–
1960〜1969	–	–	–	4	(1)	(2)	–	–	29	–
1970〜1979	–	–	–	10	3	–	–	–	14	–
1980〜1989	–	–	–	22	10	–	–	–	9	4
1990〜1999	–	(1)	–	–	–	–	–	–	–	4
合計	9	5	2	36	13	21	5	7	52	8

両コミュニティーとも2世が最も多いが、生年別分布を見ると、同じ2世とは言っても、表8に示すように、幅広い年齢層から構成されている。これには、1世子供移民が結婚して誕生した子供も2世となるという点が関わっている。そして、ビラカロンでは、2世の約4割が1980年代生まれであるのに対し、オキナワ第1移住地では、2世の約4割が1960年代生まれとなっている。詳細な分析は今後の課題であるが、この違いには次のような事情が関わっていると推定される。

オキナワ第1移住地の場合には、移住時期が1954年から64年のほぼ10年間に集中していた。そして、移住時の家族構成が、原始林伐採という開拓事業にとって有利なように、労働力として期待できる、相対的に年齢の高い青年を数多く含んでいたため（移住家族の選択においてこうした点が考慮され

た)、これらの独身青年層が移住直後から結婚していったのである。一方、ビラカロンでは、1953年から70年代初頭まで移住が行われ、この時期に渡航した子供移民の結婚の時期が、相対的にオキナワ第1移住地よりも遅かった。さらに、戦後移住者には相当数の独身移住者がおり、彼らの結婚の時期も、オキナワ第1移住地と比較すると、相対的に遅かったのである。

以上のような問題はあるが、沖縄系の場合も、本土系の場合と同様に、1つの世代の出生年が暫定的に30年の範囲に収まる人に限定して分析することとした。

2.1.3 分析対象者の社会的属性

ここでは、分析対象者に限って、その社会的属性の特徴を述べる。各調査コミュニティーの特徴については、2.2の調査コミュニティーの歴史を見られたい。

(1) 本土系コミュニティー

分析対象者の社会的属性について述べると次のようになる。(本書資料編の表1(アリアンサ移住地)、表2(スザノ市福博村)も参照されたい。)「出身地、婚姻関係、国籍、学歴[5]、職業」のみを取り上げている。その他の情報に関しては資料編の表3と注6を参照されたい[6]。

1) 1世の出身地は全国にわたっているが、アリアンサ移住地では東日本出身者の方が多く、スザノ市福博村では若干西日本出身者の方が多い[7]。
2) 婚姻関係については、ほとんどが日系人同士で結婚している[8]。(スザノ市福博村の2世において非日系人との結婚も見られる。)
3) 国籍は、世代により違いが見られる。1世成人移民は、スザノ市福博村の1人を除いて、全員日本国籍である。2世と3世は、ブラジル国籍であるが、日本とブラジルの2重国籍をもつ人が戦前に移住した2世に若干名いる。

4) 学歴については、1世成人移民は、中学・高校経験者が多いが、専門学校や大学出身者が若干名いる。1世子供移民は小学校程度の学歴が多く、「戦前2世」（戦前に生まれ戦前に就学期を迎えた人）についても同様である。「戦後2世」（戦後に生まれた人および戦前に生まれ戦後に就学期を迎えた人）は、小学校程度が多いものの、中学や高校、また大学出身者も出てきている。3世になると6割以上が大学に進学している。1世子供移民や戦前2世、そして一部の戦後2世では、その時代状況から教育の機会に恵まれなかったことがうかがえる。
5) 職業については、アリアンサ移住地では、どの世代も「農業・畜産」が多い。一方、スザノ市福博村では、1世（成人移民、子供移民）は、「農業・畜産」であるが、2世や3世では、「商業・販売」や「専門・技術・管理職」が出てきている。全体的に見て、アリアンサ移住地の方が均質的であり、スザノ市福博村の方が混質的な性格を有していると言えよう。

（2）沖縄系コミュニティー

サンパウロ市ビラカロン（ブラジル）およびオキナワ第1移住地（ボリビア）における分析対象者の社会的属性は次のようになる[9]。資料編の表4、表5も参照されたい。

1) 出身地については、ビラカロンの1世（成人移民・子供移民）は、2人を除き、沖縄県那覇市小禄・田原地区の出身者である。一方、オキナワ第1移住地の1世には沖縄本島の様々な地域の出身者がいる[10]。
2) 婚姻関係については、全員がウチナーンチュ同士で結婚している。
3) 国籍については、ビラカロンとオキナワ第1移住地との違いが浮かび上がる。1世が日本国籍であるのは同じだが、ビラカロンの2世、3世は、基本的にブラジル国籍であり、日本とブラジルの2重国籍をもつ者はごくわずかである。一方、オキナワ第1移住地の2世、3世は、基本的に日本とボリビアの2重国籍である。（この点については、2.2を参照。）この違いは、訪日経験の有無や期間の長短とも関係し、オキナワ第1移住地ではほ

とんどの人が、「研修」と呼ばれる長期のデカセギ経験を有している[11]。
4) 学歴については、1世成人移民は、中学・高校出身者も多いが、ビラカロンの1世子供移民は必ずしもそうではない。2世に関しては、ビラカロンではほとんどが大学へ進学しているのに対し、オキナワ第1移住地では、日本の高等学校に相当する学歴までの人が多い[12]。
5) ビラカロンでは、1世は基本的に「商業（自営業）」であるが、2世、3世になると、「専門・技術・管理職」との回答が見られ、ホワイトカラー・テクノクラートとしての社会的上昇を遂げてきていることがうかがえる。一方、オキナワ第1移住地では、世代を問わず、専業農家あるいは兼業農家が中心となっている。

以上、本土系コミュニティーと沖縄コミュニティーに分けて、分析対象者の社会的属性の特徴を述べた。このような社会的属性の違いが生じる背景については、次節で詳述する。

［李吉鎔］

2.2 調査コミュニティーの歴史

　ここでは、ブラジルの本土系コミュニティーであるアリアンサ移住地とスザノ市福博村についてその概要を説明した後、ブラジルの沖縄系コミュニティーであるサンパウロ市ビラカロン、およびボリビアの沖縄系コミュニティーであるオキナワ第1移住地についてその概要を述べる。

2.2.1　ブラジル・アリアンサ移住地

　サンパウロ州奥地に位置するアリアンサ移住地は、日本の民間資本によって建設された永住型自営開拓農移住地である。アリアンサ移住地の入植者がもつ特徴の1つはその社会的属性の多様性と当初より永住希望でのブラジル渡航であった点であろう。『移民八十年史』によると「（移住前の職業も農業以外の者が多く）たとえば「鉄道技師」「植物遺伝学者」「宮内省高等官」「造船技師」「牧師」「医師」「実業家」「税務官吏」「小学校長」などで、彼等はすべて永住希望者」であったという。画家であり移民史研究家の半田知雄は「それ（アリアンサ移住地への移住）は、わが移民史十六年後にして、はじめて試みられた日本の中産階級の移住」（半田　1970：417）であったと指摘している。

(1) 歴　史

　1914、5年頃、信濃教育会は「努力すべき四大方針」の1つとして「県民の海外発展に関する決議」を行い県民海外発展運動を展開、1922年には信濃海外協会を設立した。1923年5月、当時の本間海外協会総裁（県知事）は「ブラジル移住地建設の宣言」を発表し、海外協会設立に貢献した日本力行会永田稠会長をブラジルに派遣した[13]。永田は輪湖俊午郎や北原地価造と協力し[14]、ブラジル初の民間資本による永住型自営開拓農移住地建設に向けた準備を開始した。1924年10月、5,500町歩を購入、同年11月には北原らが

第1アリアンサ旧小学校前（1930年中頃）

移住地予定地に入植、1925年から渡航する予定の入植者のために土地測量、地区割、道路開設、収容所の建設など一連の準備作業を行った。この移住地はアリアンサ移住地（第1）と名付けられた。25年に先発隊家族が入植したのを嚆矢に、約2年間で1千人ほどが入植し原始林開拓作業に従事した。1926年には信濃海外協会の殖民事業に賛同した鳥取海外協会が信濃と共同で第2アリアンサ移住地を、熊本海外協会が独自にビラノーバ移住地を、そして27年には信濃・富山両海外協会が第1アリアンサ移住地北東地域に第3アリアンサ移住地をそれぞれ開設した。

　1930年当時、全アリアンサ移住地は開拓面積17万4,506アルケール（1アルケール＝2.41ha）、入植家族数456世帯（人口2,155人）、コーヒー樹24万445本を誇る一大集団地となった。アリアンサ移住地の初期の主要農産物はコーヒー、米、雑穀であり1938年代後半から40年代にかけては棉作や養蚕が盛んに行われ、この当時（1938年頃）がアリアンサ移住地の経済的最盛期で移住地全体の日系農家数は2千世帯を超えていたと言われる。

　アリアンサ移住地の行政は移住地建設数年後までは第1、第2、第3移住地ごとに結成されたアリアンサ会によって行われたが、移民組合設立に伴う混乱、経営権の国策移民会社海外興業株式会社のブラジル側法人ブラジル拓殖組合（以下、ブラ拓）への移譲をめぐる対立などを経て、「一村一元化」を達成、1939年4月には、3つの自治組織の統合的な上部自治組織アリアンサ農業者産業組合が結成され、経営権が移譲されたブラ拓のブラ拓事務所とと

2.2 調査コミュニティーの歴史

もにアリアンサ移住地発展の両輪となった。

アリアンサ移住地も経営管理下においたブラ拓はその傘下移住地に対して、1934年からガット（GAT）運動を展開した。GATとはGozar a Terra（土地を愛する＝愛土永住）の頭文字GATをとったもので「農村生活の安定を自給経済の農法に求め、土地を愛し安住すると共に、協力の力により、社会性を高め、以て各自の暦を積極的な手段により増加せんとする」を目標とするものであった。一方、アリアンサ移住地在住の青年有志は弓場勇をリーダーとして「新しき村」建設運動を展開し、移住地内に百町歩の肥沃な原始林を購入、ここを本営地とし共同生活を送りながら「新しき村」建設に邁進した[15]。

1930年代から40年代にかけてアリアンサ移住地は高揚するブラジル・日本双方のナショナリズム、特に1930年革命によって政権を奪取したバルガス大統領による中央集権体制に基づく国民国家ブラジルを建設するための強力な外国人移民同化政策、その後の太平洋戦争と日本敗戦などの状況の変化に翻弄されることになった。日本語教育禁止、集会の禁止、枢軸国側の会社・団体・個人の資産凍結、敵性国人としての様々な制約、さらには養蚕国賊論[16]や第二次世界大戦での日本敗戦をめぐる日本人同士の対立や抗争など一連の制約や混乱のなかで生きることを余儀なくされたのであった[17]。こう

弓場農場内の図書室で日本語を勉強する子供たち

した戦争直後の混乱も 50 年代前半頃から正常化し、1954 年にはパウリスタ養蚕協会呼び寄せによる第 1 回養蚕移民がアリアンサ移住地に入植、アリアンサ移住地の「戦後」が始まった。

戦後、敵性国人としての制約から解放されたアリアンサ移住地では 60 年代に自治組織を復活させ「村の問題」に当たったが、その当時、アリアンサ移住地の最も大きな懸念は村人の人口流出であった。この動きは 30 年代末から始まり、戦後になって加速化し、最盛期には約 2 千世帯に達したアリアンサ移住地の日系世帯数は 2002 年当時には第 1 から第 3 アリアンサ移住地まで合わせても 185 世帯にまで減少してしまっている。

（2）子弟教育

アリアンサ移住地における子弟教育は移住地建設に中核的に関わった永田稠のキリスト教主義の精神教育を主柱とした伯主日従的な子弟教育論を基本的方針とし、それぞれの時代状況と自らのもつ条件とを勘案しながら実施されてきたということができる。アリアンサ移住地（第 1 移住地を中心とする）の子弟教育の歴史は、①無認可私立校時代（1）（1926～1929 年）、②無認可私立校時代（2）（1929～1931 年）、③公認郡立校時代（1931～1935 年）、④州立校時代（1935 年頃～）と日本語学校閉鎖（1938 年）、⑤中等教育の開始（1967 年～）に区分することが可能である。それぞれの時代の特徴を整理したものが表 9 である。

アリアンサ移住地における子弟教育の歴史的展開を要約的に提示すれば、(1) 当初の日主伯従主義的教育観から、ナショナリズムの時代、戦争を経て戦後期ブラジルへの永住がより明確に決意されるとともに伯主日従的子弟教育観へ移行したこと、(2) 1938 年の 14 歳未満の児童への外国語（日本語を含む）教授禁止令から開始され、戦争を挟んだ 50 年代初頭までの日本語教育空白期によって、全般的に見ればアリアンサ移住地の子弟（この当時に学齢期にあった）の日本語能力が著しく低下を遂げたこと[18]、(3) 戦後期には 2 世層のアイデンティティーの改変（ブラジル人アイデンティティーの強調）とも関連して、ブラジル公教育・ポルトガル語習得への志向性が非常に強く

2.2 調査コミュニティーの歴史

表9 （第1）アリアンサ移住地の子弟教育の歴史的展開

名称	時期	内容	特徴
無認可私立校時代(1)	1926～1929年	・1926年7月キリスト教の日曜学校で「かな」「算術」（後に国語・算術・修身）の授業開始 ・1928年「第1アリアンサ中央小学校」開校：「完全な日本式の教育内容」＋移住地事務員（非日系ブラジル人）によるポルトガル語補習	・子弟教育草創期 ・「日主伯従」主義的教育
無認可私立校時代(2)	1929～1931年	・子弟教育をめぐる入植者間の対立・葛藤 ・公認公立（伯主日従主義）対公認私立（日主伯従主義）	・子弟教育の方向性模索期
公認郡立校時代	1931～1935年	・1931年郡役所から第1中央小学校の「郡立化」要請（同年郡立化―ブラジル人教員2人派遣）：ブラジル公教育の開始（日本語教師は現地雇用の補助教員） ・1932年信濃海外協会の要請によるサンパウロ州師範学校への日本人留学生派遣 ・1933年留学生、ブラジルでの教員資格取得の後第1アリアンサ小学校へ着任 ・1933年サンパウロ州教育令：10歳未満の者および国語文盲者への外国語教授禁止	・ブラジル公教育開始 ・日本語教育の受難期の始まり
公認州立校時代	1935年～現在	・1935年第1アリアンサ中央小学校、州立のGrupo Escolarに昇格：日系生徒と非日系生徒の共学。戦後50年代には非日系生徒が日系生徒数を凌駕 ・1938年14歳未満の児童に対する日本語教授止措置＝日本語学校の閉鎖 ・1955年「在聖市アリアンサ学生寮」開設	・日本語教育禁止による子弟の日本語力の著しい低下 ・戦後期、高学歴取得への志向高まる
中等教育時代	1967年～現在	・1952年「アリアンサ農村実習学校」開校 ・1959年「通学車」によるミランドポリス市の上級学校への通学開始 ・1967年アリアンサ州立中学校（'Centro Educacional Dona Idalina Sodoré'）開校 ・1970年代以降、移住地建設に関わった母県からの日本語教育に対する様々な支援始まる	・「伯主日従主義」的教育への転換 ・高学歴志向 ・母県の日本語教育への関与

なり、このことは戦後期に「通学車」によるミランドポリス市の上級学校への進学、サンパウロ市への「遊学」などを通じて実現されていったこと、(4)1970年代からは第1～第3アリアンサ移住地建設に関わった母県からの日本語教育に対する支援が開始されたこと[19]、などを指摘することができる。

（3）文化活動

アリアンサ移住地の特徴の1つは多様な属性をもった入植者という特徴と

も関連して、盛んに文化活動が行われてきたことであろう。第1アリアンサ移住地が開設された5年後の1929年には弓場勇を編集長として「ありあんさ時報」が週刊1頁で発行され始めている。この「新聞」は謄写版印刷で、その内容はほぼ野球大会の報告で当時のアリアンサ移住地の野球熱の高さを感じさせられる紙面となっていた。30年にはありあんさ時報が廃刊され、それに代わって力行会アリアンサ支部の青年が中心となってアリアンサ時報を創刊した。この「時報」はいわば「移住地新聞」という性格を強くもち、「如何にしてアリアンサ移住地を立派な移住地にするか」という使命感にあふれるものであった[20]。

アリアンサ移住地の文化活動で特筆すべきなのは入植者による文芸活動、特に短詩型文芸活動が移住地創設直後から活発に行われてきたことである。1927年頃、木村圭石、佐藤念腹がアリアンサ移住地に入植[21]、実景実感に基づくホトトギス派の客観写生によってブラジルの風物を捉えた俳句を詠み雑誌『ホトトギス』に投稿し、当地における文芸活動を開始、1931年には日伯俳壇『おかぼ会』を設立するとともに、俳句と短歌雑誌『おかぼ』を発刊し、アリアンサ移住地における短詩型文学運動を指導、展開、このことはいわばブラジル俳壇の成立と捉えることもできる。ホトトギス派の木村や佐藤のほか、第1アリアンサ移住地にはアララギ派の歌人岩波菊治[22]、芦戸芦庵、中島簾女らも入植し盛んに短歌を詠み、入植者間に短歌創作活動を広めていった。

さらに特筆すべきは1926年にブラジルに渡航しアリアンサ移住地に入植した神屋信一らによって1931年に創設された栗原自然科学研究所とその活動であろう。この研究所は移民によって創設され、日本やブラジルの科学者たちとの協力関係のもとに、天文学、気象学、植物学、考古学、人類学、歴史学などの分野で研究を行い、重要かつ顕著な成果を収めた稀有な存在であった。たとえば、天文学の分野では京都の花山天文台長で東亜天文協会の会長を務めた山本一清博士の指導のもとに黄道光の観測に従事し、その結果は京都帝大の花山天文所所報に発表されるとともに、リオデジャネイロ国立天文台にも送付され、重要な学問的貢献を行っている。

（4）2002年当時の状況

最後に2002年当時のアリアンサ移住地の状況に関して触れれば、当時アリアンサ移住地に居住する日系世帯数は185、日系人口は644人であり、日系人と非日系人との婚姻は僅かに5.5％に過ぎなかった。日系人口の世代別構成では1世が16％、2世が46.5％、3世が25.9％、4世以下が4.5％であり、2世および3世中心の構成となっていた。また日系人口の高齢化も進行し（高齢化率21.7％）、65歳以上の高齢者を含む世帯は44％、高齢者のみの世帯は10％となっている。アリアンサ移住地からの日本就労、いわゆるデカセギも日系人口11％、日系世帯の27％が経験している。なお、表10は、2002年当時の第1～第3アリアンサ移住地の自治組織の組織構成と活動の概要を整理したものである。

表10　2002年当時の文化協会の組織構成と活動

	第1アリアンサ 文化体育協会	第2アリアンサ 鳥取村自治会	第3アリアンサ 富山村文化協会
会員数	70	45	53
会費	30レアル	70レアル	50レアル
役員構成	相談役、会長、副会長、書記、会計、外交、体育、文化、学務、産業、建設、会館、電気、音響、監事、各区長	相談役、会長、副会長、日本語書記、ポルトガル語書記、会計、外交、学務、体育	相談役、会長、副会長、日本語書記、ポルトガル語書記、会計、文化部、区長
下部組織	婦人会、青年会、カラオケ愛好会	婦人会、青年会、カラオケ会、ゲートボール会	婦人会、イペー会（老人会）、カラオケ部、マンガ研究会
地域区分	1区から10区、北米区、中央区A～D	トラベッサ地区1・2、プロテッソン区、中央区、コトベロ区、モレモト区	1区から8区、アズマ区、中央区、オリエンテ区
主要施設	文化会館、日本語学校、公園、運動場	文協会館、日本語学校、公園、運動場	文協会館、日本語学校、公園、運動場
主要年間活動	入植祭、運動会、盆踊り、永田祭、弓場農場ナタル（クリスマス）の集い、新年会、母の日	入植祭、お盆、慰霊祭、新年会、母の日、父の日	入植祭、花祭、慰霊祭、うどん会、母の日、父の日、ナタル（クリスマス）の集い（日本語学校での踊り・演劇）

2.2.2 ブラジル・スザノ市福博村

　スザノ市福博村は、サンパウロ市の近郊農村であり、移民によって戦前に建設された「植民地」である。

(1) スザノ市の歴史

　旧コーヒー地帯でのコロノ生活を終えた日本人移民がサンパウロ市とリオデジャネイロ市をつなぐセントラル鉄道線のうち、コーヒー経済で蓄積した資本によって工業化を開始し消費市場としての姿を現し始めたサンパウロ市近郊地域（現在大サンパウロ都市圏を形成する地域）に移動を開始したのは1910年代末のことであった。日本人移民の当該地域への移動は借地農、自営農などの独立農として野菜や果樹を栽培しサンパウロ市場に出荷し経済的成功を目指すことを目的として行われたものである。この地域での代表的日本人移民集団地はモジダスクルーゼス市、スザノ市、現在はサンパウロ市になっているイタケーラ地区などで、当該地域への移動が増加するのは1930年代からのことであった。当該地域にはサンパウロ州奥地のような大土地所有制は発展せず、カボクロ（Caboclo）と呼ばれる小規模農家が自給自足的生活を行っていた地域で、このことが日本人移民の参入を容易にした背景の1つであったと言えるだろう。

　福博村が属するスザノ市はサンパウロ市東方34kmに位置し、現在は大サンパウロ都市圏を形成する39の行政区（Municipio）の1つであり、サンパウロ市のグリーンベルトの一角を占めている。スザノ市域では、1875年中央鉄道線の開通を契機に実質的な開発が始まり、1908年に鉄道駅が開設され、開発は活発化、その結果、1949年に独立した行政地区（市）となった。70年代にはサンパウロ市に通じる高速道路が建設され、多くの海外企業が進出し人口も飛躍的に増加した。この時代に日本からの企業進出（直接投資）も起こり、その代表的なものに日本精工（ベアリング：1970年）、コマツ（建設機械：1973年）、ミツトヨ（精密測定機器：1974年）などがあり、さらに日系地場産業—Gyotoku（セラミック）—も進出を遂げている（日本・日系企業は

スザノ市遠景

約30社)。この結果、スザノ市の産業は工業が中心となっており、2013年時点で327企業が立地し約1万人の直接雇用と約3,300人の間接雇用を生んでいる。全産業従事者のうち工業従事者の比率が49.2%と最も多く、続いてサービス業従事者27.2%、商業従事者18.5%となっており、農業従事者は5%未満にすぎない(2003年当時)。70年代初頭には8万人程度だった人口が2005年には27万人を超えるまでに発展した。

スザノ市への日本人移民の入植は1921年に開始され、30年代後半から加速化、戦後にはサンパウロ州内陸部からの移動者や戦後移民などの入植も加わり、1958年当時で日系人口は6,825人に達し日系人の地域的集団地も12を数えるまでになり、2002年当時にはスザノ市人口の8%から10%程度が日系人口と推定されている。

(2) 福博村の歴史

スザノ市福博村は、スザノ市中心部から南へ約13kmの地点に位置するビライペランジア(Vila Ipelândia)地区にある。この地区に日本人が初めて入植したのは福岡県出身の原田敬太と古賀貞敏・茂敏兄弟の2家族が移動・定着を遂げた1931年のことであった。その後、原田が当地の土地所有者ビアンキ(Bianque)らの土地販売を手伝い約800アルケール(1アルケール=2.41ha)の土地を日本人向けに売り出したことで入植者が急増した(大野・宮崎1957:291)。1933年には二十五青年会(創立会員13人)が創設され、翌34年には生徒14人で日本語学校が開校、さらに35年には当地の中核的エスニック組織である福博日本人会が創設され、徐々に「日本人村」としての

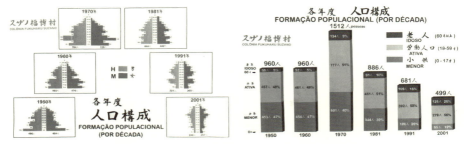

福博村会によって10年ごとに実施される実態調査結果の図表（一部）

社会組織化が進行し、様々な行事も実施されるようになり、「福博村」は活況を呈した。

30年代後半からはブラジル・ナショナリズムの高揚とそれと関連するバルガス大統領による一連の外国人同化政策のために、1940年日本人会解散、日本語学校閉鎖、41年青年会休会など日本人として生きることが困難になり、41年12月第二次世界大戦勃発後には敵性国人となりエスニックコミュニティーの解体を余儀なくされたのである。しかし、戦後になると早い時期に1947年日本語教育再開、48年福博村会創設、49年仏教寺院福博寺落慶などエスニックコミュニティーが再生されるとともに、村の近代化が進められていった。

戦後には、戦前期までの出稼ぎ戦術に代わり、ブラジルへの永住戦術が析出されたが、それを象徴するのが青年会が中心となって自分たちのムラの実態や問題を把握し「新しい村」つくりをめざす目的で1948年から実施されるようになった「福博村実態調査」であり[23]、ブラジル・日本両国国旗の掲揚、両国国家の斉唱を中心とする式典形式の創造であったと言えるだろう。福博村の組織は当初、生産と生活に関わる共同体的性格、産業組合的な経済組織的性格を強く保有していたが、戦後になってその性格は地域日系人のエスニック的連帯意識を醸成し、その基盤となると観念される日本語・日本文化教育に力を注ぐような文化集団的性格へと変貌を遂げてきている。

福博村の主要生産物は時代とともに大きく移り変わってきた。入植当初の自給的な雑作—野菜・米・マンジョカなど—からトマト栽培、採卵養鶏（1936

年〜)、ユーカリ植林 (1941年〜)、花卉栽培 (1948年〜)、レモン栽培 (1952年〜)、イタリアブドウ栽培 (1954年〜) などへ多様化の様相を呈している[24]。

表11は1931年から2001年までの福博村日系世帯数と人口の推移を示したものであるが、世帯数・人口ともに1970年の214世帯1,512人をピークに減少し、2001年の段階では128世帯499人にまで減少してしまっていることが看取される。最盛期には160人ほどいた日本語学校生徒数も1999年当時では33人まで減少してしまっている。また、福博村日系人の世代に関して見ると (表12)、1世移民は20%以下であり、村人口の主体は2世 (42%) と3世 (26%) となり現在においては4世以下の世代もすでに登場している。

表11 スザノ市福博村の世帯・人口の推移

年次	世帯数	人口
1931	3	14
1936	40	239
1948	153	1008
1950	142	960
1960	167	967
1970	214	1512
1981	144	886
1991	147	681
2001	128	499

表12 スザノ市福博村の世代別人口構成

世代	実数	比率
1世	100	19.5%
2世	217	42.4%
3世	131	25.6%
4世	7	1.4%
混血	27	5.3%
非日系人	22	4.3%
その他	8	1.6%

出典:表11,表12ともに小内編著 (2009)

表13は福博村日系人の仕事に関して見たものであるが、これによると、農 (牧畜産) 業に従事しているのは51%で半数にすぎず[25]、多くが非農業関連の仕事に従事していることが看取されよう。非農業部門に関しては村内中央区において商店・雑貨商、薬局、レストラン、バール経営を行う日系人やちくわ・かまぼこなどの練り物・漬物工場経営などのほか、スザノ市やその近隣のリベイロンピーレス市などで賃金労働者や自営業者、医師などの専門職に従事する者などがおり、福博村の経済階層の著しい多様性が認められるであろう。

こうした職業の多様性は福博村日系人の学歴の高さとも関連している (表14)。福博村はサンパウロ市近郊に位置し公共交通網 (バス・鉄道など) も発

達しサンパウロ市の大学などへ通学することも可能であるばかりではなく、スザノ市に隣接するモジダスクルーゼス市にも大学数校が開設されていて、高学歴取得の環境は整備されている。また、市行政の推進する企業誘致政策の結果、日系企業を含む多くの企業が進出を遂げているスザノ市にあって、就職に有利であることも高学歴化を促進する要因ともなっているのである。

表13　スザノ市福博村の日系人職業構成

仕事	実数	比率
農牧・畜産	128	50.8%
商業・販売	53	21.0%
専門・技術	30	11.9%
管理・事務	21	8.3%
製造・加工・土木	7	2.8%
サービス	6	2.4%
運輸・通信	1	0.4%
その他	6	2.4%

表14　スザノ市福博村の日系人学歴

学歴	実数	比率
小学校	182	35.8%
中学校	93	18.2%
高校	116	22.7%
大卒以上	85	16.6%
通学経験なし	36	7.0%

出典：表13, 表14 ともに小内編著（2009）

さて、すでに記述したように福博村では1970年代をピークに著しい世帯数・人口数の減少が起こっているが、これは様々なファクターによって引き起こされたものである。その主要なファクターを指摘すると、1) 1970年代はサンパウロ市をはじめとしてブラジル経済が高度経済成長期を迎えており、都市部における就業機会が急増していた。この点はすでに指摘したように70年代からの企業誘致による工業化政策を推進したスザノ市の発展とも密接に関連していたこと、2) 1970年代から貯水湖建設計画に基づく低湿地の接収が開始されたが、この接収地に貧民層を中心とした国内移動者が流入、定着することでファベーラ（Favela：貧民街）が形成され治安が著しく悪化したこと[26]、3) 1985年頃から開始されるデカセギ現象（とその拡大）[27]、4) 日系世帯における少子化や高齢化などとなるだろう[28]。

2.2 調査コミュニティーの歴史

2.2.3 ブラジル・サンパウロ市ビラカロン

　サンパウロ市内にはいくつかの街区に沖縄系エスニックコミュニティーが存在するが、そのなかで最大で、しかも最も活発なエスニック運動を展開しているのが本研究で調査を実施した市内東部地域ビラカロン（Vila Carrão）地区に組織された沖縄系コミュニティーである。

（1）歴　史

　このコミュニティーは1946年、戦前期にコーヒー耕地の契約移民（コロノ）としてブラジルに渡航した沖縄県那覇市小禄地区（現在）出身の家族が、当時サンパウロ市の半market街地であったビラカロン地区に移動、定着したのを契機に、極初期においては小禄地区出身という同郷性や日進移住地（小禄村出身者が親族関係や姻族関係を利用して形成した集団地）という戦前期沖縄県出身移民によって形成された集団地出身者の同植民地出身性に基づいたチェーン・ミグレーションによって形成された。その後、50年代後半からは「カッペン移民」、指名呼び寄せ移民、沖縄県産業青年隊移民などの戦後移住者（これらの戦後移住に関しては第5章参照）が定着、さらに60年代から70年代にかけて、ボリビアへの農業開拓移民（自営開拓計画移民）の転住移民（再移住者）が移動、定着を遂げて発展した、戦後移住者を中核とする戦後都市型沖縄系エスニックコミュニティーである。

　このコミュニティーの中核的なエスニック組織は1956年に初期移動・定着者27人によって沖縄移民の相互扶助と連帯・親睦を目的として結成された在伯沖縄協会ビラカロン支部（現在伯沖縄県人会）であり、2006年当時で会員世帯数450、会員数2,386人、ブラジル国内の沖縄県人会44支部（沖縄系地域コミュニティー）のなかで最大規模を誇っている。これはあくまで支部会員世帯数（員数）であり、会員世帯からビラカロンやその周辺地域へ独立・分家を遂げた世帯数を含めると約1千世帯5千人の沖縄系人がビラカロン地区を中心にした地域に居住していると推定されている。すでに述べたように初期の移動・定着プロセスにおいて〈ウルクーンチュ（小禄人）〉と

ブラジル・ビラカロン調査
（三線がおいてある）

サンパウロ市ビラカロン地区の大通り
（コンセリェイロ・カロン通り）

いう同郷性に基づくチェーン・ミグレーションの結果、当該コミュニティーの成員では圧倒的に旧小禄村（現那覇市小禄・田原地区）出身者が卓越、支部会員の実に33.7％を占め、「小禄系コミュニティー」と言っても決して過言ではない様相を呈している。

　ところで、街区としてのビラカロンには沖縄出身移民やその子弟ばかりではなく、本土系日系人も多く居住し、本土系日系人を基本的に会員とするカロン文化体育協会というエスニック組織が結成されている。本土系エスニック組織と沖縄系エスニック組織がイベントなどを共催することはないが、注目されるのはビラカロン在住沖縄系人の中には本土系エスニック組織の会員となっている者がかなり存在することである。2重に帰属する沖縄系人の場合、多くは支部組織においてもリーダーや中堅のメンバーが多いのが特徴である。この2重帰属性は本土系日系人の場合には存在しないのであり、沖縄系人の複合的なアイデンティティーという問題とも関連して興味深い。

　前山（2001）によればブラジル永住を決意した日本人移民は子弟教育や経済的な安定・成功のためにサンパウロ市を中心とした都市へと移動を遂げ、そこで小資本・家族労働力・言語的障壁など自らのもつ資本を勘案しながら、新たな生活戦術を析出したとされる。前山（1982、2001）によると、その生活戦術は自営業型上昇戦術と呼ばれているが、この戦術にはもう1つの戦術、すなわち高学歴取得を条件とするホワイトカラー・テクノクラート型上昇戦術が内包されており、それは日本人移民が1世や2世世帯員の協力と連帯によって、経済的成功と同時にブラジル社会のなかで社会的威信のある職

業に就かせることを同時に達成しようとする戦術であったとされる。前山が指摘するような都市における社会的経済的上昇戦術はビラカロンの沖縄系人の間でも卓越するものであった[29]。

ビラカロンにおける沖縄県出身移民の社会経済的上昇戦術にとって決定的な意味があったのは1949年頃、当該地区に露店市（Feira Livre）が開設されたことであった。それまで極初期の移動者は洗濯業や行商によって生計を立てていたが、露天市が開設されたことで後続移動者たちはこの露天市に露天商人として参入し、ニンニクなどの調味料、既製服などの販売を行うようになり、ここから後に主要自営業種が累積的に出現したのである。ビラカロンにおける沖縄移民および2世たちが選択してきた、エスニック自営業種と呼び得る自営業種には露天市におけるパステル販売、縫製業、金物業、化粧品小売業などがある。また、80年代以降では、自営業型戦術に内包されたホワイトカラー・テクノクラート型社会経済的上昇戦術が有効に機能した結

表15 ビラカロン在住沖縄系人の代表的自営業

自営業種	成立時期	成立時の ローカル市場	自営業の特徴 —商品とその市場など—	派生的自営業種	支部会員 84年	支部会員 06年
露天商人 （非生産者・ パステル販売）	40年代末	市場 草創期	・非エスニック財の非エスニック市場での販売 ・エンクレーブ化	食品雑貨商、軽食店、レストラン、縫製業など	76	5
縫製業	50年代初期	草創期から 成長期 （人口増加期）	・非エスニック財の非エスニック市場での販売 ・エンクレーブ化 ・「工業化」 ・製造から小売までの一貫体制	金物業、パッサドール（アイロンかけ）、エントレガドール（配達業）、糸販売、ミシン修理・販売、衣料品店など	155	31
金物業	70年代初頭	発展期 —中間層化の 時代—	・非エスニック財のローカル市場での販売 ・インボルーション/専門店化 ・他地域への展開	建設資材関連、塗料店、建設業など	6	41
化粧品小売業	70年代初期	同上	同上	-	7	22
専門技術職・ ホワイトカラー	第二次世界大戦直後から自営業戦略に内包されてきた、もう1つの社会経済上昇戦略。戦後移住者子弟は80年代から。				11	98

果、特に子供移民や2世層にあって、専門・技術職やホワイトカラー職種に就く者が加速度的に増加していることを指摘しておきたい。ここでは社会経済的上昇戦術の展開プロセスに関して詳細に記述することはせず、ただその展開プロセスを整理したものを一覧表化して提示するにとどめる（表15）。

（2）文化活動・沖縄文化再活性化活動

　ビラカロンの沖縄系エスニックコミュニティーの中核的組織である在伯沖縄県人会ビラカロン支部では様々な年中行事を実施するほか、現在においては独立採算制をとっているものの、支部事業として「おきなわ学園」を開校し日本語教育を積極的に実施している。ビラカロン支部主催の主要な年中行事には定例総会、新年祝賀会、敬老会、家族運動会、陸上競技大会、援協巡回診療、ゲートボール大会、オキナワ祭りなどがあり、特に運動会とオキナワ祭りは規模が大きく、前者は支部会員だけではなく、会員世帯から独立・分家を遂げた2世、3世の非会員世帯や関係者など、2千人以上が参集する機会となっている。また、後者はブラジル日系社会のイベントとしては「日本祭り」に次ぐ規模をもち、サンパウロ市役所からサンパウロ市のイベントとしても公認されている。ここ数年におけるオキナワ祭りはハワイの沖縄系人が中心となって行われているオキナワン・フェスティバルの形式を流用して、ビラカロンの沖縄系青壮年を中核として数日間行われるようになっており、現在ではこのイベントに足を運ぶ沖縄系人を含む市民数は2万人ほどに達している。

　支部によって運営される「おきなわ学園」は1967年にビラカロン支部会館内に開校されたもので開校当時には支部会員世帯の子弟を中心に130人ほどの学習者がおり、3部制の授業のほか、学芸会、作品展示会、学習発表会、遠足、子供祭り、お話大会、母の日祝賀会、ちびっこ芸能大会、文化祭などの学校行事を行っていた。また毎年ではないものの、「故郷」沖縄への修学旅行も実施されてきた。おきなわ学園生徒数のピークは1970年半ば頃で生徒数は300人にも達したが、その後デカセギなどの影響で生徒数は減少し現在に至っている。

ビラカロン地区のオキナワ祭り

沖縄県人会ビラカロン支部の「おきなわ学園」と敬老会

　最近における動向で注目されるのは沖縄県人会支部会館や沖縄系人が経営するブラジル公教育機関（高校）のなかでウチナーグチ講座が行われるようになったことである

　70年代以降、ビラカロン沖縄系コミュニティーでは沖縄文化再活性化運動が盛んとなってきている。ブラジルの沖縄系人のアイデンティティーの重層性と関連させて言えば、自らのもつ日系性は否定されるわけではないものの、むしろウチナーンチュ性が前面に押し出されて強調され、いわば沖縄系（日系）ブラジル人という主体の創造という様相を見せていると言えるだろう[30]。

2.2.4　ボリビア・オキナワ第1移住地[31]

　ボリビア国サンタクルス県に位置するオキナワ移住地建設は戦後の米国施政下での沖縄の人口問題や土地問題の解決策、ボリビア沖縄系社会における戦災救援活動の展開としての「ボリビア沖縄村」建設への熱意、そしてボリビア政府の積年の懸案であった東部低地開発計画の推進という3者の目的が

うるま植民地（1954年入植時）　　　　　　　　　　オキナワ移住地（1970年代）
ボリビア・コロニア沖縄入植25周年祭典委員会編（1980）『ボリビア・コロニア沖縄入植25周年誌』所収

合致したことで実現した。

（1）歴　史

　ボリビア農業開拓移民計画は戦後、琉球政府による計画移民事業として当初から1世帯当たり50ヘクタール（ha）の土地の無償譲渡を得て、自営農としてボリビアへの定住を予定し、1954年8月に第1次移民がブラジル経由でボリビアに渡航して開始されたが、最初の移住地建設予定地であった、うるま移住地では「うるま病」という風土病のために多くの犠牲者を出した上にグランデ河の大洪水に襲われ、新たな移住地予定地パロメティリャ地区では移住地建設のための土地（原始林）が僅かに250ヘクタール（ha）ほどの広さしかなく、将来的な移住地拡張の可能性がほとんど存在しなかったために再度放棄しなければならないなど、その当初から様々な困難に直面した。そして1956年10月になってようやく、現在の第1オキナワ移住地の位置するサンタクルス市ロス・チャコス地区に移住地建設のための土地を確保し、移住地建設作業を開始することができた。ボリビアのオキナワ移住地には1970年3月の最終入植の第26次移民までに566世帯、3,296人（単身130人）が入植している[32]。

　オキナワ移住地の主要生産物の変遷に関して見ると、1）1957年～60年代末頃までが森林伐採とそこでの陸稲・トウモロコシ栽培（焼畑雑作時代）、2）1970年代～80年代初頭までの綿作と牧畜時代（大規模機械化農業時代）、3）1980年代以降の大豆・小麦を中心とする複合経営時代と大きく区分するこ

オキナワ日本ボリビア協会入口

オキナワ日本ボリビア協会文化会館

とができる。この主要生産物の変遷を指標として、沖縄移住地の歴史的展開を整理したのが表16である[33]。

表16 オキナワ移住地の時期別農業活動および主な出来事

名称	時期	主要作物	特徴	移住地の出来事など
焼畑雑作時代	1957年〜60年代末	トウモロコシ・陸稲	・無償譲渡された50haの森林伐採(年平均6〜7ha)と陸稲、トウモロコシの栽培。家族労働力とCambaと呼ばれる自給自足的農民を雇用	・過酷な森林伐採作業や天候不順(68年大洪水＋恒常的旱魃など)＋子弟教育に関する懸念などに起因する転住者の出現
大規模機械化時代	1970年頃〜80年代初頭	牧畜・棉	・70年前後の大洪水とサンタクルス地方での棉作ブームによる棉作の導入 ・転住者の土地を吸収して大規模機械化農業への移行開始 ・高地からの季節労働力としてCollaを大量に雇用	・綿花の輸出を見据えてのコロニアオキナワ農牧総合協同組合の法定組合化と農業関連部門への特化。このことで行政部門を担当するオキナワ日本ボリビア協会の設立 ・70年代末「綿花ブーム」の終焉に伴い、機械化に伴う債務を多くの入植者が抱え込み、大量の転住者を出す ・ボリビア人労働者の移住地内への不法侵入
大規模複合営農時代	1980年頃〜現在	大豆・小麦を中心にソルゴ、牧畜などの組み合わせ	・転住者の土地吸収の加速化(耕地面積は300ha(平均)に拡大 ・単一商品作物栽培に依存した農業軽軽のリスクから複合的営農へ ・Colla・Cambaの移住地内への定着加速化	・債務返済のための日本へのデカセギ増加 ・機械化農業による日系農家次男・三男の雇用機会が僅少であるため、分家・独立資金獲得のために日本への「研修」 ・Camba・Colla定着に伴い、日系入植者との間にコンフリクト発生 ・90年代からは日系2世、3世の高学歴化とサンタクルス市への移動志向強まる ・98年行政村Okinawa Uno村誕生し、移住地の行政と地方行政との役割分担の在り方や、移住地から地域社会へどのように発展させるかが模索されている

第 2 章　本土系・沖縄系コミュニティーにおける言語生活調査

　現在のオキナワ移住地の中核的エスニック組織は移住地の行政全般を担当するオキナワ日本ボリビア協会（略称：日ボ協会）と営農関連部門を扱うコロニアオキナワ農牧総合協同組合（略称：CAICO）である。日ボ協会は、基本的に、第 1 から第 3 移住地居住の沖縄系世帯を会員として、資産割と均等割という 2 つの基準で徴収される賦課金、大型機材・施設などの貸与収入、JICA 助成金などを主な収入源として移住地での生産活動以外のあらゆる活動（事業）を企画、実施している。日ボ協会の業務は軟弱な地質構造の沖縄移住地における道路の維持管理、水害の元凶であるグランデ河の堤防造成・維持管理、地域住民の健康管理を担当する診療所の運営、日ボ校の運営、社会・老人福祉、オキナワ・ボリビア歴史資料館管理運営、日本政府への出生届・死亡届などの代行業務、TV オキナワ局（NHK 海外放送放映）の運営管理などをはじめ実に多様である。これらの業務のほかに日ボ協会は成人式、駅伝大会、運動会、慰霊祭、ソフトボール大会、文化祭などの年中行事を主催したり、1998 年に創設された行政村 Okinawa Uno 村、ボリビア政府、日本政府（JICA）、沖縄県などとの連携と折衝援助の要請なども窓口となって行っている。特に 1998 年に創設された Okinawa Uno 村が行うべき行政と移住地の自治組織としての日ボ協会が果たすべき役割をどのように分担していくか（例えば道路や堤防の維持管理、地域福祉医療体制や地域教育体制の確立等）など解決すべき課題が多く残された状態であり、ある意味、オキナワ移住地は「移住地」から「行政村」へと移行する過渡期にあると言うことも可能であろう。

（2）子弟教育

　オキナワ（第 1）移住地の子弟教育に関して見ると[34]、当地における子弟教育の歴史は① 1956〜1962 年の分散初等教育・組合校時代、② 1960〜1980 年代後半のキリスト教系宗教団体による教育・公立校時代、③ 1987 年〜現在の第 1 日ボ校による教育・私立校時代と 3 つの時期に区分することが可能である。ここではそれぞれの時期における子弟教育の詳細に関して記述することはできないので、表 17 にその概略を整理して提示するにとどめることにする。

2.2 調査コミュニティーの歴史

表17 オキナワ第1移住地における子弟教育の展開

名称	時期	子弟教育機関	特徴（困難性・問題点など）	特徴
分散教育時代	1956～1962年	・57年「地域組合校」（3校） ・58年本部校とモンテベルデ校に統合	・移住地建設当初は通学の困難性もあり、比較的近隣に入植したグループがそれぞれ子弟教育を開始した。ボリビア公教育は不在 ・2校への統合とともにボリビア農牧省に教師派遣を依頼し公教育を開始。しかし子弟にとってスペイン語も標準日本語も「外国語」のようなもので教育効果が疑問視される。また入植初期のために経済的基盤が不安定であり学校経営は困難であるとともに、Cambaによる暴行事件なども発生した	・子弟教育草創期 ・日本語による教育から2言語2文化教育体制導入期 ・無認可私立校から半公立・私立校への移行期
キリスト教系宗教団体による教育時代	1960～1980年代後半	・60年本部校、地域組合連合会の財政的悪化で学校経営をカトリック教メリノール派に委譲し、サンフランシスコ・ザビエル校として開校 ・60年代後半、メリノール派と宮崎カリタス会、サンパウロへ移り学校経営から撤退	・メリノール派、財政難とスペイン語を理解しない父兄の存在に苦悩し、宮崎カリタス会に支援要請。宮崎カリタス会の修道女64年に着任。2言語2文化教育体制の確立 ・2言語2文化教育体制の確立	・半公立・半私立校体制での2言語2文化教育体制の確立
		・61年日本基督教団牧師私立日本語小学校開校 ・62年オキナワ・メトジスタ校開校（64年沖縄系生徒数220名） ・65年メトジスタ校公立化 ・82年小学校から高校課程の全課程開校	・60年代後半、宮崎カリタス会撤退によりサンフランシスコ・ザビエル校から日本語教育消失によりメトジスタ校へ沖縄系生徒の転校 ・2言語2文化教育体制の確立 ・公立化によって非日系生徒との共学。コンフリクトの発生 ・70年代、非日系生徒が日系生徒を凌駕	
第1日ボ校時代	1987年～現在	・87年第1日ボ校開校（私立校）	・2言語2文化教育体制による子弟教育 ・非日系ボリビア人子弟の入学制限。月謝による ・日本の国語教科書を使っての国語教育 ・90年代後半から混血日系子弟の増加と日本語能力の低下に起因する「外国語としての日本語教科書」への移行	・私立校としての2言語2文化教育体制の充実

第2章　本土系・沖縄系コミュニティーにおける言語生活調査

　オキナワ第1移住地における子弟教育は理念的には2言語2文化教育体制に基づきながら「日本人としての美徳や日本文化・伝統を身につけた立派なボリビア人」＝日系ボリビア人という人間を育成することを目的とするものである。しかし、子弟教育においては可能な限り「現地人[35]」と範疇化されるボリビア人労働者子弟との共学を回避する方向性の存在を指摘することができる。このことは移民1世たちが自らの子弟のボリビア社会・文化への「同化」をめぐる考え方を反映したものである。

（3）日系人とボリビア人の棲み分け

　沖縄系住民とボリビア人住民との棲み分けは学校という場だけではなく、居住地区、日常的な場面、各種行事などでも明確に維持されている。ボリビア人、特に「現地人」と範疇化されるボリビア人労働者の移住地市街地区における居住区は La Cruz, Avaroa, Penoco, XXV de 12 という地区であり、これらの地区に沖縄系住民が居住することはなく、市街地地区の沖縄系住民は Barrio Japones と呼ばれる地区に集中的に居住している。また、Avaroa 地区には共営市場があり、週一度露天市が立つが、沖縄系住民が利用することはなく、沖縄系人が経営する商店やサンタクルス市の商店・スーパーマーケットなどから日用必需品を購入している。さらにオキナワ移住地の最も重要な行事の1つである入植記念祭は沖縄系住民がうるま移住地に第1歩を印した8月15日に実施されるが、「現地人」たちは Aniversario de Okinawa Uno（第1オキナワ移住地誕生祭）として異なる日にまったく異なる形式において行っており、相互に交流することはないのである。

（4）生活戦術上の特徴とアイデンティティー

　ここでブラジルの日本人移民にはほとんど認められないオキナワ移住地特有の生活戦術を指摘しておきたい。それは移民子弟（2世、3世）の2重国籍取得戦術と呼ぶことができるもので、属地主義をとるボリビアにおいて、子弟の出生を在外公館に届け出ることで、子弟にボリビア・日本という2重国籍を取得させるというものである。2011年当時の第1移住地在住者の国

2.2 調査コミュニティーの歴史

籍別構成を見ると、日本国籍のみの者（1世）28.2%、日本・ボリビアの2重国籍者（2世、3世）63.4%、ボリビア国籍のみの者（沖縄系人の配偶者）6.0%、その他2.3%となっており、2重国籍取得が卓越していることが看取されるだろう。このような戦術をとる事由に関しては明らかではないものの、日本の基礎年金制度に加入しているものも多く認められることも勘案するならば、「日本人」としてのアイデンティティーを維持するための装置として機能していると言えるだろう。また、2重国籍取得を促進する条件としては日ボ協会が日本政府へ提出する書類も含む各種手続きの代行を行っており、個別的に在外公館を訪問し所定の手続きを行う必要がないということが考えられる。この2重国籍取得戦術は1980年代に「研修」と呼ばれる日本への就労現象（ブラジルでは「デカセギ」）の際に有利に作動したことは言をまたないところであろう。

　オキナワ移住地（全体）からの日本への就労は「研修」と呼ばれ、1980年代初頭から開始したと考えられるが、移住地の2世や3世にあっては2重国籍者がほとんどであるため、正確な数値を示すことはできない。しかし1975～1991年までのオキナワ移住地からの日本への「一時帰国者」（多くは「研修」と考えられる）は326人で年齢的には20歳代台と30歳台が多かった。辻本（1998a）によると、沖縄移住地からの「研修」[36]は80年代初頭に開始され、80年代半ばから後半にかけて最盛期を迎え、当時は「高校を卒業したら日本へ（「研修」に）行くのは当然」という風潮が存在していたという。しかし90年代には高校卒業後日本へ「研修」に行くよりはボリビア国内の大学に進学する者が増加、ボリビア社会への進出とそこでの成功を志向する2世や3世が増加している。

　オキナワ移住地からの日本研修先（地域）はごく初期の栃木県宇都宮市から神奈川県秦野市を中心とした京浜工業地帯へ移り、1988年にはオキナワ移住地出身の兄弟が南米諸国と日本、特に神奈川県横浜市鶴見区との間にデカセギ送出システムを構築したことで鶴見区での「研修」が卓越するようになった。オキナワ移住地からの「研修」の特徴の1つは工場の単純労働やサービス業での雇用は少なく自ら起業し自営業者となるというもので、1995

年当時鶴見区在住のオキナワ移住地出身研修者102人程度であったが、そのうち27人が起業し自営業者（電設業が圧倒的）であった。オキナワ移住地からの「研修」の要因に関して見ると、1）1970年代に導入した基幹作物としての綿花栽培が浸水害と連作障害、農薬害などで不作となったことや綿花の国際価格暴落などにより、大半の農家がJICAから受けた融資を返済できず多額の借金を抱え込んだこと、2）オキナワ移住地の雇用機会の欠如（オキナワ移住地は基本的に農業以外の産業はなく2世や3世すべての労働力を吸収するのに十分な雇用機会は存在しない。この状況は女性の場合にはさらに深刻で、移住地内の就業機会としては診療所の看護婦、公共団体の事務職、教師があるにすぎない）を指摘することができるだろう。

オキナワ（第1）移住地における沖縄・琉球伝統芸能活動を当地に居住する沖縄系人のアイデンティティーとの関連で簡単に見ておこう。当地においても青年会活動の一環としての琉球國祭太鼓パフォーマンスの実践や日ボ学校の授業の一環として、移民自身や沖縄県からの派遣教師によって、三線（さんしん）やエイサーなどの指導が行われているし、沖縄角力も日ボ協会の年中行事の1つとして行われている。しかしながら、これらの実践は〈ウチナーンチュ〉アイデンティティーの醸成とはあまり結びついていないように思われる。この背景には日常的集団的長期的な本土系日系人との接触の欠如（逆の意味で二項対立的な他者としての〈現地人〉との接触を通じての〈ニホンジン〉意識の醸成）、本土系日系人による被差別的なまなざしとそれに対抗するポジションの不在、さらには前述したような2重国籍取得戦術やそれと多分に関連する日ボ校における国語教育、日本政府機関による「日本人」移住に対する多様な支援などを通じての「日本人」意識の醸成などが存在しているように思われる。当地における沖縄文化や伝統はあくまで日本という国家のなかの地域性（ローカル性）の問題として了解されているのであり、前述のビラカロンの沖縄系コミュニティーとの対比で言えば、〈日系（沖縄系）・ボリビア人〉という主体が創造されてきていると考えられるのである。

［森幸一］

注

1) 1世子供移民の渡航時の年齢は、アリアンサ移住地で平均7歳、スザノ市福博村では平均7.8歳である。
2) 1世成人移民の渡航時期については、アリアンサ移住地では戦前渡航が9人、戦後渡航が6人であり、スザノ市福博村では戦前渡航が3人、戦後渡航が7人である。
3) 2世は、1930年代生まれまでの者を「戦前2世」、1940年代生まれ以降の者を「戦後2世」とする。1940年代前半生まれの場合は分類に迷ったが、1940年代前半生まれの者が就学時期を迎えるのは戦後であるという理由により「戦後2世」に分類しているので注意されたい。なお、井脇（2005：25-26）によれば、1940年代生まれを「戦後2世」と分類したほうが、学歴との相関性が高いと指摘している。さらに、「戦前2世」は、「戦後2世」より高い日本語能力意識をもち、言語使用意識の面でも「戦後2世」とは傾向が異なるという。
4) 表8について若干説明を加える。①ビラカロンの1世成人移民において、戦前渡航（1941年）した人が1人いる。②ビラカロンにおいて、1世子供移民のなかの6歳以上渡航で、7歳でボリビアへ移住し、12歳でブラジルへ再移住した1人および8歳でボリビアへ移住し、18歳でブラジルへ再移住した1人の計2人を除いた。③1世子供移民のなかの5歳以下渡航で、5歳でボリビアへ移住し、16歳でブラジルへ再移住した1人を除いた。④オキナワ第1移住地において計画移民終了後の1979年に移住した1世の1人（1940年生まれ）を除いた。
5) 学歴に関しては、資料編の表1、表2では、1世成人移民に多く見られた「尋常小学校」「尋常高等小学校」「国民学校初等科」などの旧制の学制を、現在の学制に置き換えて示した。また「尋常小学校」とはいっても、修業年数が異なる場合があるが、年齢などを参考にして判断した。ブラジルの学制についても同様の処理を行った。
6) その他の社会的属性を一覧化すると、資料編の表3のようになる。両コミュニティーの分析対象者の性別は、アリアンサ移住地は男性47人、女性44人であり、スザノ市福博村では男性38人、女性41人とほぼ均等である。2世と3世の出身地は、基本的にサンパウロ州内であり、アリアンサ移住地では、比較的同地出身者が多い（2世で78％、3世は55％）。一方、スザノ市福博村では、同地出身者は比較的少ない（2世は25％、3世は43％）。渡航時の予定（目的）については、2.2で述べるように、アリアンサ移住地の1世（成人移民・子供移民）の場合は、永住を目的に渡航した人が多い。一方、スザノ市福博村の1世（成人移民・子供移民）の多くは、錦衣還郷を夢見た「デカセギ」を企図していた。また、移住当初、「ガイジン」（ブラジル人およびヨーロッパからの移民に対する日系人側からの呼称）との接触があったのはアリアンサ移住地で5割強、スザノ市福博村では約8割である。しかし、移住前にポルトガル語がわかった人は少ない。
7) アリアンサ移住地の1世成人移民の場合、長野県4人、北海道3人、宮城・茨城・埼玉・東京・新潟県出身者が各1人（以上を東日本出身として処理した）、熊本県2人、富山・兵庫県出身者が各1人（以上西日本出身と処理）である。1世子供移民の場合は、長野県3人、北海道・福島県各2人、埼玉県1人（以上東日本出身）、富山県4人、鳥取県2人、和歌山・香川県各1人（以上西日本出身）、その他に朝鮮が1人いる。一方、スザノ市福博村の1世成人移民の場合は、東京都2人、宮城県1人（以上東日本出身）、愛媛・山口県各2人、広島・大分・鹿児島県各1人（以上西日本出身）であり、1世子供移民の場合は、福島県3人、北海道・石川・山梨・長野・愛知県各1人（以上東日本出身）、広島・愛媛県各2人、奈良・和歌山・岡山・香川・山口・福岡県各1人（以上西日本出身）である。

第 2 章　本土系・沖縄系コミュニティーにおける言語生活調査

8) 配偶者の世代を質問した結果では、基本的に同世代間の結婚が多いが、スザノ市福博村の 1 世子供移民や 3 世などでは 1 世と 2 世、2 世と 3 世といった異世代間結婚も若干見られる。
9) 沖縄系コミュニティーのその他の社会的属性を一覧化すると、資料編の表 6 のようになる。
   ①ビラカロンの 2 世、3 世の出身地は基本的にサンパウロ州内であり、ビラカロン出身者はそのうちの半数程度である。オキナワ第 1 移住地の 2 世は、その大半がオキナワ移住地出身である。3 世は、オキナワ移住地生まれと、両親のデカセギ先である日本生まれが半々となっている。
   ②両コミュニティーともに戦後渡航であり、渡航時の予定（目的）は、どちらも、ほぼ全員が「永住」を企図していた。
   ③移住当初の「ガイジン」との接触の有無を見ると、ビラカロンでは、接触があった人となかった人の割合が半々ぐらいである。主たる職業が農業であるオキナワ第 1 移住地では、接触がなかった人の方が多い。この違いは、移住当初の職業の違いと関わりがあると思われる。
   ④現地語能力については、両地域で大きな違いは見られない。「移住前、現地語はどの程度わかったか」という問いに対して、ほとんどの人が「まったくわからなかった」と回答している。1 世子供移民でも、移住前の現地語の理解度に関しては、1 世成人移民の場合とほぼ同じである。移住当初、現地語を使用していたと回答している人は、使用場面について、「先生や友人」「ボリビア人の友人」「現地人」（オキナワ第 1 移住地の回答）、「友人やいとこ」（ビラカロンの回答）と回答している。その時に用いていた言語については、1 世成人移民の場合には見られなかった、ポルトガル語やスペイン語との回答も若干見られる。
10) 調査では市町村名まで回答を求めたが、ここでは大きく北部と中南部に分けてその結果を示す。なお、分析対象者に小禄出身者はいない。
11) 2 世と 3 世におけるデカセギ経験の有無と期間を表にすると、資料編の表 7、表 8 のようになる。3 世の場合、調査当時、まだ学生であることが多く、ほとんどがデカセギ経験をもっていないと回答しているが、2 世に注目すると、オキナワ第 1 移住地の 2 世の方が、デカセギ経験のある人が圧倒的に多い。また、期間においても、オキナワ第 1 移住地の 2 世は、長期間日本に滞在していた人が多い。
12) こうした学歴の差が存在している背景には、次のような事情が関わっていると考えられる。すなわち、ビラカロンでは、自営業型経済安定上昇戦術を基本としながら、①公立学校における学費無料、②昼間部と夜間部という 2 部制をとっており両者に対する社会的評価に差がないこと、③家業であるがゆえに家族労働力投下に対して柔軟性があったこと、などを背景に高学歴取得による社会的の経済的成功をも並行してめざしていた。一方、オキナワ第 1 移住地では、生産基盤としての農地を保有していたこと、伝統的に上下 2 層の社会構造であり中間層が脆弱であることもあって、高等教育を授けることによるメリットがほとんど存在しなかったのである。少なくともボリビア人労働者に指示を与え、銀行などとの対外的な交渉が可能であればいいという認識が強かったと考えられる。
13) 永田稠：1881～1971。長野県諏訪郡豊平村出身。日本力行会の世話で渡米、1914 年 12 月日本力行会会長に就任。南北両米を一巡しブラジルが日本人移民にとって最適であると認識し、信濃海外協会設立に加わりアリアンサ移住地建設の主導的役割を果たした。
14) 輪湖俊午郎：1890～1965。長野県南安曇野郡出身。1906 年松本中学卒業後に英文学研

究のため渡米。新聞記者などを経験した後、1913年カリフォルニア州議会で排日法案が通過したことに憤慨しブラジル移住。1916年金子保三郎とともに「日伯新聞」創刊。翌年「伯剌西爾時報」創刊に際し編集長として入社。1921年一時帰国し日本力行会会長永田と信濃海外協会設立に奔走した。アリアンサ移住地建設に当たっては現地理事を務め土地の選定、購入、指導に当たった。その後バストス移住地、トレスバラス移住地、チエテ移住地の建設にも参画した。

北原地価造：1894〜1969。長野県上伊那郡高遠町出身。1917年イグアペ植民地の海外興業会社の試験農場に入る。1924年信濃海外協会の現地理事となり、アリアンサ移住地建設に当たって、他の3家族を率いて先発隊として入植し、移住者の受け入れ準備の仕事をはじめ入植者の世話をし「アリアンサの父」と呼ばれた。

15) 弓場勇：1906〜1976。兵庫県西宮市出身。1925年自由移民としてブラジルに渡り、アリアンサ移住地に入植。その後第1アリアンサ移住地フォルモーザ地区に共同生活農場「弓場農場」を建設し「祈り、芸術、農業」を信条とする農業・文化活動を開始する。1939年アリアンサ産業青年聯盟を結成。農民による「弓場バレエ団」を結成し上演活動を行う。

16) 1943年10月にブラジル陸軍第2師団長が東山事務所の絹織工場を視察した際、絹地は落下傘用に最適であるとする戦時体制と養蚕業を結びつけた発言が邦字新聞に掲載されたのが注目を浴び「絹は落下傘になる」「（絹地は米国などに輸出されていたこともあって）養蚕は敵性産業である」とする「養蚕国賊論」の「理論」が構築され、日本人の間に流布、流通するようになったものである。アリアンサ移住地では養蚕業が盛んであり、養蚕小屋の焼き討ち事件などが発生した。養蚕と並んで薄荷栽培も敵性産業と認識され「薄荷国賊論」も同時に展開された。

17) 1930年代末から第二次世界大戦終戦直後までの時期にアリアンサ移住地が直面した状況は具体的には入植記念祭における日本国歌「君が代」斉唱の禁止、国旗「日の丸」掲揚禁止、結婚式披露宴、住宅建設、山焼きなどでの日本人集団化の禁止、母国語使用禁止（墓標の日本語表示まで）、日本語印刷に使われる可能性のある謄写版印刷機や日本語書籍・書類の押収、銃火器・写真機・望遠鏡・ラジオなどの押収、地域リーダーたちの取調や監禁、郡外旅行の禁止や制限、外国人の所在を掌握するための外国人登録の強制的実施、資産凍結などであった。

18) アリアンサ移住地史編纂委員会編（1970）でも、「伯国教育令によって一九三八年十四歳未満の児童の外国語教育が禁止された当時、父兄の子女教育に対する関心が非常に深かったということであろうか。その当時の児童が青年期に達した時の日本語習得の程度は可成りなものと見受けられたが、いよいよブラジルに腰を落ち着け此の国に安住と決心して後は子弟も伯国語の習得の努力はするが日本語に対しては疎遠となり、年を経るにしたがって二世の日本語は家庭内の簡単な会話くらいに止まり、読み書き特に書くことは至難のことになりつつあった（183頁）」という指摘が見られる。

19) 2002年当時、アリアンサ移住地には4校の日本語学校があり、生徒数はそれぞれ30人程度でその年齢層は10歳台までの日系子弟が大半を占めていた。第1アリアンサ日本語学校では1989年より長野県の資金援助、90年代後半からは日本ブラジル交流協会、JICA青年ボランティアなどの交流事業での日本語教師派遣、第2アリアンサ日本語学校では1993年より鳥取県からの教師派遣制度が開始され教師の生活費、教材費などの資金援助、日本語書籍の寄贈などを受けている。第3アリアンサ日本語学校では1978年から富山県からの教師派遣制度が開始されている。

20) その後、この新聞は「アリアンサに対する一応の役割を果たした以上、時代の推移に伴い、さらに前進して地域を拡大し、かねて外部よりアリアンサを刺激」する目的から1937年にはノロエステ線邦人社会の中心地の1つアラサツーバ市に進出、新聞名も「日伯協同新聞」と改称、週刊で発行するようになった。同紙は1940年当時、週刊ながら5,500部を発行する一大地方紙となった。

21) 木村圭石：本名木村寛一郎。1867〜1938。新潟県三島郡出身。東京大学工科卒業後、技師としていくつかの県に赴任、その後佐藤念腹（後にブラジル移住）と知り合い、結婚の媒酌をする。1926年ブラジルに渡航、第1アリアンサ移住地に入植。1927年岩波菊治の自宅において第1回俳句会を開く。1927年より没年まで「日伯新聞」の俳壇の選者となる。1936年サンパウロ市に移転して「三水会」を結成、雑誌『南十字星』発行。

佐藤念腹：本名佐藤謙二郎。1898〜1979。新潟県北蒲原郡出身。1921年ホトトギス初入選。高浜虚子に深く師事、すでに北陸の鬼才、虚子門下の逸材と注目されていた。1927年第2アリアンサ移住地に入植、農業と牧畜業を営んだ後、1954年サンパウロ市移転、専ら俳句指導を行う。開拓俳句と牛飼俳句で虚子門下のホトトギス派の一流作家として内外に認められた。新聞、雑誌での選者を務めるとともに俳誌『木陰』を主宰し多数の弟子を育成した。

22) 岩波菊治：1898〜1952。長野県上諏訪郡出身。1918年アララギ派に入会し島木赤彦の門下となる。1925年第1アリアンサ移住地に入植。岩波は木村圭石とともにアリアンサ移住地で短歌俳句誌『おかぼ』を創刊。短歌誌『椰子樹』の選者を務めコロニア歌壇のパイオニアとなった。

23) この実態調査を提唱し実施してきたのは福博村のリーダーの1人である大浦文雄である。大浦は5歳のとき（1929）、両親とともにブラジルに渡航し、コーヒー耕地でのコロノ生活の後に1935年福博村に入植、現在まで同村に居住し、「新しき村」建設に邁進するとともに、日系社会での福祉事業にも精力的に参画している。

24) 近年において福博村の農業はさらに多様化の様相を呈してきており、すでに記述した蔬菜、果樹、花卉、養鶏といった生産に加えてキノコ栽培、薬草、園芸用樹木などの生産も見られるようになっている。

25) 福博村の農業活動は60年代から70年代が最盛期であった。70年代初頭の高速道路の建設と工場誘致政策の立案実施、それに伴うスザノ市の発展、76年サンパウロ市への用水供給のための貯水湖建設計画に基づく低湿地（野菜栽培の中心地域）の接収などの様々な要因から日系人の農業離れが進行し、2001年当時で福博村日系世帯における農家と非農家比率は58％、43％と拮抗に近い状態となり現在は非農家が農家を凌駕している。

26) 現在の福博村が抱える問題の1つが村域での治安の悪化である。福博村の治安悪化は1980年頃から目立つようになり、1990年代に顕著化、2002年には日系人の殺人事件が発生するまでに悪化した。治安の悪化は1976年8月の福博村域内の低湿地の貯水湖建設計画による接収と関連している。貯水湖建設のために低湿地の大半は水没することになったが、接収地のうち水没を免れた低地に貧困層を中心にした国内移動者の不法占拠が起こり、これらの住民がFavelaと呼ばれる貧民地区を形成した。この結果、福博村内では強盗事件、窃盗事件などが頻発するようになり、特にデカセギ開始以降はデカセギ者が持ち帰

る金品を狙った強盗事件が頻発するようになったのである。こうした事態に対して福博村会ではスザノ市役所、貯水湖建設計画を推進した Sabesp（サンパウロ州水道公社）などに不法侵入者の排除などを要請するとともに家屋・自動車へのサイレンの設置、番犬の飼育、家屋周囲を柵で囲む、自衛団の設置、定期的な防犯訓練などの自衛手段を講じてきた。しかし、関係諸機関への陳情などは実現されることはなく、自衛手段も限界があってなかなか解決に至っていないのが現状である。

27) スザノ市福博村からのデカセギおよび治安の悪化などに関しては、小内透編著（2009）に詳細な記述があるので参照されたい。
28) 表aは戦後期における福博村日系人口を子供人口（0～17歳）、労働人口（18～59歳）、高齢人口（60歳以上）に区分して示したものである。

表a　スザノ市福博村の日系人口

年次	子供 0～17歳	労働人口 18～59歳	高齢者人口 60歳以上	合計
1950	453（47.2）	457（47.6）	50（5.2）	960
1960	454（46.9）	461（47.7）	52（5.4）	967
1970	601（39.7）	777（51.4）	134（8.9）	1512
1981	344（38.8）	451（50.9）	91（10.3）	886
1991	180（26.4）	392（57.6）	109（16.0）	681
2001	95（19.0）	279（55.9）	125（25.1）	499

出典：小内編著（2009）

表aから福博村の人口減少は子供層と労働人口の減少によって引き起こされているということが言える。2001年当時ではそれぞれ95人、279人まで減少し、多くはスザノ市街地をはじめとする近隣諸都市、サンパウロ市への転出である。この人口減少には80年代半ばからは日本への就労、いわゆるデカセギという要因も加わっている。福博村からのデカセギは1985年の1人から開始され、日本の入国管理・難民救済法改正の90年には49人と急増、2001年には福博村人口の13.1%に相当する67人に達した（サンパウロ人文科学研究所 2002：85）。一方、福博村では日系人口の高齢化が進行している。60歳以上の年齢層ではほかの年齢層とは異なり、80年代から増加傾向が著しくなり、2001年当時では福博村の高齢化率は25.1%に達している。

29) サンパウロ市ビラカロンの沖縄系コミュニティーの社会経済的上昇戦術に関する詳細については、森（2011）を参照されたい。
30) ビラカロンのエスニック文化活性化運動の詳細については、第5章を参照。
31) ボリビア・オキナワ移住地の概観に関しては、ボリビア・コロニアオキナワ入植25周年祭典委員会編（1980）、コロニア・オキナワ入植40周年記念誌編纂委員会編（1995）、ボリビア日本人移住100周年移住史編纂委員会編（2000）などを参照されたい。なお、戦後期における沖縄からのボリビアやブラジルへの南米移住の歴史に関しては第5章で詳述する。
32) オキナワ移住地への定着率は低く20%を下回っている。転住先としてはブラジルやアルゼンチンなどの南米諸国が多く、沖縄へ帰国したケースもかなり見られる。ブラジルではサンパウロ市、特にビラカロン地区への転住が大半を占めている。この点に関しては第5章を参照していただきたい。

第 2 章　本土系・沖縄系コミュニティーにおける言語生活調査

33)　オキナワ（第 1）移住地の主要生産物の変遷とそれと多分に関連するボリビア人労働者の流入と定着プロセス、さらに沖縄移住地における人間範疇に対する相互的集合的イメージに関しては、森・大橋（1996）を参照されたい。
34)　オキナワ（第 1）移住地の子弟教育の歴史に関しては、森（2012）を参照されたい。
35)　この「現地人」という人間範疇はブラジルの日本人移民が自給自足的な農民を「カボクロ」と範疇化し子弟の「カボクロ化」をいかに回避するか、換言すれば「カボクロ」への同化を極力回避しようとした営為と類似していると言える。
36)　沖縄移住地からの日本「研修」の詳細に関しては、辻本（1998a・1998b）などを参照されたい。

第3章

言語接触と言語移行の動態

「子供間の会話における使用言語の変遷」(スザノ市福博村会による実態調査図表より)

3.1 言語能力意識の変遷

　本章では、本土系コミュニティーと沖縄系コミュニティーにおける、言語能力意識の変遷（3.1）、言語使用のあり方の変遷（3.2）、エスニックアイデンティティーに関わる日本語や沖縄方言の継承意識（3.3）の順に分析結果を提示する。（詳細データについては、巻末の資料編を参照されたい。）

　以下、本土系コミュニティーにおいては、日本語と現地語の2言語接触であるが、沖縄系コミュニティーの話し言葉については、沖縄方言を含めた3言語接触と捉える必要があるという観点からの分析を行う。この点は継承意識の考察にとっても重要になるのである。また、言語移行のプロセスを考察するにあたっては、従来のように、1世として一括化することはせず、1世子供移民に注目した観点から分析する。本章では、言語生活調査から得られたデータに即してその結果を淡々と述べていくが、どちらの観点も次の第4章と第5章でさらに展開されることになる。

3.1 言語能力意識の変遷

　本節では、ブラジルとボリビアの本土系と沖縄系の4つのコミュニティーにおける世代ごとの言語能力意識について、話し言葉の場合と書き言葉の場合を分けて考察する。なお、沖縄方言については話し言葉のみになる。

　調査にあたっては、表1に示す、日本語および現地語（ポルトガル語、スペイン語）の「聞く」「話す」「読む」「書く」の四技能についての質問項目を設定した。（沖縄方言については「聞く」「話す」の二技能となっている。）そして、表1の四技能の詳細項目ごとに、表2に示すような4段階で自己評価をしてもらった。

　今回の分析に際しては、表1の四技能の詳細項目ごとに、4段階で自己評価してもらった結果を統合して、その平均値を示すことにする[1]。例えば、「聞く」能力であれば、「1. ラジオのニュース、2. テレビのニュース、3.

第 3 章　言語接触と言語移行の動態

表 1　四技能に関する質問項目

技能	質問内容の詳細項目
聞く	1. ラジオのニュース　2. テレビのニュース　3. テレビドラマ 4. 家庭での話　5. 挨拶などの簡単な言葉
話す	1. 政治や経済などの難しい話　2. 仕事の話　3. 日常の会話 4. 家庭での話　5. 挨拶などの簡単な言葉
読む	1. 新聞や本　2. 仕事の書類　3. 雑誌や漫画　4. 友達や親戚からの手紙 5. 近所からの回覧やお知らせ　6. ちらしや看板
書く	1. 仕事の書類　2. 仕事相手への手紙　3. 友達や親戚への手紙 4. 日記　5. 簡単なメモ

表 2　自己評価の段階

評点	内容
4	よくできる
3	大体できる
2	少ししかできない
1	全くできない

テレビドラマ、4. 家庭での話、5. 挨拶などの簡単な言葉」のそれぞれについて、表 2 の評点で自己評価してもらった結果の平均値を用いる。

　このうち、「大体できる (3)」と「少ししかできない (2)」の中間を「ある程度できる (2.5)」と解釈すれば、2.5 を基準として、言語能力の有無を判断することができよう。

　以下では、本土系コミュニティー、沖縄系コミュニティーの順に、話し言葉の場合と書き言葉の場合を分けて分析し、その後、総合化を試みる。

3.1.1　本土系コミュニティーにおける 2 言語接触

（1）話し言葉の場合（日本語・現地語）

　まず、本土系コミュニティーにおける世代ごとの話し言葉能力に対する自己評価の結果を示すと、図 1 のようになる。世代区分については、第 2 章の「2.1.1(2)　調査票回答者と分析対象者」を参照されたい。（1 世成人移民に

3.1 言語能力意識の変遷

は、「戦前渡航」の人と「戦後渡航」の人がいることは第2章で示した通りであり、子供移民は全員「戦前渡航」である。）図1では、聞く能力に関する回答と話す能力に関する回答をまとめて、その平均値を提示している。

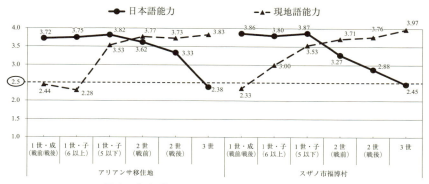

図1　本土系コミュニティーの話し言葉能力

図1からわかることをまとめると、次のようになる。

1) 日本語の話し言葉能力は、アリアンサ移住地の場合、「戦後2世」（戦後生まれの人および戦前生まれだが戦後に就学時期を迎えた人）まで維持されるが、スザノ市福博村では、「戦前2世」（戦前に渡航しかつ就学時期を迎えた人）までであり、「戦後2世」では「大体できる(3)」を下回る。3世になると、両コミュニティーともに「ある程度できる(2.5)」を下回り、日本語の話し言葉能力は保持されなくなる。

2) 現地語（ポルトガル語）の話し言葉能力については、アリアンサ移住地の1世成人移民および1世子供移民（6歳以上渡航）は話し言葉能力をもたず、1世子供移民（5歳以下渡航）から能力を獲得することになる。一方、スザノ市福博村では、1世成人移民は話し言葉能力をもたないが、1世子供移民（6歳以上渡航）においてすでに能力を身につけている。

（2）書き言葉の場合（日本語・現地語）

次に、書き言葉能力に対する自己評価の結果を示すと、図2のようになる。

ここでも、読む能力に関する回答と書く能力に関する回答をまとめて、その平均値を提示している。

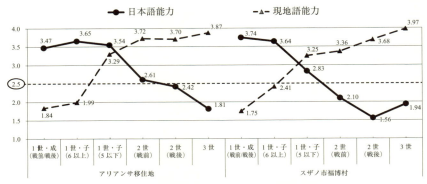

図2 本土系コミュニティーの書き言葉能力

図2から、次のことがわかる。
1) 日本語の書き言葉能力は、両コミュニティーともに基本的に1世子供移民（5歳以下渡航）までしか維持されない。なお、アリアンサ移住地の戦前2世は、「ある程度できる(2.5)」をかろうじて上回り、日本語の書き言葉能力をなんとか保持していると言える。
2) 現地語（ポルトガル語）の書き言葉能力については、両コミュニティーともに、1世子供移民（5歳以下渡航）から習得することになる。なお、スザノ市福博村の1世子供移民（6歳以上渡航）は「ある程度できる(2.5)」をやや下回っており、現地語（ポルトガル語）の書き言葉能力を十分に習得しているとは言い難いが、アリアンサ移住地の1世子供移民（6歳以上渡航）よりは習得が進んでいる。

（3）話し言葉能力と書き言葉能力の総合化

以上の、日本語と現地語の、話し言葉能力と書き言葉能力を統合して記号化すると、次の表3、表4のようになる。表中の記号については、+は言語能力意識が「3以上～4以下」、±は「2.5以上～3未満」、-は「1以上

3.1 言語能力意識の変遷

〜2.5 未満」であることを示す。

表3　アリアンサ移住地の場合

		1世・成 (戦前/戦後)	1世・子 (6以上)	1世・子 (5以下)	2世 (戦前)	2世 (戦後)	3世
日本語能力	話し言葉	+	+	+	+	+	−
	書き言葉	+	+	+	±	−	−
現地語能力	話し言葉	−	−	+	+	+	+
	書き言葉	−	−	+	+	+	+

表4　スザノ市福博村の場合

		1世・成 (戦前/戦後)	1世・子 (6以上)	1世・子 (5以下)	2世 (戦前)	2世 (戦後)	3世
日本語能力	話し言葉	+	+	+	+	±	−
	書き言葉	+	+	±	−	−	−
現地語能力	話し言葉	−	+	+	+	+	+
	書き言葉	−	−	+	+	+	+

以上から、次のことがわかる。

1) 日本語と現地語ともに話し言葉能力と書き言葉能力を備えている、典型的なバイリンガル（表中の＋＋または＋±の組み合わせ）は、アリアンサ移住地では1世子供移民（5歳以下渡航）と戦前2世、スザノ市福博村では1世子供移民（5歳以下渡航）である。

2) また、一方の言語は話し言葉能力と書き言葉能力の両方を備えているが、他方の言語は話し言葉能力のみである場合を、広義のバイリンガルと解釈すれば、アリアンサ移住地の場合は戦後2世が現地語優勢のバイリンガルであり、スザノ市福博村の場合は1世子供移民（6歳以上渡航）が日本語優勢のバイリンガル、戦前2世および戦後2世は現地語優勢のバイリンガルと言えよう。

第3章 言語接触と言語移行の動態

3.1.2 沖縄系コミュニティーにおける3言語接触

（1）話し言葉の場合（日本語・沖縄方言・現地語）

ここでは、日本語、沖縄方言、現地語の話し言葉能力の回答結果を世代ごとに示す。1世（成人移民・子供移民）はすべて戦後移民である。図3は、日本語と現地語についてであり、図4は、沖縄方言能力を日本語能力と比較して示したものである。

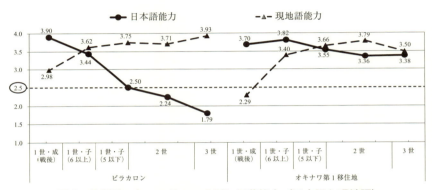

図3 沖縄系コミュニティーの話し言葉能力（日本語と現地語）

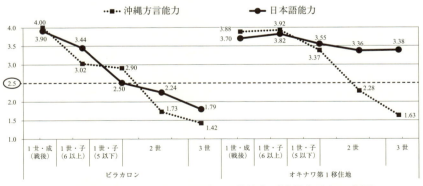

図4 沖縄系コミュニティーの話し言葉能力（沖縄方言と日本語）

図3と図4からわかることをまとめると、次のようになる。
1) オキナワ第1移住地の日本語の話し言葉能力は、3世まで維持される。

3.1 言語能力意識の変遷

一方、ビラカロンでは1世子供移民（6歳以上渡航）までしか維持されない。ただし、ビラカロンの1世子供移民（5歳以下渡航）は「ある程度できる（2.5）」レベルであり、かろうじて維持されているとも言える。

2）　現地語の話し言葉能力については、オキナワ第1移住地の1世成人移民を除き、すべての世代で能力を身につけている。なお、ビラカロンの1世成人移民は、現地語（ポルトガル語）の話し言葉能力は「大体できる（3）」に近いが、これは都市部で主に商業を営んでいることが影響していよう。（この点の詳細は第2章の2.2.3を参照。）

3）　沖縄方言については、両コミュニティーともに、1世子供移民（5歳以下渡航）まで能力を有する。しかし、2世からは、「ある程度できる（2.5）」を下回るようになる。

（２）書き言葉の場合（日本語・現地語）

日本語と現地語の書き言葉能力についての結果は、図5のようになる。

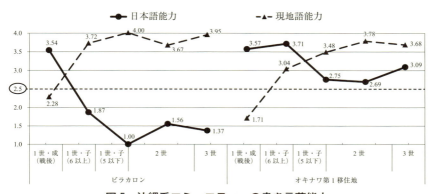

図5　沖縄系コミュニティーの書き言葉能力

図5から次のことがわかる。

1）　日本語の書き言葉能力は、ビラカロンでは、1世子供移民（6歳以上渡航）から無くなっている。一方、オキナワ第1移住地では、1世子供移民（5歳以下渡航）と2世で若干低くなるが、3世まで保持している[2]。

101

2) 現地語の書き言葉能力については、両コミュニティーともに1世子供移民（6歳以上渡航）から習得することになる。

（3）話し言葉能力と書き言葉能力の総合化

日本語と現地語の話し言葉能力と書き言葉能力および沖縄方言の話し言葉能力を統合して示すと、表5、表6のようになる。

表5　ビラカロンの場合

		1世・成（戦後）	1世・子（6以上）	1世・子（5以下）	2世	3世
沖縄方言能力	話し言葉	+	+	±	-	-
日本語能力	話し言葉	+	+	±	-	-
	書き言葉	+	-	-	-	-
現地語能力	話し言葉	±	+	+	+	+
	書き言葉	-	+	+	+	+

表6　オキナワ第1移住地の場合

		1世・成（戦後）	1世・子（6以上）	1世・子（5以下）	2世	3世
沖縄方言能力	話し言葉	+	+	+	-	-
日本語能力	話し言葉	+	+	+	+	+
	書き言葉	+	+	±	±	+
現地語能力	話し言葉	-	+	+	+	+
	書き言葉	-	+	+	+	+

以上から、次のことが見えてくる。

まず、オキナワ第1移住地の場合は、1世子供移民が、典型的な日本語と現地語のバイリンガルであり、沖縄方言を入れると3言語併用者となっている。一方、ビラカロンの場合は、このような3言語併用の世代は認められない。ただし、1世成人移民は日本語優位のバイリンガル、1世子供移民（6歳以上渡航）は現地語優位のバイリンガルとみなすことができ、沖縄方言を入れると、彼らは広義の3言語併用者となる[3]。

次に、言語ごとに、2つのコミュニティーを比較すると、次のようになる。

1) 沖縄方言については、2世から能力が無くなってくる点で共通する。
2) 現地語能力については、話し言葉能力と書き言葉能力の両方を習得するのは、「1世子供移民」である点で共通する。
3) 日本語能力については大きく異なる。ビラカロンでは、1世子供移民（6歳以上渡航）から書き言葉能力が磨滅し、1世子供移民（5歳以下渡航）からは話し言葉能力も磨滅し始める。一方、オキナワ第1移住地では、3世まで話し言葉能力と書き言葉能力が保持される。この違いは、第2章で述べたように、①日本国籍取得申請を行わずにブラジル国籍のみとし、ブラジルの公教育を重視し、高学歴化に基づくブラジル人としての社会的成功を目指すか（ビラカロン）、②日本国籍を取得し、ボリビア人と隔離した日ボ校においてスペイン語と日本語による2元的教育を行い、日本への長期研修（デカセギ）とボリビア人を雇用した大規模農業による経済的成功を目指すか（オキナワ第1移住地）という違いと相関しているように思われる。

3.1.3 四技能別の変遷過程

前節では、日本語能力および現地語能力[4]について「話し言葉」、「書き言葉」として一括化して分析したが、ここでは、話し言葉を聞く能力と話す能力に分け、書き言葉を読む能力と書く能力に分けて分析した結果を示す。結論を先取りして言えば、日本語能力は、基本的に「書く能力→読む能力→話す能力→聞く能力」の順に磨滅し、現地語能力は、「聞く能力→話す能力→読む能力→書く能力」という習得プロセスが確認できた。以下では、日本語、現地語の順に見て行く。

（1）日本語

まず、本土系コミュニティーであるスザノ市福博村の結果を示すと図6のようになる。詳細なデータは、資料編の表10(a)を参照されたい。

図6から、以下のことがうかがえる。

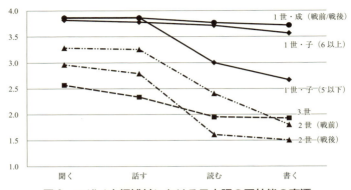

図6　スザノ市福博村における日本語の四技能の変遷

1) 1世成人移民と1世子供移民（6歳以上渡航）では、四技能がすべて保持されている。
2) 1世子供移民（5歳以下渡航）では、聞く能力と話す能力は保持されるが、読む能力と書く能力が磨滅する。読む能力より書く能力の方が低いが、それでも書く能力は、「ある程度できる（2.5）」に近い状態を保持している。
3) 2世では、聞く能力や話す能力はまだ保持されるが、読む能力も書く能力も「ある程度できる（2.5）」を下回るようになる。両者を比べると、読む能力の方が書く能力より相対的に高い。
4) 3世では、読む能力も書く能力も「少ししかできない（2）」を下回り、ほとんどできないとみなされる。一方、聞く能力に関しても「ある程度できる（2.5）」に近くなり、話す能力の方はさらに低くなる。

アリアンサ移住地でも、図7に示すように、ほぼ同様の結果となっている（詳細なデータは資料編の表10(b)参照）。違いがでてくるのは、1世子供移民（5歳以下渡航）も、四技能を保持している点である。

次に、沖縄系コミュニティーであるビラカロン（図8）、オキナワ第1移住地（図9）の結果を示す。

沖縄系コミュニティーの結果からは、次のことがわかる。
1) ビラカロンでは、1世成人移民のみが四技能を保持している。1世子供

3.1 言語能力意識の変遷

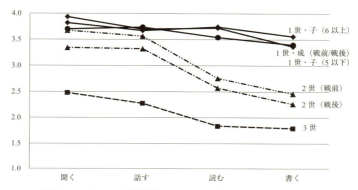

図7 アリアンサ移住地における日本語の四技能の変遷

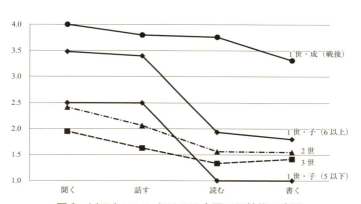

図8 ビラカロンにおける日本語の四技能の変遷

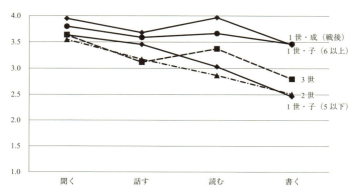

図9 オキナワ第1移住地における日本語の四技能の変遷

移民（6歳以上渡航）では読む能力と書く能力が磨滅してくる。さらに、1世子供移民（5歳以下渡航）、2世、3世では、四技能すべてが磨滅してくるが、他の能力に比べると聞く能力が相対的に高い。

2) オキナワ第1移住地では、3世に至るまで、基本的に四技能を保持しているが、どの世代でも、四技能のなかで書く能力が最も低くなっている[5]。

（２）現地語

現地語の四技能の習得プロセスについて、まず、本土系コミュニティーのスザノ市福博村の結果を示すと図10のようになる。詳細なデータは資料編の表11(a)を参照されたい。

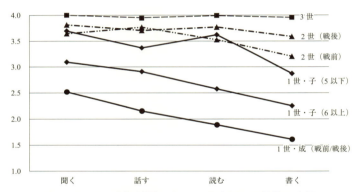

図10 スザノ市福博村における現地語の四技能の変遷

図10を見ると、1世成人移民と1世子供移民（6歳以上渡航）では、「書く能力→読む能力→話す能力→聞く能力」の順に現地語能力が高くなっていることがわかる。2世と3世は、書く能力が若干低くなってはいるが、四技能がすべて習得されている。

アリアンサ移住地では、図11に示すように、スザノ市福博村ほどの差はでないが、1世成人移民と1世子供移民（6歳以上渡航）では、やはり、書く能力が相対的に低く、聞く能力が高くなっている。

次に、沖縄系コミュニティーのビラカロン（図12）、オキナワ第1移住地

3.1 言語能力意識の変遷

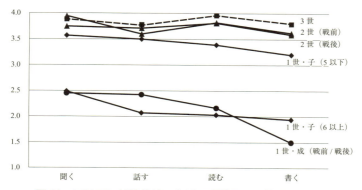

図 11　アリアンサ移住地における現地語の四技能の変遷

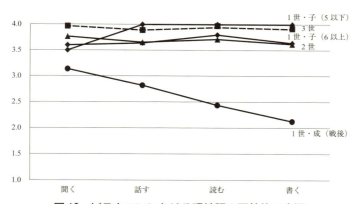

図 12　ビラカロンにおける現地語の四技能の変遷

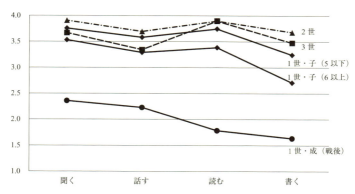

図 13　オキナワ第1移住地における現地語の四技能の変遷

(図 13) の結果を提示する。

これらの図から、次のことがわかる。
1) ビラカロンでは、1世子供移民において、四技能がすべて習得されている。また、1世成人移民も、書く能力は「少ししかできない (2)」相当ではあるが、聞く能力と話す能力は、「ある程度できる (2.5)」を超えている。特に聞く能力は、「大体できる (3)」相当の状態になっている。
2) オキナワ第1移住地でも、他の能力に比べると、書く能力はやや低くなるものの、1世子供移民において、四技能がすべて習得されている。1世成人移民については、四技能ともに低い。これは、ビラカロンの1世成人移民との大きな違いである。ただし、四技能のなかで、聞く能力が相対的に高い点は共通する。

本土系コミュニティーと沖縄系コミュニティーの4地点を総合化すると、次のことが言えよう。
1) 四技能のうち、日本語の「聞く能力」が最後まで保持され、現地語の「聞く能力」が最初に習得される。
2) 日本語の「書く能力」が最初に磨滅し、現地語の「書く能力」は最後に習得される。

[李吉鎔]

3.2 言語使用意識の変遷

　ここでは、家族内の言語使用と家族外の人との言語使用における、世代ごとの変遷過程を考察する。家族内の言語使用については、①「上の世代」、「同世代」、「下の世代」の家族に「話しかける」時と、②上の世代、同世代、下の世代から「話しかけられる」時に分けた上で、その動的諸相を分析する。また家族外の人との言語使用については、(a)家族内の同世代とコミュニティー内の同世代の友人との言語使用を比較するが、(b)沖縄系コミュニティーについては、同世代の友人を本土系の友人と沖縄系の友人に分けて分析する。

3.2.1 家族内における言語使用の変遷

　まず、家族内における、世代ごとの言語使用の動的諸相を考察するが、話しかける場合と話しかけられる場合とでは違いが見られるため、分けて分析し、最後に総合化する。なお、3.1の言語能力意識では、1世子供移民を、「6歳以上12歳以下で渡航」した人と「5歳以下で渡航」した人に下位区分して分析したが、ここでは両者を統合して示すことにする。本土系コミュニティーの2世についても、「戦前生まれ」か「戦後生まれ」かを区別しないで、まとめて示す[6]。したがって、言語使用意識については、本土系コミュニティーと沖縄系コミュニティーともに、「1世成人移民」、「1世子供移民」、「2世」、「3世」の4区分で分析する。

（1）本土系コミュニティー

　家族内の言語使用に関する調査では、まず、同居人の有無を聞き、次に、同居人に対してどのような言葉で話しかけるか、また同居人からどのような言葉で話しかけられるかを質問した。このため、1世成人移民については、調査時点において上の世代が同居しておらず、「回答なし」となっている。

選択肢は次の通りである。

表7 本土系調査の選択肢

1	日本語のみ
2	日本語のほうが現地語より多い
3	日本語と現地語半々
4	現地語のほうが日本語より多い
5	現地語のみ
6	その他

分析においては、次のように3分類することにした。

① 「主に日本語」（表7の1と2を統合）→以下の表では「J」
② 「日本語と現地語半々」　　　　　→以下の表では「JB」
③ 「主に現地語」（表7の4と5を統合）→以下の表では「B」

以下、話しかける場合、話しかけられる場合の順に述べる。

① 話しかける場合

　アリアンサ移住地とスザノ市福博村の結果を示す。（表8および表9では、回答のうち、30%以上は意味のある使用率とみて取り上げ、15%以上30%未満は括弧つきで示した。15%未満の使用は切り捨てている。以下の他のコミュニティーの場合も、この基準で提示することにする。詳細な分析結果については資料編の図1を参照されたい。）

　表8と表9から、以下のようなことが言える。

1) 1世成人移民は、家族内のどの世代に対しても、ほぼ日本語を使用し、現地語はほとんど使用しない。
2) 1世子供移民は、1世成人移民とほぼ同様の結果であるが、スザノ市福博村においての同世代や下の世代の結果からもわかるように（資料編の図1(b)）、1世成人移民よりは、現地語を使用するようになる。
3) 家族内で相手によって日本語と現地語を使い分けるのは2世であり、大きく言えば、上の世代には主に日本語を、同世代には日本語と現地語、下

3.2 言語使用意識の変遷

表8 家族に話しかける時の主要言語（アリアンサ移住地）

	上の世代へ	同世代へ	下の世代へ
1世成人移民		J	J
1世子供移民	J	J	J
2世	J	J／JB(B)	B(J)(JB)
3世	B(JB)	B	B(JB)

表9 家族に話しかける時の主要言語（スザノ市福博村）

	上の世代へ	同世代へ	下の世代へ
1世成人移民		J	J
1世子供移民	J	J	J
2世	J	J(JB)(B)	B(JB)
3世	B(J)	B	B

の世代には主に現地語を使用する。ただし、2世が下の世代に話しかける時の使用言語については、アリアンサ移住地とスザノ市福博村とで差が見られ、アリアンサ移住地の方が日本語の使用率が高い。

4) 3世になると、上の世代、同世代、下の世代を問わず、現地語が中心になる。ただし、表8と表9および資料編の図1(a)・図1(b)には示されていないが、祖父母がいる場合[7]には、日本語も使用している。

② 話しかけられる場合

今度は、話しかけられる時の使用言語について質問した結果を示す。（詳細は資料編の図2を参照されたい。）

表10と表11から、以下のことが言える。
1) 1世成人移民では、話しかけられる時も、日本語中心である。
2) 1世子供移民もほぼ同じであるが、1世成人移民と比べて下の世代から話かけられる時に現地語の使用が増えている。
3) 2世では、上の世代からは日本語、同世代からは日本語と現地語、下の世代からは現地語で話かけられる。
4) 3世では、上の世代からは日本語と現地語、同世代と下の世代からは現

表10　家族から話しかけられる時の主要言語（アリアンサ移住地）

	上の世代から	同世代から	下の世代から
1世成人移民		J	J
1世子供移民	J	J	J(B)
2世	J	J／JB(B)	B
3世	B／J(JB)	B	B

表11　家族から話しかけられる時の主要言語（スザノ市福博村）

	上の世代から	同世代から	下の世代から
1世成人移民		J	J
1世子供移民	J	J	J(B)
2世	J	J(B)(JB)	B
3世	B／JB(J)	B	B

地語で話かけられる。

③　話しかける場合と話しかけられる場合の使用言語の総合化

以上の結果をまとめると、図14のような総合化ができる。なお、図14では「1世成人移民」の「上の世代」はデータとしては存在しないのだが、当然、日本語（J）になると想定して示した。

1) どちらのコミュニティーでも、上の世代との会話において、日本語が保持されやすい。上の世代との会話では、3世においても部分的に日本語の使用が認められるが、話しかけられる時の方が日本語使用が見られる。日本語保持の要因は、上の世代とのコミュニケーションであると思われる。
2) どちらのコミュニティーでも、下の世代との会話においては、現地語が使用されやすい。どちらのコミュニティーでも、1世子供移民の話しかけられる時から、現地語の使用が確認された。
3) 同世代との会話では、話しかける時と話しかけられる時とで違いはほとんど無く、大きくは、日本語中心の段階から（1世成人移民、1世子供移民）、日本語と現地語の併用段階を経て（2世）、現地語中心の段階に至る（3世）。

3.2 言語使用意識の変遷

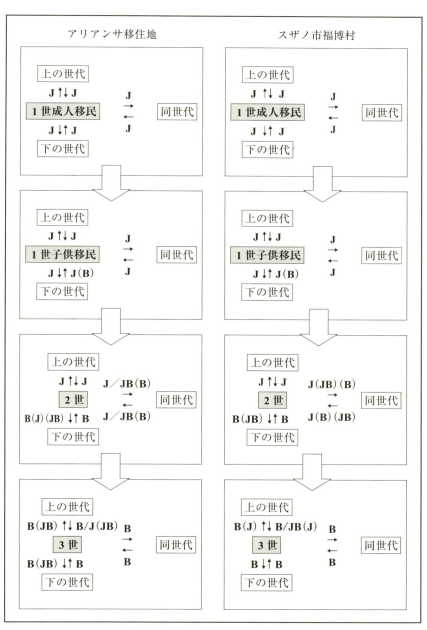

図14 家族内の言語使用の総合化

（2）沖縄系コミュニティー

　ここでは、沖縄系コミュニティーにおける家族内の言語使用の動的諸相についてまとめる。沖縄系コミュニティーの言語生活調査では、表12の選択肢を設定して、使用言語を質問した。

表12　沖縄系調査の選択肢

1	日本語のみ	7	沖縄方言と日本語半々
2	沖縄方言のみ	8	日本語と現地語半々
3	現地語のみ	9	沖縄方言と現地語半々
4	日本語のほうが多い	10	3言語併用
5	沖縄方言のほうが多い	11	その他
6	現地語のほうが多い		

　分析は、次の7つの区分で行うこととする。
① 「主に沖縄方言」（表12の2と5を統合）→以下の表では「O」
② 「主に日本語」（表12の1と4を統合）→以下の表では「J」
③ 「主に現地語」（表12の3と6を統合）→以下の表では「B」
④ 「日本語と沖縄方言半々」→以下の表では「OJ」
⑤ 「日本語と現地語半々」→以下の表では「JB」
⑥ 「沖縄方言と現地語半々」→以下の表では「OB」
⑦ 「3言語併用」→以下の表では「OJB」または「JOB」

　以下、話しかける場合と話しかけられる場合に分けて述べるが、総合化した結果を先取りして示すと次のようになる。
1) 　日本語については、本土系コミュニティーの場合と同様に、上の世代との会話において、日本語が保持されやすい。
2) 　現地語についても、本土系のコミュニティーの場合と同様に、下の世代との会話において、現地語が使用されやすい。
3) 　沖縄方言については、日本語の場合と同様に、上の世代との会話で保持されやすく、逆に、下の世代との会話では、日本語よりも早い段階で使用されなくなる。

3.2 言語使用意識の変遷

① 話しかける場合

ビラカロンの結果を表 13 に示す。(表 13 でも、回答のうち、30% 以上の場合をまず示し、15% 以上 30% 未満は括弧つきで示している。詳細は資料編の図 3 (a) を参照されたい。)

表 13　家族に話しかける時の主要言語（ビラカロン）

	上の世代へ	同世代へ	下の世代へ
1 世成人移民		OJB(O)(J)(OJ)(JB)	(JOB)(JB)(B)
1 世子供移民		JOB／JB	JB／B(OB)
2 世	B	B	
3 世	B	B	

1) 1 世成人移民は、3 言語を併用するが、下の世代に対しては、現地語の使用率が上がる。
2) 1 世子供移民は、同世代[8]には 3 言語併用または「日本語と現地語半々」が多く、沖縄方言の使用は、1 世成人移民に比べると少なくなる。下の世代に対しては、現地語の使用率が上がる。
3) 2 世では、上の世代に対しても現地語の使用が中心となる。沖縄方言の使用が無くなるだけでなく、日本語の使用も少なくなってきている。
4) 3 世では、ほぼ現地語のみになる。

オキナワ第 1 移住地の結果は次の通りである。（詳細は資料編の図 3(b) を参照。）

表 14　家族に話しかける時の主要言語（オキナワ第 1 移住地）

	上の世代へ	同世代へ	下の世代へ
1 世成人移民		OJ／O	J／OJ
1 世子供移民		JOB(O)	JB(J)
2 世	J(JO)	JB(J)(B)	JB(J)(B)
3 世	JB／J	JB(J)	

1) 1世成人移民は、同世代に対しては、「日本語と沖縄方言半々」または「主に沖縄方言」だが、下の世代には、「主に日本語」や「日本語と沖縄方言半々」になり、日本語の使用が増える。
2) 1世子供移民では、同世代に対しては、回答が分散しているが、大きくは、3言語併用と言ってよいだろう。下の世代に対しては、「日本語と現地語半々」が中心となり、沖縄方言の使用が無くなってくる。
3) 2世では、上の世代に対しては、日本語中心だが沖縄方言も使用される。同世代に対しては、「日本語と現地語半々」が中心であり、1世子供移民とは違って、沖縄方言の使用がほとんど無くなってくる。下の世代に対しても同世代に対しての場合とほぼ同様である。
4) 3世になると、上の世代にも沖縄方言を使うことは無くなり、日本語と現地語が使用されるようになる。同世代に対しても日本語と現地語が使用されるが、上の世代よりも、現地語の使用が増えている。

② **話しかけられる場合**

話しかけられる時の使用言語についてビラカロンの結果をまとめると表15のようになる。(詳細は資料編の図4(a)を参照されたい。)

表15 家族から話しかけられる時の主要言語（ビラカロン）

	上の世代から	同世代から	下の世代から
1世成人移民		JOB／O(J)(JB)	B／JB(O)
1世子供移民		JOB／JB	B
2世	B(JB)	B	
3世	B	B	

1) 1世成人移民は、同世代からは3言語併用で話かけられているが、下の世代からは現地語の使用が増える。
2) 1世子供移民については、同世代からは3言語併用で話しかけられているが、1世成人移民の場合よりも沖縄方言の使用が減っている。下の世代からは現地語中心になる。

3) 2世では、現地語中心になるが、上の世代からは日本語を交えて話しかけられることもある。
4) 3世になると、現地語中心になる。

オキナワ第1移住地の結果は次の通りである。(詳細は資料編の図4(b)を参照。)

表16　家族から話しかけられる時の主要言語（オキナワ第1移住地）

	上の世代から	同世代から	下の世代から
1世成人移民		O／OJ	J／OJ
1世子供移民		O(J)	JB／J
2世	J(OJ)	JB(J)(B)	JB／J(B)
3世	JB／J	JB／J	

1) 1世成人移民は、同世代からは沖縄方言が多く使用される。下の世代からは、「主に日本語」の割合が増える。
2) 1世子供移民では、同世代からは沖縄方言や日本語が多いが、下の世代からは沖縄方言がほとんど使用されなくなり、「日本語と現地語半々」や「主に日本語」が中心となる。
3) 2世では、上の世代からは「主に日本語」が過半数を占め、次いで「日本語と沖縄方言半々」になる。同世代や下の世代からは、「日本語と現地語半々」を中心とした言語使用になり、沖縄方言の使用はほぼ無くなってくる。
4) 3世では、上の世代からも、「日本語と現地語半々」や「主に日本語」で話しかけられるようになる。

3.2.2　家族外における言語使用の変遷

本節では、家族内の同世代に話しかける時の使用言語と、コミュニティー内の友人に話しかける時の使用言語を比較する。

第3章　言語接触と言語移行の動態

まず、本土系コミュニティーについて、家族内の同世代に話しかける時の使用言語と、コミュニティー内の本土系の友人に話しかける時の使用言語を比較すると次のようになる。（詳細は資料編の図5を参照されたい。）

表17　家族内外の同世代への言語使用（本土系コミュニティー）

	家族内の同世代へ	日系の友人へ
1世成人移民	J	J
1世子供移民	J	J
2世	JB	JB
3世	B	B

1) 当然予想されるように、家族内の同世代とコミュニティー内の友人に対してほぼ同じ言語使用をしている。
2) 具体的には、1世成人移民および1世子供移民は日本語中心、2世は日本語と現地語、3世は現地語中心である。

沖縄系コミュニティーについては、沖縄系の友人の場合と本土系の友人の場合とに分けて分析する必要がある。また、ビラカロンとオキナワ第1移住地では、家族内の使用の場合と同様に違いがあるため、分けて結果を示す（詳細は資料編の図6を参照されたい）。

ビラカロンの結果は次の通りである。

表18　家族内外の同世代への言語使用（ビラカロン）

	家族内の同世代へ	沖縄系の友人へ	日系の友人へ
1世成人移民	OJB	O	J
1世子供移民	JOB	JOB	JB
2世	B	B	B
3世	B	B	B

1) 1世成人移民や1世子供移民では、沖縄系の友人に話しかける時と本土系の友人に話しかける時とでは、沖縄方言の使用の有無が異なる。

3.2 言語使用意識の変遷

2) 具体的には、1世成人移民では、沖縄系の友人には、沖縄方言中心であり、家族内の同世代に対してよりも、沖縄方言の使用率が高い。本土系の友人に対しては日本語中心である。一方、1世子供移民では、沖縄系の友人には3言語併用が多く、本土系の友人には、日本語と現地語の併用が多くなる。
3) 2世や3世になると沖縄方言と日本語の使用がほとんどなくなり、「主に現地語」が多くなるが、これは家族内の同世代に話しかける時も同じである。

オキナワ第1移住地の結果は次の通りである。

表19　家族内外の同世代への言語使用（オキナワ第1移住地）

	家族内の同世代へ	沖縄系の友人へ	日系の友人へ
1世成人移民	OJ	OJ	J
1世子供移民	JOB	JOB	J
2世	JB	JB	JB
3世	JB	JB	JB

1) 1世成人移民と1世子供移民では、沖縄系の友人に話しかける時と本土系の友人に話しかける時とでは、沖縄方言の使用の有無が異なる。この点は、ビラカロンと共通している。
2) どの世代でも、沖縄系の友人に話しかける時は、家族内の同世代に話しかける時と差はなく、ほぼ一致した傾向が見てとれる。
3) 本土系の友人に話しかける時は、1世成人移民と1世子供移民では日本語中心であり、2世や3世では、現地語の使用が増える[9]。

［李吉鎔］

3.3 言語機能と複合的アイデンティティー

　ここでは、日本語と現地語を混ぜて使うこと（沖縄系コミュニティーでは、沖縄方言、日本語、現地語を混ぜて使うこと）、および日本語や沖縄方言を継承していくことに対して、どのような考えをもっているのかについての結果を提示する。
　結論を先に述べると、次のようになる。
1) 4つのコミュニティーすべてにおいて、複数の言語を混ぜて使うとともに、それに対する否定的な評価は少ない。
2) 日本語能力や沖縄方言能力が無くなったとしても（日常生活で日本語や沖縄方言を使用しなくなったとしても）、日本語の継承意識は高く、また沖縄方言の継承意識も無くなるわけではない。特に、最も急速に現地語（ポルトガル語）へのモノリンガル化が進んでいるビラカロンにおける日本語と沖縄方言の継承意識の高さは注目に値しよう。このような継承意識のあり様は、〈日系のブラジル人〉〈日系のボリビア人〉あるいは、〈沖縄系の日系ブラジル人〉といった複合的アイデンティティーの構築（再構築）に関わっているのではないかと思われる。（詳細については第5章を参照。）

3.3.1 言語の混交に関する意識

　3.2で示したように、言語使用意識に関する回答の中には、4つのコミュニティーすべてにおいて、「日本語と現地語半々」という回答が見られた。次に示すのは、アリアンサ移住地在住の67歳の女性（BJ2）と友人（KP2）との会話（談話録音）の一部（日本人の日本語が話題になっている箇所）である。ここでは、日本語と現地語（ポルトガル語）のコードスイッチングが起こっており、文間でも文中でも切り換えていることがわかる。（〔　〕内は日本語訳である。）

3.3 言語機能と複合的アイデンティティー

> BJ2： で、日本に行ったとき、わー、日本であの、英語を間違ってしゃべって、どうしてそんなことすると、それよっか、日本語を（KP2：もっときれいにね）もっと日本語をね、あのね自分の国をね、（KP2：うんー）língua〔ことば〕を valoriza〔大事にする〕しないといけない。（KP2：うんー）Não é?〔そうでしょ。〕
> KP2： そうよ。
> BJ2： Americano valoriza inglês.〔アメリカ人は英語を大事にする。〕
> KP2： É. Valoriza.〔そうね。大事にする。〕
> BJ2： Não é?〔そうでしょ。〕ちゃんと、E depois, se vai falar, fala direito. Inglês direito.〔それから、英語を話すなら、きちんと話さないと、正しく〕（KP2：そうそう）どこ行ってもしゃべれるように。

以下、2つの言語の混交が起こる本土系コミュニティーの場合、沖縄方言（琉球語）を含めて3つの言語の混交が起こる沖縄系コミュニティーの順に言語の混交に関する意識について述べる。

（1）本土系コミュニティー

本土系コミュニティーの言語生活調査票では、「あなたは家族や日系人の友人と話す時、日本語とポルトガル語を混ぜることがありますか」と問うている。その結果をまとめると、表20、表21のようになる。

表20、表21を見ると、すべての世代で、日本語とポルトガル語を混ぜて話すが、特に2世では90％以上の人が「混ぜて話す」と回答している。反対に、1世（成人移民・子供移民）には、「日本語とポルトガル語を混ぜることはない」と回答する人が少なからずいる。

さらに、「日本語とポルトガル語を混ぜて使うことについてどう思いますか」に対する回答結果を見ると、はっきり分けがたい場合もあるが、大きくは、表22に示す3つのタイプが認められる。（表22は調査票に書き込まれた回答をそのまま示したものである。）Aタイプは、言語の混交について「（積極的な）肯定的評価」を下しているもの、逆に、Cタイプは「否定的な評価」

を下しているものである。Bタイプは、そのどちらでもなく、「現状認識型」とでもいうべきタイプのものである。

表20　アリアンサ移住地

	1世・成	1世・子	2世	3世	合計
ある	11(68.8%)	13(76.5%)	30(93.8%)	22(84.6%)	76
ない	4(25.0%)	4(23.5%)	2(6.3%)	4(15.4%)	14
わからない	1(6.3%)	-	-	-	1
計	16	17	32	26	91

表21　スザノ市福博村

	1世・成	1世・子	2世	3世	合計
ある	7(70.0%)	14(77.8%)	31(96.9%)	18(81.8%)	70
ない	3(30.0%)	4(22.2%)	1(3.1%)	4(18.2%)	12
わからない	-	-	-	-	-
計	10	18	32	22	82

表22　言語の混交に対する意見（本土系）

Aタイプ	いいことだと思う。混ぜながら話せば、日本語を忘れないし、わかりやすい日本語を少しでも混ぜれば、日本語の勉強、練習にもなる。	アリアンサ 3世
	混ぜるのはいい事。少しでも日本語を使ってくれるだけでいい。混ぜてでも日本語を使ってほしい。	福博村 1世・子
Bタイプ	特別どうというわけではない。わかればよい。そういう会話が当たり前だと思っている。	アリアンサ 2世
	流暢な人は混ぜるのはおかしいというが特に悪い気はしない。	アリアンサ 1世・子
	日本語だけのほうがよいと思うが仕方がない。わからないから混ぜるのだと思う。	福博村 1世・子
Cタイプ	日本語で話すときはなるべく正しい日本語でブラジル語は混ぜないほうがよい。ブラジル語で話すときはブラジル語で。	アリアンサ 1世・成
	混ぜて話すのはあまり好きじゃない。他の人が混ぜて話すのは聞いていてわかる。日本人は日本語で話すのが一番いい。	福博村 1世・子

3.3 言語機能と複合的アイデンティティー

「日本語とポルトガル語を混ぜて使う」ことについて、A、B、Cのどのタイプが多いかを示すと次のようになり、アリアンサ移住地、スザノ市福博村ともに、積極的に肯定的評価を下すAタイプや、否定的評価を下すCタイプは少なく、Bタイプが多いことがわかる。(「混ぜることは無い」と回答した人の意見も含んで示している。1次資料については資料編の表12(a)・(b)を参照されたい。)

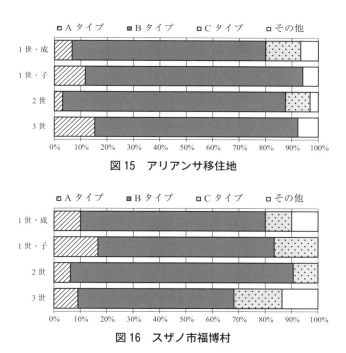

図15　アリアンサ移住地

図16　スザノ市福博村

(2) 沖縄系コミュニティー

沖縄系コミュニティーの調査票では、「沖縄方言、日本語、現地語を混ぜることがありますか」と問うている。その結果は次のようになる。ただし、この回答には、3つの言語(方言)をすべて混ぜるということだけでなく、「日本語と現地語を混ぜる」、「沖縄方言と日本語を混ぜる」、「沖縄方言と現地語

第3章　言語接触と言語移行の動態

を混ぜる」という、2つの言語を混ぜる場合も含まれている。

表23　ビラカロン

	1世・成	1世・子	2世	3世	合計
ある	8(88.9%)	6(85.7%)	23(63.9%)	8(61.5%)	45
ない	1(11.1%)	1(14.3%)	13(36.1%)	4(30.8%)	19
わからない	-	-	-	1(7.7%)	1
計	9	7	36	13	65

表24　オキナワ第1移住地

	1世・成	1世・子	2世	3世	合計
ある	19(90.5%)	12(100%)	49(94.2%)	8(100%)	88
ない	2(9.5%)	-	1(1.9%)	-	3
わからない	-	-	2(3.8%)	-	2
計	21	12	52	8	93

　どちらのコミュニティーでも「混ぜて使う」人が多い。ただし、ビラカロンの2世と3世では「混ぜることはない」とする回答も、約30～36%程度見られる。これは、前述したように、ビラカロンでは現地語へのモノリンガル化が進んでいるからだと考えられる。なお、表24のオキナワ第1移住地では、ほとんどが「混ぜて使う」と回答している。
　「沖縄方言、日本語、現地語を混ぜる」ことについての意見は次のようになる。(ここでも「混ぜることはない」と回答した人の意見も含めて示す。) Aタイプとβタイプは分けがたいとも思われるが、相対的に見て、肯定的評価が強いものをAタイプに入れている。
　A、B、Cのタイプ別の分布については、本土系の場合と同様に、Bタイプの意見の人が最も多い。ただし、図17に見られるように、オキナワ第1移住地では、2世、3世になると、Cタイプが増えてきている (26%～37.5%)。(1次資料については資料編の表13(a)・(b)を参照されたい。)

3.3 言語機能と複合的アイデンティティー

表25 言語の混交に対する意見（沖縄系）

Aタイプ	（日本語とスペイン語を混ぜることについて）相互理解できるためだと私は強く思う。	オキナワ1・2世
	（言葉を混ぜることについて）文化のなかに人が生きている証拠だと思う。（両方の文化が融合し、我々はその中に生きている、という意味）	カロン2世
Bタイプ	（沖縄方言、日本語、スペイン語を混ぜることについて）本当は良くないと思う。だけど混ざってしまう。その言語じゃないとピッタリこないと感じる時がある。	オキナワ1世・子
	（沖縄方言、日本語、ポルトガル語を混ぜることについて）普通のこと。大事なのはコミュニケーションして理解すること。	カロン2世
Cタイプ	（日本語とスペイン語を混ぜることについて）各言語の上達のさまたげになると思うのであまりよくないと思う。	オキナワ1・2世
	（沖縄方言と日本語とポルトガル語を混ぜることについて）非常によくない。	カロン2世

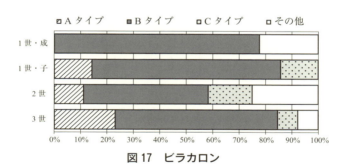

図17 ビラカロン

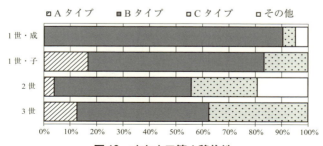

図18 オキナワ第1移住地

第3章　言語接触と言語移行の動態

3.3.2　日本語と沖縄方言の継承意識

3.1.3(2)で述べたように、オキナワ第1移住地以外では、現地語へのモノリンガル化が進行している。また、オキナワ第1移住地でも、日本語は保持されるものの、沖縄方言の使用は世代交代とともに無くなってきている。このような状況のなか、日本語や沖縄方言を次世代に継承していくことについて、人々はどのように考えているのであろうか。ここでは、この点について質問した回答結果を述べる。

(1) 日本語

まず、「子供・孫に日本語を習わせたいか」という質問に対する回答結果を示すと、図19のようになる。4つのコミュニティーのすべての世代において、日本語能力や日本語使用の有無にかかわらず、「子供・孫に習わせるつもりはない」という回答はほとんど見られず、「ぜひ習わせたい」という回答が多いことがわかる。ただし、スザノ市福博村の1世成人移民では、「本人が希望するなら」の方が多い。

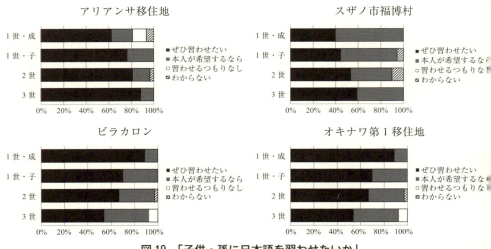

図19　「子供・孫に日本語を習わせたいか」

日本語を習わせたい理由としては、一部を除いて[10]、4つのコミュニティーすべてにおいて、図20に示すaとbをあわせた意見が5〜6割以上を占めている。aの場合もbの場合も、エスニックアイデンティティーに関わる言語文化の継承を重視した意見であると考えられる。ビラカロンの場合を示すと、図20のようになる。

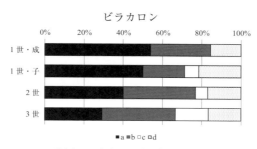

a. 日系人として祖先の言葉を受け継ぐため
b. 日本文化に興味があるから
c. 就職につながるから／今の仕事に必要だから
d. 世界や日本の現状を知りたいから

図20 「子供・孫に日本語を習わせたい理由」

「日系の若い世代が日本語を学ぶのは必要か」という質問に対する回答（図21）も、図19と同じような結果である。世代交代とともに、積極的に「必要だ」という意見の人は減るものの、全世代を通して、「必要だ」が最も多い回答率を占めている。

「日系人なら日本語が話せるのは当然だという意見に同意するか」という問いに対する回答でも、全世代を通して「同意する」人の方が多い（図22）。

「日系人なら日本語が話せるのは当然だと思う」理由としては、表26に見られるように、いずれのコミュニティーにおいても、世代を問わず、日系人としてのアイデンティティーに関する自由回答が目立つ[11]。

「日系人なら日本語が話せるのは当然だ」という考え方に同意しない人の意見には、表27に示すようなものがあった。回答には、コミュニティー、世代による違いは見られず、①「ブラジル（ボリビア）に住んでいるから」、②「本人次第」という2つのタイプが見られた。

第3章　言語接触と言語移行の動態

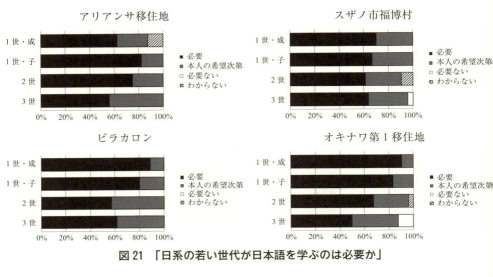

図21　「日系の若い世代が日本語を学ぶのは必要か」

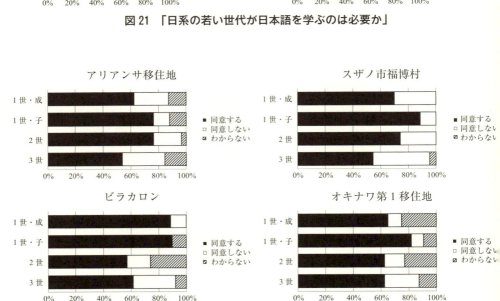

図22　「日系人なら日本語が話せるのは当然だという意見に同意するか」

3.3 言語機能と複合的アイデンティティー

表26 「日系人なら日本語が話せるのは当然だ」と思う理由

アリアンサ	1世・成	ことばを話せないと、日本の伝統的な誇り、大和魂が身につかない。
		ブラジルは多国籍、そのなかで日本人の血を受けているのだから、日本人としての文化を身につけるためにも言語は必要。
	1世・子	日本人だから。
		日本文化の吸収は日本語を通じて行われるから。
	2世（戦前）	日本人なら話せて当然。日本語から文化を吸収する。
	2世（戦後）	日本人の顔をしていて、日本語が話せないとよくない。祖父母と日本語で話せない子供はよくないし少しでも話せないとだめ。
	3世	日本人だから日本文化が終わらないように日本語を使う必要がある。
福博村	1世・成	ルーツを知るため。先祖があって現在があることを認識するためにも、日本語や日本文化を知ることが大事。日本人のいいところを身につけ誇りをもってほしい。
	1世・子	日本人なら日本語を使わないといけない。日系人は小さいときに教える必要がある。
		親も顔つきも日本人なのに日本語が話せないのは恥ずかしいこと。
	2世（戦前）	日本人の顔をしていてポルトガル語を話していると変な感じがする。
	2世（戦後）	日系だから。
	3世	自分は話せないが、やはり日本人の顔をしているので、日本語は話せたほうがいいと思う。ある意味、自分はニセ日本人だと思う。
カロン	1世・成	伝統を守るため。
	1世・子	文化を守るため、親戚との関係をよりよく保つため。
	2世	自分たちの祖国の文化を大事にするため。
	3世	伝統や文化を守るため。
オキナワ1	1世・成	日本人として言葉を残したいから。
	1世・子	自分の出身のことばだから、子供達はボリビア国籍のみなので、ことばを失ってしまったら、日系としてのものがない。
	2世	日本人として日本語を忘れたらいけないと思う。
	3世	日本人の血をひいているのでわかっていた方がよい。

表27 「日系人なら日本語が話せるのは当然だ」という考え方に同意しない理由

アリアンサ	1世・成	知らなくても仕方がない。ブラジルで暮らすのに必要ではないし、親が熱心にならなくてもよい。
	2世（戦前）	ブラジルにずっといるなら必要ない。できたほうがいいが、おじいちゃんおばあちゃんと住んでいる子供は家の中で話されている日本語ぐらいはわかっている。まずはブラジル語を十分に学んでから、日本語を、英・仏・独語と同様、外国語として学ぶべき。
	2世（戦後）	本人の意思によるもので、外部から言うことではない。日本語を習うとポルトガル語の発音が悪くなるという話もある。
	3世	昔はそうだったかもしれないが、私たちはもうブラジル化している。
福博村	1世・成	話してくれたほうがいいが、娘も近頃はポルトガル語を使うし、孫もほとんど日本語を話せない。本人のやる気がないと覚えない。
	1世・子	ブラジルにいるから話せなくても仕方ない。
	2世	日本語を話す話さないは、その人次第。ガイジンでも日本語がよくできる人がいるし、日系人だからといって日本語ができなければいけないということはない。
	3世	日本語を習いたいという動機は個々人のものだから。
カロン	2世	ブラジルに住んでいるから。
	3世	それぞれの興味による。
オキナワ1	1世・子	本人の考え次第で、スペイン語だけを話してもいい。
	2世	ボリビアに住んでいるから（日本語は必要ない）。
	3世	本人次第。

3.3 言語機能と複合的アイデンティティー

（2）沖縄方言

　「子供・孫に沖縄方言を習わせたいか」の回答結果は図 23 の通りである。日本語に比べて、「ぜひ習わせたい」という意見は少なくなるが、「本人が希望するなら習わせたい」という意見は、沖縄方言の話し言葉能力が無くなってきている 2 世、3 世になっても多いことがわかる。

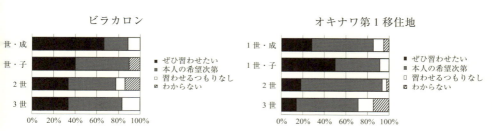

図 23　「子供・孫に沖縄方言を習わせたいか」

　その理由としては、両コミュニティーともに、全世代を通して図 24 に示す a がもっとも多い。b の回答まであわせると、最低でも全体の 6 割近くを占め、最高では 10 割近くにまでおよび、日本語のときよりも高い割合でエスニックアイデンティティーに関わる言語文化の継承を重視した意見が見られる。図 24 は、ビラカロンの回答結果である。（なお、e の理由もエスニックアイデンティティーに関わるものだと言えよう。）

　図 25 の「ウチナーンチュの若い世代が沖縄方言を学ぶのは必要か」という問いに対する回答結果も、日本語の場合と同様の結果になる。どちらのコミュニティーにおいても、日本語の場合に比べると、「本人の希望次第」という回答が占める割合が増えるが、「必要ない」と思っている人は少ない。

　図 26 の「ウチナーンチュなら沖縄方言が話せて当然だという意見に同意するか」という問いに対しては、日本語の場合と比べて、「同意しない」という意見が増える。オキナワ第 1 移住地では、「同意する」人よりも「同意しない」人の方が多くなるが、全世代を通して、ビラカロンでは 4 割以上の人が、オキナワ第 1 移住地では 2 割以上の人が、「同意する」と回答しており、「当然だ」と思う人も依然として見られる。

第3章　言語接触と言語移行の動態

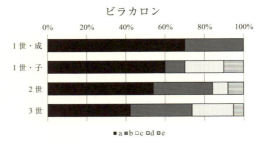

a. 祖先の言葉を受け継ぐため／沖縄方言を残したい
b. 沖縄文化に興味があるから
c. 家業に必要だから
d. 親戚や地域の付き合いに必要だから
e. 沖縄の現状を知りたいから

図24　「子供・孫に沖縄方言を習わせたい理由」

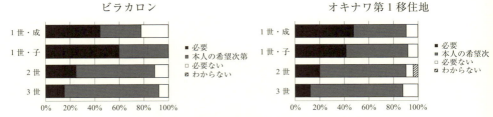

図25　「ウチナーンチュの若い世代が沖縄方言を学ぶのは必要か」

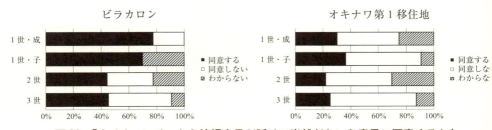

図26　「ウチナーンチュなら沖縄方言が話せて当然だという意見に同意するか」

3.3.3 言語能力意識と継承意識の関係

　言語能力意識と継承意識の関係を総合化すると、図27、図28のようになる。なお、図27、図28における「能力意識」、「継承意識（当為）」、「継承意識（希望）」は、それぞれ次のことを示す。

能力意識：四技能の能力意識の平均[12]
継承意識（当為）：「日本人（ウチナーンチュ）なら日本語（沖縄方言）が話せて当然だ」という意見に同意する人の割合
継承意識（希望）：「子供・孫に日本語（沖縄方言）をぜひ習わせたい」と思っている人の割合

　以下の図では、能力意識は右目盛の棒グラフ（4点尺度）、継承意識は左目盛の折れ線グラフ（％）で示している。
　まず、図27の日本語については、日本語能力の有無にかかわらず、継承意識は、どのコミュニティーにおいても高い。この事実は、すべてのコミュニティーにおいて、〈日系のブラジル人〉〈日系のボリビア人〉というアイデンティティーの複合性を示しているのではないかと思われる。日本語は、実際に使用されなくなったとしても、エスニックアイデンティティーの象徴化機能は有しているのであろう。
　図28の沖縄方言の継承意識については、日本語に比べると低くはなるものの、能力の有無にかかわらず、継承意識が無くなることはなく保持されている。
　継承意識において特に注目に値するのは、2世、3世においてポルトガル語へのモノリンガル化が進んでいるビラカロンである。図29に示すように、沖縄方言に関して言うと、オキナワ第1移住地よりも高くなるのである。
　以上の事実は、次のようなエスニックアイデンティティーが構築されていることを示しているように思われる。
1) ビラカロンでは、ポルトガル語へのモノリンガル化が進行しつつも、ブ

第3章　言語接触と言語移行の動態

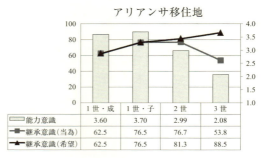

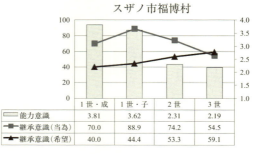

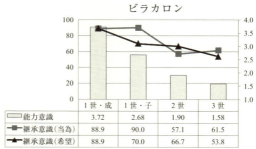

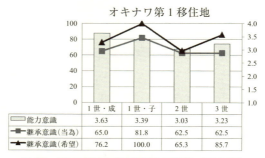

図 27　能力意識と継承意識の関係（日本語）

3.3 言語機能と複合的アイデンティティー

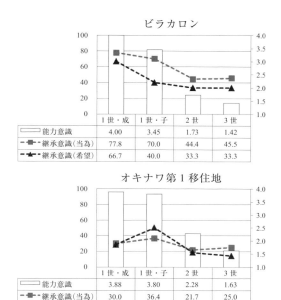

図 28　能力意識と継承意識の関係（沖縄方言）

ラジル人とは異なる「日系のブラジル人」であるとともに、「ヤマトーンチュ」とは異なる「ウチナーンチュ」であるという意識が前面化してきているようである。沖縄方言は、沖縄系であることの象徴化機能を担っていると思われる。

2）　一方、オキナワ第1移住地では、ビラカロンと同じく沖縄系でありながらも、ビラカロンに比べて、沖縄方言の継承意識は低い。それに対して、日本語の継承意識は高いことから、「日系のボリビア人」であるという意識の方が前面化しているように思われる。

以上の点については、第5章で歴史的経緯も含めて詳述されることになる。

第3章　言語接触と言語移行の動態

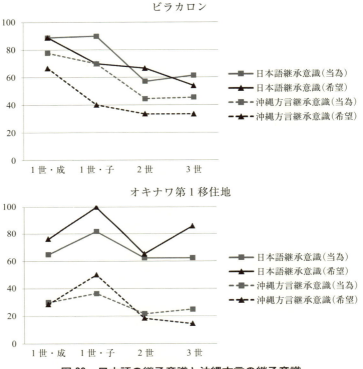

図29　日本語の継承意識と沖縄方言の継承意識

［朴秀絹］

注

1) 匹技能の詳細項目についての回答結果において、NR（回答なし）が1つでも含まれている場合は、その人の当該技能をすべて除くことにした。難度の高い項目にNRが出やすい傾向があるため、平均値を求めた場合に、全体として能力意識に対する評価が上がることを防ぐためである。

2) 現在のオキナワ第1移住地の小中学校（日ボ校）では、スペイン語と日本語による2元的教育体制に基づく教育が実施されている。毎日3〜4時間程度の日本語授業が実施されており、日ボ校卒業時までに大半が日本語能力試験で2級を取得する。オキナワ第1移住地では、高校卒業後は家業の農業経営に携わるか、「研修」と呼ばれるデカセギへと出か

ける人が多い。また、成人した3世の半数以上は日本への「デカセギ」経験をもっており、数年から、長い場合は十数年をデカセギ先で過ごし、そこで日本国内の日本語と長期的に接触する。
3) 従来通りの「1世」「2世」「3世」という世代区分で分析すると次のようになる。図aと図bに、本土系コミュニティーと沖縄系コミュニティーの結果を示す。

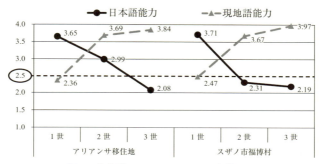

図a　本土系コミュニティーの3世代区分

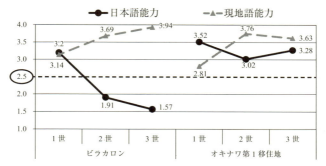

図b　沖縄系コミュニティーの3世代区分

「1世」を「成人移民」と「子供移民」に分けなかった場合は、次のような誤解が生じることになる。
① 本土系コミュニティーでも沖縄系コミュニティーでも、1世において現地語能力が「ある程度できる」か、それ以上であることになってしまう。しかし、実際には、ビラカロンを除けば、1世成人移民の現地語能力は「少ししかできない」の状態である。このようになるのは、1世子供移民の現地語能力が高くなっているためである。
② 日本語能力については、ビラカロンの1世は、「大体できる」程度しかないことになる。しかし、ビラカロンの1世成人移民は「よくできる」レベルにある。このようになるのは1世子供移民の日本語能力が低くなっているためである。
4) 四技能別の回答結果の詳細は、資料編の表9（a～d）を参照されたい。
5) なお、図9で示したオキナワ第1移住地では、1世成人移民、1世子供移民（6歳以上渡航）、3世は、話す能力に比べて読む能力が高くなっている。この理由については今後

第3章　言語接触と言語移行の動態

　　　さらに精密な分析をして検討していく予定である。
6)　言語能力意識の場合とは違って、言語使用意識については質問項目の選択肢が多く、回答が分散している。言語能力意識の場合と同様に、1世子供移民と2世を下位区分した上での分析も試行したが、統合化した結果とは大きな違いは認められなかったため、ここでは、下位分類しないで提示する。
7)　アリアンサ移住地とスザノ市福博村の3世では、祖父母に対しては66.7%が日本語を使用すると回答している（李・全 2014：330）。
8)　同世代の言語使用について、沖縄系の1世成人移民および1世子供移民においては、配偶者との会話における使用言語を示し、2世、3世については兄弟との会話における使用言語を示した。2世と3世は未婚の者が多く、1世では兄弟姉妹が同居していないという回答が多かったためである。
9)　ここでは言語使用について、話し言葉を中心に分析したが、「読む」ことに関しては、言語能力意識と言語使用の間に、次のような相関性が認められる。1世子供移民について示す。

表a　日本語と現地語の「読む能力」と新聞購読率との関係

	アリアンサ移住地		スザノ市福博村		ビラカロン		オキナワ第1移住地	
	(6以上)	(5以下)	(6以上)	(5以下)	(6以上)	(5以下)	(6以上)	(5以下)
日本語能力	3.74	3.72	3.71	3.00	1.93	1.00	3.97	3.03
現地語能力	2.03	3.39	2.58	3.63	3.80	4.00	3.38	3.73
日本語の新聞購読率	70.5%		80.0%		0%		26.6%	
現地語の新聞購読率	28.6%		35.5%		57.1%		83.3%	

　　　この表から、次のことがわかる。
　①　アリアンサ移住地とスザノ市福博村では、日本語の読む能力があるため、日本語の新聞購読率が高い。
　②　ビラカロンでは、日本語の読む能力が低くなるため、日本語の新聞購読が無くなる。一方、現地語の読む能力は高くなるため、アリアンサ移住地やスザノ市福博村より現地語の新聞購読率が上がる。
　③　ボリビアのオキナワ第1移住地では、現地語の読む能力意識が高いため、現地語の新聞の購読率も高い。ただし、日本語の読む能力が高いにもかかわらず、日本語の新聞購読率は低い。この点については、今後検討する必要があるが、次のような事情も関係しているかも知れない。オキナワ第1移住地においては、NHKの視聴はほぼ全家庭で可能であるが、日本語で書かれた新聞は発行されていない。沖縄県で発行される「琉球新報」や「沖縄タイムス」が2、3日遅れで現地の会館に届くのみである。
10)　スザノ市福博村の2世の回答では、ほかとは異なり、「c．就職につながるから／今の仕事に必要だから」という回答の占める割合が40%となり、aとbが占める割合（42%）とほぼ変わらない。2.2.2(1)でも述べたように、スザノ市福博村には、2世がちょうど就労年齢に達した1970年代から日本企業が多数進出し、日本企業による雇用の機会が増えている。2世において、cの回答が占める割合が高いのは、このような背景によるものだと考えられる。

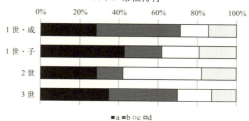

図c 「子供・孫に日本語を習わせたい理由」

11) 「同意する」理由あるいは「同意しない」理由については、自由回答式となっている。ここでは、現地語での回答は、すべて日本語に翻訳して掲載している。
12) ここで提示する数値は四技能の平均値である。技能別の能力意識の数値については3.1および資料編の(3)を参照されたい。

第4章

子供移民と日系エスニック運動

アリアンサ移住地入植10年　小学校新校舎前（1934年）

4.1 葛藤の主体「準二世」

　本章では、ブラジルへの日本人移民の大半が「家族形態」の移民であったがゆえに含まれることになった「子供移民」の特徴、特に自らを「準二世」と名乗る人々とはどのような人々であったのかを考察した上で、こうした「準二世」としての世代意識の醸成へと通じていった日本語教育の問題について述べる。

4.1　葛藤の主体「準二世」

　ブラジルの日本人移民の特質を理解する上で重要な点の1つは、移民形態（契約移民）が「家族」移民形態であったことで数多くの女性（移民妻）、子供、老人を含んでいた事実であり、これは北米やカナダなど他の日本人移民受入国においては見られなかった特徴である。特に女性、子供の存在は日本人移民（家族）のブラジルでの順応や適応にとって決定的な重要性をもち、ブラジル日系社会構造の世代的連続性をもたらすとともに、日本語をはじめとする日本文化の保持や伝達において重要な役割を果たすことになった。しかしながら、こうした女性、子供、老人といった同伴移民[1]とも呼ばれる人々の「人となり」、特に子供移民やその一部である「準二世」をめぐる研究は前山（1975a、1996、2001など）が彼等のアイデンティティーや文芸を中心とするエスニック文化運動との関連で論じたもの以外にはほとんど存在していないのが現状である。

　我々は、ブラジルでこれまで実施してきた一連の言語生活調査を通じて、これまで安易に使われてきた1世、2世、3世といった分析指標としての世代（北米日系社会の分析指標の安易な導入）では、ブラジル日系人をめぐる言語状況の分析は不十分であり、「子供移民」という指標・視点を導入しなければ十分な検討、分析は不可能であるという認識をもつようになった。しかし、仮に子供移民を12歳以下の年齢でブラジルに渡航した人々と規定した

第 4 章　子供移民と日系エスニック運動

としても、その言語的文化的内実は決して一様ではなく、年齢的には 6、7 歳あたりを境にして「子供移民」の間にも言語的文化的な差異が存在するのではないかと考えるに至ったのである。さらに言えば、「子供移民」といっても戦前期にブラジルに渡航した者と戦後期に渡航した者ではその経験や葛藤・相克に大きな差異が存在するであろう。

　女性、子供、老人といった「同伴移民」に共通する特徴は「自らの意思とは無関係に」日本の出自社会から引きはがされ、ブラジルに連れてこられたという点であろう。この意味で、ブラジルという日本とはまったく異質な社会・文化・環境のなかに投げ出された時、自らの運命を嘆きつつ、手探りにこの体験・経験を意味づけ、自らを納得させ、生き続けなければならなかった彼等は、自らの意思決定によってブラジルに渡った人々（家長・男性）よりも葛藤や相克に苦悩した人々であったと言えるだろう。こうした人々、特に子供移民のアイデンティティー、それと多分に関連するエスニック文化運動の実践、さらには言語状況の考察はブラジルへの日本人移民、移民社会（の言語状況）の理解にとって決定的な重要性をもっているのである。

　そこで我々はブラジル日本人移民史における子供移民に焦点を当てて、その特徴の一端を文献学的調査によって収集された資料に依拠しながら分析、考察することにした。子供移民はブラジルへの日本人移民史のなかでどのような位置を占めるのか、そして子供移民のなかで自らを「準二世」と名乗る人々とはどのような人間であり、異質な環境・文化に対峙した時、どのような苦悩、葛藤・相克を経験してきたのか、さらに「準二世」はブラジル日本人移民社会のなかでどのような役割を担ってきたのか、などを戦前期、特に 1920 年代から 30 年代にかけてブラジルに渡航した「準二世」を対象としながらその特質の一端を考察することにした。

4.1.1　戦前期日本人移民における家族と子供移民

　1907 年サンパウロ州政府と皇国殖民合資会社との間で交わされた契約移民輸送契約のなかには、「12 歳以上の稼働力三名以上を含む家族移民」とい

4.1 葛藤の主体「準二世」

う条項が含まれていた。この条項が含まれた背景には、家族形態の移民であることでコーヒー耕地での順応や適応がより容易になり、耕地への定着を促進し、耕地からの「退耕」を防止するのに有利であるとのサンパウロ州政府（コーヒー耕主）の認識が存在していた。

「移民となる」決意をした日本人は、この条項やコーヒー耕地で支払われる賃金、さらには日本の家族制度（特に養子縁組）などを勘案しながら、「コーヒー耕地で4、5年間就労して金を貯蓄し錦衣帰国」するという短期的出稼ぎ戦術を析出し、この目標達成のために「家族」を人工的に造ることから渡航の準備を始めたのである。

初期移民にあっては、ブラジルはあくまで出稼ぎとして数年間を過ごす「仮寓の地」であり、家族を挙げてブラジルに渡航しようとは考えなかったし、実際において家族のなかに12歳以上45歳までの労働力3名を含む家族自体も多くはなかった。こうした条件のなかで、いかに金儲けに有利な〈家族〉をつくりあげるかが「移民」としての最初の営為であった。ある者は移民のために結婚し、稼働力3名以上を確保するために甥や姪、親族、近隣の若者、ひいては「赤の他人」までを養子制度を利用して家族員に仕上げ旅券を作成し「移民」となったのである。この人工的に「構成」された家族は、ブラジル日本人移民社会において「構成家族」「形式家族」「チュクイ家族」などと呼ばれている。

斉藤廣志（1960）によると[2]、構成家族の形態は次の4つに区分できるという。①擬制家族＝家族の基幹たる事実上の夫婦をまったく含まず、形式的な夫婦に形式的な構成員を加えた擬制家族である場合、②複合世帯＝法的に無資格の2ないしそれ以上の世帯が形式的に合流して複合世帯を形成する場合、③血族でも姻族でもない家族外の個人を、単に渡航の手段として形式上の婚姻、養子縁組など戸籍上の手続きによって世帯員に加える場合、④子女が幼少で「労働に耐え得る」世帯員が足らないため、夫婦いずれかの弟妹甥姪など血族、姻族の者を加えて有資格の家族を構成する場合、である（斉藤1960：90-91）。

こうした特徴をもった〈家族〉のなかで子供移民はどのような位置を占め、

第 4 章　子供移民と日系エスニック運動

いかなる特徴を有していたのであろうか。

　まず第一に指摘されねばならないのは、極初期の移民の「家族」のなかには稼働力とならない 12 歳未満の子供が含まれることは稀であり、しかも実子は少なく「構成家族（員）」としての、換言すれば「稼働力」としての子供が大半であったという事実である（前山 2001：220）。初期移民のなかに含まれていた子供は前山によれば、あくまで「稼働力たる」ことが条件であり、12 歳以上でしかも 15 歳以下の年齢層であったケースが卓越していたとされる。その理由としては、「家族移民としての資格を得るために、『連れ家族』員となりうる子供を周囲に物色した例は多い。12 歳以上で 15 歳以下の子供が探されたが、それは 15 歳を超えたものは自我に目覚め、コントロールがつかないからである」ことが挙げられている。

　同様の指摘は斉藤（1960）によっても統計学的なデータを通じてなされている。斉藤（1960）によると、初期移民（1923 年まで）の人口構成は「20 歳以上 40 歳までの人口が実に全体の 60％、幼老年期構成員をまったく含まない構成」であったとされ、前山と同様に稼働力とならない子供（12 歳未満）が不在であったとされる。この事実を斉藤および前山が作成した資料から具体的に見てみよう。

　表 1 は、第 1 期移民（1908～1923 年）の試験移民時代と、第 2 期移民（1924～1941 年）に含まれる特定年次の移民の世帯構成を 12 歳以上と 12 歳未満に分けて示したものである。表 2 は、1908 年から 1937 年までの時期の家族構成の 5 年毎の推移を示したものである。

　これらの表から次のような特徴が看取される。

　第 1 に、初期移民（第 1 期）では移民数自体が少ないものの、12 歳以上の人口が全体の 80％ 以上を占め、12 歳未満の人口は非常に少ない。しかし、第 2 期の国策移民時代においては移民数が増加するとともに、12 歳未満の人口も 33％ から 36％ 程度まで上昇しているという事実である。

　第 2 に、初期移民にあっては家族内地位が「子供」である人口数は相対的に少なく、「子供」の比率が上昇するのは 1923 年以降であり、その比率は 30 年代半ば頃には 48％ 程度まで上昇している。

4.1 葛藤の主体「準二世」

表1 時期別移民の人口構成

時期	年次	人員	12歳以上	%	12歳未満	%
第1期移民	1908	808	791	97.9%	17	2.1%
	1910	927	760	82.0%	167	18.0%
	1912	2,880	2,415	83.9%	465	16.1%
第2期移民	1928	11,776	7,506	63.7%	3,670	36.3%
	1929	16,000	10,688	66.8%	5,312	33.2%
	1930	13,585	8,873	65.3%	4,712	34.7%

表2 ブラジル渡航時における家族内地位

家族内地位＼渡航時期		1908～1912	1913～1917	1923～1927	1933～1937
夫婦		34.6%	37.3%	21.3%	18.5%
子供		21.8%	22.6%	46.8%	48.2%
構成家族員		42.4%	39.9%	26.2%	27.5%
内訳	近親者	30.9%	26.5%	23.5%	26.5%
	他人	11.3%	13.4%	2.7%	1.3%
	その他	1.4%	0.3%	5.7%	5.8%
合計		100.0%	100.0%	100.0%	100.0%
実数		3,295	9,733	18,862	51,854

出典：前山（2001：213）

斉藤はこれらの点に関して、第2期＝国策移民時代には「移住者の世帯構成はようやく家族的単位の常態に近づき、結果として移民集団の人口構成もやや「正常」的なものとなった」と指摘している。換言すれば、第2期＝国策移民時代には、それまでの「構成家族」的形態の移民家族から、12歳未満の相対的に年少の実子を含んだ「普通家族」形態の家族へと変化したとみることができるだろう。

それでは、こうした家族形態の変化はどのような背景から起こったのであろうか。まず第1に、1917年に日本政府によって移民募集・輸送を行う移民会社に対して出された改善勧告（資料2）との関連が考えられる。この改善勧告は5項目からなり、その第2項目に「家族構成には注意を払い、着伯後の離散を防ぐ」という項目が含まれていた。この改善勧告が出された直接の契機として、明治42年に外務省通訳官野田良治が本省宛に提出した「移

民調査報告第5」の存在がある。この報告（資料1）は1908年の第1回契約移民（沖縄移民）が「配耕」されたフロレスタ耕地視察に基づき、「構成家族」の内包する問題を指摘したものであった。

資料1　「移民調査報告第5」（野田良治）

　明治41年6月、本カフェ園ニ入リタル本邦移民ハ24家族ニシテ、総人員155名ヨリ成リ、コトゴトクガ沖縄県人ナリシガ、元来彼等ハ夫婦者ノ一家族ニ独身男子1名又ハ数名ヲ合併シ、表面1家族タルガ如ク装イタル虚構ノ家族組織ニシテ、多クハ他人同士ノ集合ナレバ、他外国移民ガ専ラ夫婦、親子及兄弟姉妹ノ関係ヲ以テ構成セル真ノ家族トハ全ク其ノ趣ヲ異ニシ、之ガ為メ耕地役員及他ノ労働者ヲシテ、日本人ハ一妻多夫ノ家族ヲ有スル未開ノ蛮人ニアラザルヤト疑ハシメ、勢イ其ノ軽蔑ヲ受ケタルノミナラズ、本邦移民自身ニ於テモ一家族トシテ和合スベキ筈ナク、寝食及労働上度々衝突ヲ醸シ、其結果先ズ真家族ノ付属物ニ過ギザル独身者ヨリ漸次耕地ヲ逃亡シ、サンパウロ市及サントス港等ニ出デテ他ノ職業ニ従事シ、中ニハコーヒー園ニ於テ労働スルヨリモ却ツテ多額ヲ得タル者アリ。而シテ誘惑的報道ヲ得ルト同時ニ、一面園主ヨリ逃亡者ニ対スル罰金ヲ課セラルルニ至レル労働者ハ、彼是レ打算ノ末、寧口耕地ヲ去ル方利益ナリトナシ、真ノ夫婦者ニシテ逃亡シタル輩モ少ナカラズ、入園後8カ月ヲ経タル時ニハ、在園移民ノ数、119名アリシガ、本官巡回当時（M42年9月下旬）ニハ著シク減員シテ、僅カニ23名トナレリ

　この報告のなかでは、「構成家族」がコーヒー耕地で解体し、真の家族ではない独身者などが逃亡を遂げ、残った家族に罰金が科せられるといった不利益をもたらす原因であることや、「日本人は一妻多夫の家族」をもつ「未開の蛮人」といったイメージ醸成の可能性が「構成家族」の内包する問題点として指摘されている。このような問題を改善するため、外務省による移民会社に対する改善勧告のなかに「構成家族」的形態に注意を払うことが盛り込まれることになったのである。さらにいえば、この改善勧告の出された、より大きな背景として、当時、主要な日本人移民送出先国であった北米、カナダ、オーストラリアなどで起こっていた日本人移民排斥の動きがブラジル

まで及ぶことになることへの強い懸念が日本政府のなかに存在していたことが指摘できる。

資料2 「移民会社に対する諸条件の改善勧告」[3]（外務省）
(1) 移民は農業に慣れた者に限ること
(2) 家族構成に注意を払い、着伯後の離散を防ぐこと
(3) 到着前に配耕上の準備をなし、移民の利益増進に遺憾なからしめること
(4) 沖縄・鹿児島両県からの募集はなるべく避けること
(5) 移民地には遅くとも5月末までに到着させること

　第2に、斉藤が指摘しているように、第2期＝国策移民時代（1924年〜）には農民ではなく、多くの都市下層生活者が移民として渡航しており、これらの都市生活者にあっては日本の家族制度から相対的に解放されており、ブラジル渡航にあって「挙家移民」（家族全員を連れての渡航）が卓越するようになったことである。

　第3に、ブラジルにおいて日本の民間資本や政府が行った殖民事業（日本の資本によるブラジルの殖民事業の大半は20年代後半から開始される）として建設された永住型移住地へ入植した移民では当初から稼働力とは無関係な子供（実子）を含んだ「普通家族」形態が卓越していたことである。

　第2期＝国策移民時代から「普通家族」形態での渡航が増加し、しかも20年代後半から30年代半ばにかけて日本人移民数はピークを迎えたことを勘案すれば、20年代後半以降、稼働力外の子供移民はかなりの数に上り、表2から見れば移民数の半数近くが子供（実子）であったと推定することができる。

　すでに1910年代半ば以降に析出されていた中・長期的出稼ぎ戦術によって初期移民のブラジル滞在が長期化し、20年代半ばから、「普通家族」的形態での渡航が増加するなかで子供移民やブラジルで誕生する2世が増加し、それまであまり大きな懸念とはならなかった子供の「人となり」の在り方、特に子弟教育に対する懸念が大きくなっていったのである。

4.1.2 子供移民のなかの「準二世」

　前節では戦前期の日本人移民家族の特徴と子供の状況を概観したが、本節では子供（移民）のなかで戦後期に周囲から「準二世」と名付けられ、自らもそのように名乗った子供（移民）に関して概観することにしよう。

　戦前期に子供移民としてブラジルに渡航した人々はブラジルという異質な環境のなかに投げ出されることで、様々な葛藤や相克を経験してきたが、そのなかから、戦後自らを準二世と名乗る人々が現れ、在伯同胞社会を脱皮し「コロニア」と呼ばれるようになった移民社会の様々な領域において重要な役割を果たすようになった。

　ここではまず準二世と自ら名乗る人々自身や彼らの存在に注目する研究者らの準二世規定を概観し、その後、この準二世という人間範疇が析出されるプロセスの一端を考察することにしよう。

　さて自らを準二世と規定するのはどのような主体（人間）なのだろうか？

　ブラジルに長年居住しながら日系人研究を行った文化人類学者前山隆（1975b）は、準二世を心理学や社会学の概念である社会化と関連させつつ定義し、ブラジル日系社会やその日本語文学運動、ひいてはブラジル日系人研究における重要性を以下のように指摘している。

「ぼくは準二世というものを、ぼくなりに心理学や社会学での範疇を採用して、『主として日本で第一次社会化を体験し、第二次社会化を主としてブラジルで体験したもの』という風に理解しておりますが、これはブラジルの日系コロニアでは大きな世代であり、今やコロニアは準二世が"ヘゲモニィ"を握っている時代です。ですから、この世代に関する視点というものを定めない限り、コロニアにもコロニア文学についても正しい展望はできない道理です[4]」

　前山（1975b、2001）は、幼児期から児童期にかけて行われる言語や生活習慣などの習得、すなわち第一次社会化を主に日本で体験し、児童期後期からの社会的役割の獲得を行う第二次社会化をブラジルで体験した者を準二世と

4.1 葛藤の主体「準二世」

規定し、日系社会における重要な地位や役割を指摘している。また、前山は以下のように述べ、ブラジル渡航時に十代前半にあった準二世のもつ鮮明な「故郷の記憶」や日本文化や日本人であることへの強い執着を強調している[5]。

> 幼児のころ両親に従って移住したものはともかく、十代前半にあった子供達は稼働力として数えられて周囲から強い説得を受けても自らの定見をもって強い抵抗を示さないままに移住したものが多かったが、彼らはみな日本文化をしっかりと身につけていて、故里の記憶は強くいつまでも残り、日本人であることに固執して生き続けた　　　　　　　　　　（前山 2001：219）

15歳で両親とともにブラジルに移住し自身も準二世と名乗った斉藤廣志は、準二世を具体的に次の諸点から整理している[6]。

① 準二世という言葉はコロニアという用語と同じように戦後「発明」された
② いくらか物心のついた6、7歳以降に移住し、自分は日本人という自意識はなくとも名実ともに「日本人」としての処遇を受けた者である1世からも2世からも区分されるべきである
③ 準二世の年齢帯は下限が6、7歳、上限が15、6歳である
④ 準二世は「学齢期にありながら、家事や作業に追い回され、ブラジル語も日本語も正規に学ぶ機会に恵まれなかったものがほとんどである」ことから「中途半端な生いたち」をもった人々である
⑤ 準二世というジェネレーションはアメリカ日系人にも、ペルーの日系人にも見られない、いわばブラジルの日系社会特有の産物である

斉藤の準二世論は前山よりも具体的であり、6、7歳から15、6歳までの年齢層を示した上で、「中途半端な生いたち」を強調する。また、準二世というアイデンティティーは、1世や2世との差異化というプロセスを通じて、戦後に「発明」されたという点を指摘し、この準二世という存在をブラジル

第4章　子供移民と日系エスニック運動

日系社会特有のものとして強調している。

次に、やはり自ら準二世と名乗り、このポジションから短詩型文学（短歌）やエッセイなどを生涯書き続けた清谷益次[7]の準二世論を見ることにしよう。清谷は自伝『遠い日々のこと』（1985）のなかで、準二世という人間を次のように規定している（下線は筆者）。

準二世とは「日本で生まれて幼少期にブラジルへ移住して来た者」という一応の位置づけは可能であろうが、しかし、その一人々々には、移住時の年齢、性格、移住前の家庭の事情、移住後の環境の違いなどによってかなり差異があり、一概には言ってしまえないように思われる。ただ、敢えてつづめれば一つの"枠"を持たせることはできそうである。それは何によらず<u>日本の事象（風物、習慣、教育、周辺のできごと）を幾らか意識の上で捉えるようになってから</u>―つまり、夢の中にいるような幼児期をようやく抜けて、最初の人格形成期に踏み入りかけた―年齢層で移住して来た者が、<u>日本とはまるで質の異なる環境の中に置かれ、まだ幼い心情ながらそれなりの順応や抵抗の間で、精神的にも肉体的にもゆさぶられ、戸惑い、それが心に刻まれていった世代</u>と規定することである。つまり、<u>精神形成の段階で移って来て、新しい環境をどう受け止めたのかということが、「準二世」を考えるうえでの基点</u>であろう。…不安定な状況を深くは味わうこともなく過ぎた者、或いは短い時間の間に痕跡を留めないくらいに消え失せていち早く環境にとけ入ったものもあるだろう。もっと幼ければ、ブラジルの環境がそのまま初体験に類するということもあるわけで、「日本で生まれ幼少時に移住した」というだけでは準二世は浮かび上がって来ないのである

（清谷　1985：121）（下線は筆者）

清谷は、「日本で生まれて幼少期にブラジルへ移住して来た者」という位置づけでは準二世を捉えるのに十分ではなく、それぞれがもつ属性（移住時の年齢や性格、移住後の環境など）を考慮しなければならないとする一方で、重要な「枠」として「日本の事象（風物、習慣、教育、周辺のできごと）を幾らか意識の上で捉える」ことができるようになった「最初の人格形成期初期」の子供として移住したことと移住後の新しい環境をどのように受け止めたの

か、つまり新しい環境への順応や抵抗、葛藤・相克などを自らのなかでいかに主体的に意味づけ、心に刻み込んでいったのかという心理的側面の重要性を指摘している。

　清谷の提示する準二世の「枠」のうち、前者は、前山の言う第一次社会化（清谷の表現では日本の事象の意識的把握、換言すれば「記憶」とも言える）と第二次社会化（ブラジルという異質な環境の受け止め）が日本とブラジルという異質な環境・社会のなかで行われたという視点や「故里の記憶」の鮮明性という視点と交錯する。後者は、斉藤の言う「中途半端な生いたち」「屈折したコンプレックス」、あるいは前山の「加害者不明の被害者意識[8]」「日本文化・日本人であることへの固執」といった自己意識と連関する視点と見ることができるだろう。

　準二世という人間（範疇）の多様性と共通性（心性）に関して言及したのが長年邦字新聞記者として日系社会を見つめてきた中隅哲郎（1998）である。中隅は準二世をその属性面から見れば、①正式にはブラジル語を習わず、習っても小学校4年程度で、日本語と日本にこだわり続けた日本派、②ブラジル語を勉強し、一応日伯両文化を理解した派、③日本語もブラジル語も半端となった、もの言わざる派、の3派に分類できるとし[9]、これらの共通性として「心に受けた傷」を指摘し、その傷は自らの選択ではない「運命性」「宿命性」に起因するとしている。

　以上、準二世をめぐるいくつかの見解を見てきたが、最大公約数的に準二世の属性を見れば、①年齢的には6、7歳から15、6歳で同伴移民としてブラジルへ渡航（同伴性）、②日本社会における第一次社会化とブラジルにおける第二次社会化の経験（社会化プロセスの非連続性と第二次社会化のモデルの欠如）、③故里（日本）に対する鮮明な記憶保持、④日本文化、特に日本語や日本人であることへの強固な固執性、⑤ある種のコンプレックスを内包したパーソナリティーの保持などと整理することができるであろう。

4.1.3 「準二世」をめぐる環境と主観的解釈

1920年代から30年代に6、7歳から15、6歳までの年齢でブラジルに渡航し、後に準二世という名乗り（Identity）を行っている人々はある程度共通した歴史的な状況、環境を生きてきたという同時代性をもっている。

この時期の共通の経験として、コーヒー耕地でのコロノとしての奴隷のような就労と生活、それに続く開拓前線での営農活動や貧困、制約された環境のなかでの生活や社会化（文化化）、日本とブラジル双方のナショナリズムの狭間で生きたこと（日本人として生きることの困難性への直面）、第二次世界大戦開戦による敵性国人として生きたこと、戦勝国ブラジルのなかで敗戦国民、マイノリティーとして生きたことなどを指摘することができるだろう。

こうした経済的あるいは社会・文化的状況は清谷が指摘するように、それぞれの準二世のもつ個別的な属性（年齢、渡航年次、家族構成、入植地など）によって、様々に見つめられ、主体的に意味が与えられ、それを通じて具体的な行動がとられていったと考えられる。ここでは、上記のような状況に直面した準二世が、それらをどのように主体的に判断し、解釈し、意味づけ、どのように行動してきたのかを準二世自らが書き残したエッセイや文芸作品などを通じて記述していきたい。

（1）「移民である」ことへのこだわりと問い

前山をはじめとする、子供移民、準二世に関する考察のなかで共通するのはすでに指摘したように、その同伴性、つまり自らの意思によらず、あるいは強い抵抗を示すこともできず「親の尻について」ブラジルに渡航したという点であろう。この同伴性は子供移民に、自らの意思・決定によってブラジルに渡航した家長や成人移民たちよりも「移民とは何か」、換言すれば「移民としての自分とは誰か」という強い問いかけを投げかけさせ続けることになった。

1927年に両親に伴われて9歳の時にブラジルに渡って以来、ブラジルで長く農民として生き、戦後は都市に出て写真屋をやり、晩年はサンパウロ市

4.1 葛藤の主体「準二世」

に居住した、山口県出身の井本淳は生涯短歌を詠み続けた。彼の短歌、特に若い頃の短歌には「移民であること」あるいは子供移民の宿命性・望郷などを詠んだものが多いとされる[10]。

　　九つの頑是なき日に離れたる故郷なれども思えば恋わるる
　　総領の吾やも父母にさもらいで一生終わるべき運命負えるや
　　宿業を吹くと思えば墓原の土のひくきを流れ吹く風
　　夕かげの次第にながき道を行くついに故郷に帰らぬ歩み
　　同郷の人幾人か帰国して幾人か永眠るこの国原に
　　移民というさだめのままに終るべきわが身のめぐりこの年の雨
　　間に合わせのみにて終るひと世かと思う移民の一生にして
　　原始林伐り開かれし過程より知りつつわれの眼に乾く土[11]

　井本にとって子供移民としてブラジルに渡ったことは「宿業」「運命」であり、その人生は「間に合わせ」の「ひと世」として捉えられている。父母に伴われての幼時のブラジル渡航、一日も早く故郷に錦を飾りたいが故に心身を鞭打ち学業などをなげうっての労働、そして農業を放棄し生活のための方途の模索などを己の宿命・宿業であったかのように詠いながら、日本にいたら別の人生、生き方があったのではないか、連れてこられたことで自分は常に信条も方策もない「間に合わせ」の人生を送ってきてしまったのではないかなど、移民したことでの悔恨、苦渋、むなしさなどが表明されている。

　井本同様に、移民であること、移民とは何かを、準二世の視点から短歌やエッセイで問いつづけた作家に弘中千賀子がいる。弘中は 1924 年山口県生まれ、34 年義父、母ら家族とともに 9 歳でブラジルへ渡航、主に日本人集団地に居住しながら 15 歳頃から短歌を詠み始め、17 歳で結婚後も短歌を詠み続けた。短歌結社『椰子樹』の中心的なメンバーの一人であった。

　　吾の代にて終らむいくつこの国に歳晩の夜のそばつゆ冷やす
　　移民という烙印重き生持ちて詠み残したる歌のあまたは

『コロニア文学』創刊号の表紙

「移民とは何か」を小説という表現形式で問いつづけた準二世に藪崎正寿がいる。藪崎は1922年東京八王子に生まれ、33年家族とともにブラジルに渡り、農業、商業、新聞社社員など職業を転々とした後、サンパウロ市で古本屋を開業、2006年83歳で死去するまで数多くの作品を発表した、ブラジルの日本語文学運動を牽引した一人である。伊那宏（1985）によれば[12]、藪崎を語ることは「コロニアに於ける小説」を語り、さらには「移民」を語ると言ってよいほどであるとされ、その小説は終始一貫して「移民」を主題にしたものであった。例えば、『コロニア文学[13]』以前では「路上」「移民の子供たち」「恋文」といった作品において、『コロニア文学』掲載の作品では「板小屋の来歴」「罰（Castigo）」「始めと終わり」「ぼくの中の国」「おかしな世代」「贋ヒッピー」などにおいて、執拗なまでに「移民」あるいは「移民である自己」を追究している。藪崎は「移民」（自ら）をどのように見つめていたのであろうか。以下は前山（1972）の論考から引用した藪崎の移民＝自己観をよく表現している箇所である[14]。

　　問題なのは、（…）一方の国が失われて行くのに、もう一方の国、移民が現実にそこに立ち、そこに住んでいるブラジルが、いつまでも移民にとって遠々しい国であることだ。ひとつの国から離れるということが、別の国へ近付くことでないのなら、離国とは唯国を失って漂いさまようことに変わりはない。その哀感だけが移民に残されたものなのだろうか。それは非常に理不尽に思われる。
　　　　　　　　　　　　　　　　　　　　　　　　　　（藪崎正寿 1966）

　　あの国で、（移民）の送り迎える日々というものは、虫のついた胡桃のようなというか、秕のようなというか、まるで行先宛てがないみたいで、それからひろがりもむすびつきも無いみたいで、仕様がないほどひとりぼっちみたいなものですね。人間はそこらに一杯居るのに、です。それなのに、隣り同志のつながりも慍められなければ、親と子のつながりさえ、たよりなくな

りがちで、毎日毎日に衰えがちで、そうして、…（移民）は煙のように消えて行くより仕方がないものらしいですね。　　　　　　　　　　（薮崎正寿　1966）

　薮崎は、「移民」を非常に悲観的にあるいは被害者的存在として描き出している。移民は社会構造の歪から生まれた膿のように病的で泡のように儚いもの、日本にもブラジルにも根をもたない漂い彷徨える存在であり、いつかは煙のように消え去ってしまうものとして、薮崎自身の経験を踏まえながら捉えられ提出されている。

　日本とのつながりの希薄化・喪失と他方における移民先ブラジル社会でのつながりの不在（関係性の紡ぎの困難性）という、いわば二重の喪失性という問題は薮崎だけが指摘しているわけではなく、清谷や弘中なども自らを「国籍不明者」、「永久の旅人」と捉えている。こうした感情は準二世の多くが内面化していると考えられる。

　それでは、こうした二重の喪失性、あるいは前述した「中途半端な生い立ち」「心に受けた傷」など準二世がもつ特質はどのように生まれてきたのであろうか、いくつかのトピックを通じて概観することにしよう。

（２）後進国農村での少・青年期
① 「同化」＝「退化」「カボクロ化」への恐れ・恐怖

　移民たちは日本からの長い航海を終えサントス港で下船し、サンパウロ市の移民収容所を経て「配耕」先のコーヒー耕地へ向かった。この移動の過程で子供移民たちは最初の不安、恐怖に遭遇することになった。

　次の一節は子供移民としてブラジルに渡った桜田武夫が自らの体験をもとに書いた小説の中で、入植する日に目の当たりにした光景を描写したものである。

　　船が着くと、其処いらの白、黒混ぜた土人の子供が、川の色の様によどんだ眼に、好奇心をみなぎらせながら、恐怖の前にある様な奇声を発して集まってきた。それ等は、言い合せた様に、崩れた大人の帽子に、糸かと見違える程よれたズボン吊のズボンをはいて膝から下には腫物を汚い布で巻いて

第 4 章　子供移民と日系エスニック運動

いるのもあれば、柘榴の様な傷口を出したものもあって、其処には小さな蠅が炭を塗ったかと思われる程集まって、足の指は鎌の様に曲り、毛のない猿の足と同様だった。これがブラジルの児童かと思うと、俊作は毒蛇の中に生きるにふさわしい動物だと思って亦見直した。十四、五人位の其れ等のなかには、日本人の子供も四、五人居たらしいが、それは、日本人とは思えぬ程、動作挙動が同化して、殊にペラペラと葡語を語る処など、なおさらその感を深めた。四、五年振りの日本人の入植者なので、「町」の外人も相当集まってきたが、皆、そこの子供を大きくしたものと変わりがなかった

（桜田武夫 1934「入植から」）

　ここに描かれているのは、当時のブラジル農村の子供とまったく変わらない日本人入植者の子供たちの様子であるが、そこにはブラジルへの同化への恐怖や懸念、嘆きが明確に看取されるだろう。自分もあと数年もすれば、「土人の子供」と変わらないほどに「同化」を遂げてしまう、換言すれば「退化」とも呼び得るような状態に自らも飲み込まれていってしまうのか、という後進農村での生活への不安、恐怖。当時の移民社会で日常的な接触があったのはカボクロ（Caboclo）と呼ばれる自給自足的な小農民であり、日本人成人移民の眼には「文化程度も低く教養もない人間」と映る存在であった。子供自身とともに日本人成人移民たちの間にも子弟たちがこうした人間に同化してしまうことを強く懸念し、子弟のカボクロ化（ブラジル農村の人間）をいかに回避するかが大きな問題となっていったのである。こうした認識が日本人移民が熱心に子弟教育を行った背景の 1 つとして横たわっていたのである。

　ここで戦前期における子弟教育の状況に関してごく簡単に記述しておくことにしよう。日本人移民がコーヒー耕地でのコロノ（農村賃金労働者）という地位を脱し、独立自営農としてより長い時間をかけて貯蓄を行い日本へ帰国するという生活戦術とともにブラジル奥地農村地帯に日本人集団地＝植民地を形成しはじめるのは 1910 年代半ばのことであった。植民地の大半は原始林を伐採し、ゼロから建設されたものであり、学校などのインフラはまったく存在しなかったし、そこに少なくとも初期においてはブラジル政府主導で教育機関が開設されることもなかった。それゆえに、この植民地には日本

人移民自らの手で、子弟教育のための「学校」が建設されたが、その初期においては日本語による「読み書き」「つづり方」「算術」程度が教えられていたにすぎなかった。それでも、この「学校」は植民地形成後4、5年して移民の経済的状況がよくなる（大半の植民地での主作物であったコーヒーが結実し収入が入る頃）と「校舎」を郡政府ないし州政府に寄付することでブラジル公教育を行うブラジル人教師を派遣してもらい、ブラジル公教育も子弟に授けるようになっていった。

　1932年当時、サンパウロ州内には3、4百程度の植民地が存在していたとされるが、このうちまがいなりにも教育機関を保持していたのは139にすぎなかった。そしてその教育内容は最も充実したもので日本語6カ年、ブラジル公教育3カ年（これは全体の4％程度で、半数は2カ年間。農村部では一定数以上の学童がいる地域では修学年数3年間のグルッポ・エスコラール（Grupo Escolar）の開校が義務付けられていたものの、日本人植民地に限らず開校されないケースが大半であった。ブラジルでの当時の義務教育年限は4年間であり、農村部で3年間公教育を受けたとしても義務教育終了のためにはもう1年学ぶ必要があった）というもので、ブラジル公教育をもたない学校も21％程度見られた。つまり、30年代にあっても半数以上の植民地では教育機関が不在であり、さらにその教育はかなり不十分なものであった。こうした子供移民をめぐる教育環境は子供移民に十分な教育を受けたという認識をもたせることはなく（ブラジル教育にしても大半の植民地における教育年限3年間は義務教育終了という「学歴」すらもち得ない者が大半であった）、子供移民に「劣等感」「中途半端な生い立ち」などといった否定的な自己認識を植え付けることになったのである。30年代後半になって、植民地における教育機関はより充実したものとなっていったものの、38年には外国語学校閉鎖措置によって日本（語）学校は閉校を余儀なくされてしまったのであり、「日本人」としての、こうした自己認識をさらに強化することになったのである。

② **日本への強い志向・ブラジルの拒絶**
　日本人移民にとって渡航後の数年ないし10年ほどは開拓・開墾生活に明

第4章 子供移民と日系エスニック運動

け暮れる悪戦苦闘の時期であった。この時期は学齢期にあたっていた子供移民(準二世)、特に小学校高学年の学齢期にあった子供移民にとっては葛藤と相克に満ちたものであった。日本への帰国が実現されず、奥地農村でのブラジル滞在が長期化するにつれて、子供移民たちの間に、自らが置かれた植民地での「現実」を前にして「日本」に対する「思い」「志向」を結実させることになった。日本に対する強固な思いや志向はブラジル社会でどのように生きていくのかといった「ブラジルへの根づき」を拒絶するものであり、それはまた、日本の友人たちとの観照のなかで、自らのなかに立ち現われる焦燥感や不安などと表裏一体のものであった。

尋常小学校5年次に両親や兄姉らとブラジルに渡った清谷は、コロノ生活やその後の開拓前線での開拓・開墾当時の心情を次のように回顧している[15]。

　　南の大陸の広い曠野で馬を馳せる、という程度の夢くらいしか描くことができなかった少年にとって、旧い大耕地のコロノ生活やそれに続く開拓前線での明け暮れは、少年には少年なりに、精神的にも肉体的にも過酷なものであったことはあらためて記す必要もあるまい。月日を経るにつれ、物珍しさが失われるにつれて、私の気持ちは強く故郷に向くようになっていった。帰国しなければ、友だちからも日本からも置き去りになってしまうという不安と焦りが心にしみついて離れなかった。

　　このような日本への強い志向が、ブラジルでの将来の自分の生き方といった方向に私の眼を容易に向けさせなかったのも当然のことであった。少年後期から二十歳過ぎの青年になるまで、この私の"日本志向"は続いたわけなのだが、今振り返ってみると、この間に、私のブラジルへの"根づき"は阻まれたといえる。ブラジルの生活に深い根底を持ち得ない——思考の上でも生活手段の上でも——ところから来る自信のなさは、心だけが日本へ向いたまま、ブラジルの環境のなかで"人間形成"を余儀なくされたことからきていないだろうか。大袈裟な言い方をすれば、私はこのブラジルの地で、ひとりの国籍不明人間になっていたのであった。

　　私の場合、少青年期の十年近くの間は、心が全く日本に向かったままの明

け暮れだったといえる。日本へ帰ることによってしか、私は私の未来を考えることができなかったのだ。

　しかし、日本へ向いた心といっても、私の知っている日本とは、幼い記憶に残っているものと、その後新聞や雑誌の類いで（中略）吸収した極めて間違いものでしかない。而も、大切に心に抱いている"日本"は年がたつにつれて段々と遠退いて行くばかりなのである。私は"日本"から置き去りにされていくのだ。（中略）私の心をどうしようもなくひたして行ったのは、"対日本コンプレックス"とでも呼ぶべきものであった。だから私の場合の"準二世的コンプレックス"は対日本的なかげを多分にもつものであり、日本を強く意識するようになると同時に身に付け始めたものに違いなかった。

　一つには家族たちの、ブラジル移住は仮のもの、やがては（中略）日本へ帰るのだといういわゆる出稼ぎ的な気持ちも、私に強く左右したと考えられる。その頃の日本人の一般的風潮の、日本は進んだ一等国、ブラジルはそれに比ぶべくもなく遅れた国という考え方も、私に影響しなかったとは言えない。（中略）ただ、"日本へ向かう心"を持ち続けている限り、どこかで"ブラジル"を強く拒んでいるところがあって、こちらが疎外している"ブラジル"が心底から自分のものになって来る筈はなかった。いつまでも、仮のものだとする気持を拭い去ることができなかったのだ。

　清谷はブラジルでの「もの珍しさ」の時期が過ぎた頃、日本（故郷）に対する強い志向が現れて、このままブラジル滞在が長期化し帰国できなければ友人や日本から「取り残されてしまう」という不安や焦燥感が強まっていき、この日本志向が彼の「ブラジルへの根づき」を阻むことになったと回顧している。このことは前述した薮崎の移民観とも連なっているだろう。清谷と同様、日本志向に関して弘中は「まるで自ら厚い垂れ幕を下してしまったように日本にだけ目を向けてきたような生き方」と回顧している。

③ 勉学の夢：取り残される自分に対する不安の払拭の試み
　　　―キングと通信教育の青春[16]―

雑誌『キング』の表紙と大日本國民中學會の新聞広告

　原始林を伐採したあとに形成された植民地での生活。初期の段階では教育機関もなく、日本的にしろブラジル的にしろ、社会化（文化化）のエージェント（存在したとしても、それは決して受け入れられないカボクロ的な社会化（文化化）環境）もないなかでの生活。いったい自分たちはどのような人間になってしまうのか？子供移民はこうした環境のなかで自らの人間＝日本人としての成長を手探りで模索していった。

　「日本の友人たちに取り残されて」いってしまい、日本へ帰国したとしても自らが身につけた日本語や日本文化・価値観で日本社会のなかで友人たちに伍して生活していくことができるのだろうかという焦燥感・不安は、他方において、出稼ぎ戦術が行き詰まり、ブラジル滞在が長期化する状況のなかで析出され定着するようになった「2世＝だめになった日本人」というモデルとも鋭く交錯するものであった。日本語習得も満足ではなく、中途半端な日本人でしかないのではないかという心情は、子供移民（準二世）に勉学への強い志向性を結晶させることになった。教育体制も十分ではなく 12、3 歳ともなれば重要な稼働力として過酷な労働に従事することを余儀なくされた

4.1 葛藤の主体「準二世」

　子供移民（準二世）にとって、ほとんど唯一の手段が限られた環境のなかでの読書と独学＝通信教育というものであった。読書と独学（通信教育）という手段で、手探りの人間形成が目指されたということであった。

　しかし、これらから獲得される知識や情報はかなり限られたものであった。携行荷物で持参したわずかばかりの書籍や日本から輸入される本や雑誌、奥地農村の植民地では青年会が輪読するために定期購読したキング[17]や講談倶楽部[18]、少年倶楽部[19]、少女倶楽部などの雑誌が、1917年から発行されるようになった日本語新聞とともに、日本に関する知識・情報を獲得するための、そして日本人としての資質を得るための数少ない手段だった。

　故郷の友人たちに遅れまいとする意識は、通信教育という独学へと子供移民を駆り立てることになった。早稲田中等講義録や大日本国民中学会講義録[20]などが取り寄せられ、過酷な労働後に学ばれた。いつ帰国が実現されるのかまったく見通しのないなかで、日本社会での成功という儚い目標、例えば通信教育によって「専検（専門学校入学検定試験）」をパスするという目標へ向かっての努力が重ねられていった。清谷は次のように記している。

　　ひそかに"何ほどのことやあらん"と見做していたブラジル生まれの子供たちにも劣る自分を見出した屈辱の念いと、日本の友だちには遅れてしまっているのだという焦燥感から、じぶんは勉強しなければならないのだと考えるようになった私の周囲には、日本から持って来た何冊かの小学校教科書と、一、二冊の課外読本があった。規則的な勉強から長く離れていた私はそれらの復習から始めたのだったが、それを終えると兄や姉が使っていたものらしい中学課程の教科書や参考書に取り組んでいった。（中略）このような断片的で、わずかな教材によるひとりの勉強が続くうちに、私は中学講義録の存在を知った。植民地の青年会が回覧用に月々何冊か購入していた日本の雑誌類が私の家にもまわってくるようになり、そのなかの少年少女雑誌には幾つかの中学講義録の広告が載っていた。（中略）初めての講義録（「大日本国民中学会」の講義録）を手にして、何度私は初めから終わりまでの頁をめくりめくりして見たことであったろう。（中略）講義録を包んできた封筒さえもが「何か」と私を繋ぐもののようで、粗末にするのは憚られるような思いが

第4章　子供移民と日系エスニック運動

するのであった。(中略)私の想いのなかには、自らへの期待といったものもあったろう。覚悟といったようなものもあったであろうか。自分のこころの土台とでも言えそうなものが、静かに重く沈殿して行くようにも感じられたのであった。

通信教育はまたそれを通じての会員相互の意見交換や励まし合い、会員の文章、短歌、俳句、詩などを通じてかろうじて日本とつながっているという意識を保つための手段であり、勉学以外の日本という世界、例えば文芸などへ誘う数少ない「窓」としても機能したのであった。

　講義録と一緒に送られて来た機関誌『新国民』もまた私の心を充分に満たしてくれるものであった。瀟洒な象徴的な模様の描かれた表紙、会長尾崎行雄をはじめとする会に関係のある著名人の励ましの言葉や、独学や苦学で自分の道を開いた先輩会員の体験記、会員相互の意見の交換や励まし合い、地方の会員集会の状況報告や写真などと共に、会員の文章、短歌、俳句、詩、民謡、童謡などが、選者の目を経て掲載されていた。(中略)「新国民」でその存在を知った専検(専門学校入学試験検定試験)をパスする学力、というのが一応の目標となった。日本へ帰ることができた場合に、中学校を経なくてもこの試験を通れば上級学校に入られるということが一つの励みになったのだった。　　　　　　　　　　　　　　　　　　　　　　　　(清谷 1985)

文化的に「日本とは比べようもないブラジルの奥地農村」という環境のなかでのモデルなき社会化(手探りの社会化)や数少ない日本語書籍、青年会や仏教会活動、スポーツ活動などを通じての人間形成を強いられた子供移民(準二世)たちにあって、自らを「中途半端な生い立ち」とし、日本に対する強固な劣等感が芽生えさせることになるのは当然の帰結であったかもしれない。生涯を通じて子供移民(準二世)という視点から短歌を詠い続けた弘中千賀子は日本社会の独学とは異質なブラジル奥地農村での独学や劣等感に関して次のように記している[21]。

4.1 葛藤の主体「準二世」

必ずしも学歴というものを偏重する訳ではないけれども、同じ独学といっても、日本の社会機構のなかでの独学とブラジルのコーヒー園のなかでの独学とは同日には論じられない。自分というものが見えてくるほど、劣等感は深まってゆく。こうした抜き難い劣等感（喪失感でもある）は文化水準の高い日本の社会のなかで成人してきた人達には、ほんとうに理解してもらえないかも知れない。知識や智恵があっても自ら経験しなければ理解出来ない、といったことが、われわれの生きている周囲には沢山ある。　　（弘中 1994）

まるで自ら厚い垂れ幕を下してしまったように日本にだけ目を向けてきたような生き方、日本の文字によって、日本の言葉によってのみ知識を吸収し、大人になってきたわれわれ種族と共通の、一種の「かたくなさ」は戦前のまだぜい弱だったコロニア社会の創成期のなかで培われたようである。文化的に日本の社会とは較ぶべきもないブラジルの奥地生活のなかで、キング、講談倶楽部（早稲田講義録を取り寄せて独学したというのは恵まれた方である）。そういった読書のなかで人間形成期を過ごしてきたわれわれ世代の心の底に根を下ろしている劣等感はやはり抜き難い。　　（弘中 1994）

前山はブラジル奥地農村での子供移民（準二世）の青春を「キングと通信教育の青春」と呼び、薮崎の作品に青春のイメージとして数多く現れる講義録（通信教育）は「希望の実現」ではなく「蹂躙され、挫折した青春のイメージ」としてあると分析している（前山 2001：242）。

④ 「故郷」を維持・回復するための日本語へのこだわり（日本語での思考）とポルトガル語の不完全な習得への後悔・コンプレックス

短歌を中心とする短詩型文学活動を精力的に展開した子供移民の一人であった小野寺郁子は自らの日本語による日常的思考がいかにブラジルでの生活が長くなろうとも変わることはないし、そのことが生地とは無縁になっていくなかでも、日本との繋がり・絆を保証するものとなっていると指摘している。

ふりかえって見ればこの国で過ごした歳月も、もう短くはない。自分が移

第 4 章　子供移民と日系エスニック運動

民であるという事も余り意識することなく、ごく自然に日々を過ごしている。生地とも遠く無縁に…。…とは言っても本当は無縁ではない。長い伝統を持つ日本特有の詩、短歌を詠み継いでいるのは、それは日常のすべてを日本語で思考しているということであろう。たとえ日本に在住した期間の十倍この国に住むとも、それは多分変化することはないであろう。遠く離れていようとも切れない絆。　　　　　　　　　　　　　　　　　（小野寺郁子　1994）

　小野寺と同様のことを前述の薮崎も書いている。移民であった薮崎はブラジルにおいて日本とのつながりを確保し、故郷を回復しようと試みた。薮崎の場合、それが日本語で小説を書くことに他ならなかった。彼の小説はその意図が体現されることはほとんどなかったものの、ブラジル日系社会に向かったものではなく、日本へ日本人に向けられて書かれたものであった。

　せめても、日本に住む人たちにこの移民の口惜しさが正しく受けとめて貰えたら、そのとき、移民は故郷を回復するかも知れないのだが、と、ぼくは小説を書くことを思い立ったのである。　　　　　　　　　　（薮崎正寿　1996）

　ブラジルの日本語作家たち、とくに短詩型文学の歌人たち（ほとんどは準二世である）は日本の歌壇、俳壇によく投稿することで知られている。このことは自らのアイデンティティと多分に関連するブラジル日系社会における文学活動の独自性、土着性という視点から強く批判を受けているのであるが、小野寺や薮崎と同様に、日本とのつながりの維持（創出）、故郷の回復といった心情を背景としていると言えるのかも知れない。
　「日本人である」、「日本人となる」ことへの執着・固執は、日本語へのこだわり、あるいは日本語での思考へと準二世を誘うことになった。より正確に言えば、そもそもポルトガル語習得およびポルトガル語とブラジル公教育による第二次社会化の条件は不在かあったとしても不十分なものであり、なにより「仮寓の地」としてのブラジルという意識（出稼ぎ志向）がそれを拒絶したのであった。親たる成人移民たちが期待し、志向したのは日本語のもつ人格形成機能であった。そして、親である成人移民や子供移民たちは日本

4.1 葛藤の主体「準二世」

語を通じての「立派な日本人」にさせる（なる）という目標にむかって最大の努力を重ねていったのである。それは植民地における日本学校の開校であったし、1920年代後半に国策殖民事業の一環として建設された永住型自営開拓農移住地など日本語教育体制がよく整備された場所への移動であった。さらに日本語による「立派な日本人」とするために、子弟を日本へと帰国、留学させるといったケースも見られた。

ところで、前述したように、子供移民は完全なものではなかったにしろ、植民地に開校された「ブラジル学校」でポルトガル語を学んだ者も多かった。むしろ、半田も指摘しているように、親である移民たちは子供たちがポルトガル語も習得することを望んでいた。ポルトガル語はブラジル人労働者への指示や買い物、役所などとの接触のために必要であると認識されていたためである。つまり、移民たちは子供たちに対して、言語のもつ2機能のうちの1つである技術的機能としての最低限のポルトガル語を身につけさせ、ブラジルでの生活上の困難性を排除し、目標である、より効率的な貯蓄を目指そうとはしたのである。

しかし、ポルトガル語の未習得、あるいは不十分な習得は戦後、ブラジルに永住する決意をし、家庭をもったりするといった状況の変化のなかで後悔の念となって立ち現われてくる。ポルトガル語の未習得・不完全な習得はブラジル社会とのつながりを希薄なもの（不在）としたし、人格形成機能としてのポルトガル語の未習得は「ブラジル人」として育つ子供との深い意思疎通（相互理解）も困難なものともし、疎外感・孤立感を深めさせていくことになったのである。

十五年この国に住みて葡語習得の怠りを今の現に悔ゆ　　井本淳
遂にポ語学び得ざりし悔一つ持ちつつわれの余生過ぎゆく　　山岡樹代子
ブラジル語解さぬ故に文盲とあなどられ来し長き歳月　　古川信子

清谷は尋常小学校5年を終了して両親や兄妹とともにブラジルに渡った子供移民であるが、ブラジルで数年間は〈植民地〉に開校された「ブラジル学

校」でポルトガル語を数年間勉強した経験をもっており、日常生活を送る上では困難を感じない程度にはポルトガル語を習得している。しかし、清谷であっても自らの考えや想いを子供に完全に伝達することは困難であった。その「もどかしさ」を清谷は次のように述べている。

　　余程の家庭でないと、親は貧しいブラジル語の能力でその想いや考えの微細なところ迄は子供に話すことはできない。子はまた不得手な日本語で親に複雑な気持ちの"襞"は伝えることができない。双方のもどかしさが、断絶というよりもまず疎遠のかたちを作るようになるのも当然の成行きといえる…このような歪としか言えない私の子供への触れざまは、私の場合が適切かどうかわからないが、私が少年前期に移住した準二世であったことと、どこかで関連しているように思われる。　　　　　　　　　　　（清谷 1985）

（3）2つのナショナリズムと「戦争」体験

　ブラジルの日本人移民はブラジルでは、労働力としては歓迎される一方、ブラジル国民形成という国家・国民観からすれば「歓迎されざる」存在というアンビバレントな位置をもっていた。

　ブラジルでは1920年代からナショナリズムが高揚し、1930年代には強力な国民国家建設を目指すゼツリオ・バルガス南リオグランデ州知事が政権に就くと、一連のナショナリゼーション政策が実施され、その一環として日本人移民を含む外国人移民に対して強力な同化政策が施行され実施されるようになった。それらの主なものには、1934年移民二分制限法、1938年外国人入国法施行細則発布（第93条農村地帯においては14歳未満のものに対する外国語教授禁止・教師のブラジル人化・教科書のポルトガル語化、第6条外国人団体取締法など）、38年1月外国語学校の閉鎖命令、39年9月サンパウロ州内学務官憲に対する訓令、41年外国語新聞並びに外国語出版物禁止令などがあり、これらを日本人移民は排日運動として了解する傾向が強かった。

　こうした一連の外国人移民同化政策はブラジルにおいて「日本人」になろうとしてきた子供移民（準二世）に強く影響したが、そこで味わったのは異国にあってどうすることもできない自分たちの無力さであった。1938年以

4.1 葛藤の主体「準二世」

降の一連の政策は、日本語による思考や情報・知識の獲得などを行ってきた子供移民（準二世）たちに強い喪失感を与えることになった。日本語を読み書き、日本語で思考する子供移民（準二世）にとっては自らの存在、生き方を否定されるような感覚だっただろう。以下の 2 首は、1938 年以降の一連の外国人移民同化政策に直面した際に準二世がブラジルという国家のなかでの外国人移民の無力さ、時代に翻弄させる移民の心情を詠み込んだものである。

抗すべくもあらぬ一国の法令の権力の前に吾等なげきぬ　　井本淳
農村私立学校取締令施行細則は愈よ出にけり厳しきままに　　山田耕人

こうして日本人移民は自らの言語を奪われ、自らの言葉によって子弟教育を行うすべを断たれたのである。

一方、祖国日本もまたナショナリズムが席捲していた時代であり、このナショナリズムはこの時期にブラジルに渡った移民や邦字新聞などを通じて在伯同胞社会にもたらされた。日本の「国家非常時」の名のもとに、在伯同胞社会においても国防献金、千人針、慰問袋作成などの銃後活動が日中戦争の開戦あたりから活発化していった。この銃後活動の中心の 1 つは邦人小学校だったのであり、当時、学齢期にあった子供移民の心理状況にも大きく影響を与えていった。日系小学校においては、父兄や教育機関側に少国民として動員していく論理も規制力ももたなかったものの、父兄からの影響や日本のメディアの摂取によって子供移民も少国民的意識や愛国的自己犠牲の気分を共有していたのではないかと推察される。1930 年代後半にはブラジル日系子弟の日本留学が増加し、またブラジルからの従軍を志願する青年も現れた。総力戦を戦っているという気分を共有しようとする者が多かったと考えられる。邦字新聞の記者（男性）は徴兵猶予によって兵役免除を受けていたのであり、このことが邦字新聞における銃後運動をいきおい華々しくしたとも言える。

在伯同胞社会において 30 年代（後半）に展開された銃後運動、総力戦へ

第 4 章　子供移民と日系エスニック運動

の呼びかけは日本にこだわり続けた子供移民（準二世）や 2 世へも大きな影響を与えた。日本臣民でありながらブラジルに居住することで祖国の「聖戦」に参加できない自らの不甲斐なさ、悔しさ、妬みなどが故郷の友人らの参戦などとの関連のなかで以下のように表明されている。

　　　国を挙げて戦える時男の子我外国遠く在るがくやしき　　　井本淳
　　　天地のゆゆしき時に甲斐なくもこの一生は異国に享けぬ　　秋永三郎
　　　故郷の幼な友達はすめらぎの戦に起たむ五師団*動く　　　清谷益次
　　　　＊「五師団」は広島市を根拠地とした軍団。

　ブラジルは、1942 年 12 月の汎米外相会議で日本との国交断絶を決定、連合国側での第二次世界大戦への参戦を表明した。ブラジルの連合国側での参戦により、ブラジル在住の日本人移民はドイツ、イタリアとともに「敵性国人」となり、集会の禁止、日本語の屋外での使用禁止、資産凍結令など生活の様々な領域において制約を受ける存在となった。

　　　国交はついに断たれぬ祖国の言葉使えぬ街を歩みているも　　清谷益次
　　　夥しく人等群がりさざめくる中をあらわに同胞拘引　　　　　清谷益次

　清谷はポルトガル語の新聞や雑誌などから第二次世界大戦をめぐる情報を得て、日本の戦いぶりに一喜一憂しながら戦時中を過ごしている。

　　　敵弾に皇居が燃ゆる現実をうべない難く一日こだわる　　　清谷益次

　清谷は日本の敗戦をポルトガル語新聞で知った時、以下の短歌を詠い慟哭するとともに、敗戦の日においても金儲けや生活のために物売りをして歩く日本人移民の声を聞いて、移民の性を再認識させられることになる。

　　　天皇のおおみことのりはこの国の言葉に読みてしかも泣かるる　清谷益次
　　　祖国敗るる日の街に我は聞く物売り歩く同胞の声　　　　　　　清谷益次

4.1　葛藤の主体「準二世」

　子供移民の一人で戦後間もなく小説を書き始めた水野浩志は、戦中から終戦後の時期の自らの心情、人間形成に関して次の一文を書き残している。

　　小学校も終えていない大地を相手に生きて来た若者が、ペンを取った所で、小説らしい物が書けるはずがない、これが常識だった。(中略) 文法も知らない一人の青年が小説らしきものに取り組んだ。(中略) 終戦直後であった。戦争がすんだら此のおくれた国から大勝利の日本に帰るのが移民の夢であったが、その夢はやぶれた。移民自身が自分の足許を見つめるどころか、時の流れに押されて、食うがために棉を植え、棉を摘んでいる時代であった。(中略) 戦争が済んで日本に帰る子供にブラジル語教育は必要はなく、日本語の教育するにはなにもかも不足していた。戦争中にぼろぼろになるまで読み古した雑誌は『キング』であり、『講談クラブ』であった。青年のバックボーンを形成したのは軍歌であり、行進曲であった。勝組になれなかった理性があったとは言え、軍歌の支えを外されて、ブラジル人の中に入って行ける葡語も持たないわたしが暗い気持ちで棉を摘んでいた姿を二十年後の現在幻のように思い浮かべる。

　　　　　　　　　　　　　　　　　　　　　　　　　　　　（水野 1969）

(4)「準二世」という人間範疇とアイデンティティーの析出プロセス

　本項では子供移民のなかから、どのように「準二世」という人間範疇とアイデンティティー（名乗り）が析出されてくるのかを概観することにしよう。このプロセスは様々な他者との差異化をめぐる交渉の過程と考えられ、「準二世」という人間範疇が生成され、その後にこの範疇に帰属するとされる人々が対話や活動などを通じて自分たちの「人となり（境遇や体験など）」を確認し、「準二世」という〈名乗り〉を行うようになる過程であると考えることができる。「準二世」という人間範疇は30年代後半に生成されはじめ、戦後期にブラジルへの永住戦術の析出とそれに伴う日本移民の人間範疇・アイデンティティーの改変、すなわち「コロニア（人）」という人間範疇とアイデンティティーの成立と軌を一にしながら、「コロニア人」という人間範疇・アイデンティティーの1つのバリエーションとして立ち上げられてきたと考えられる。

第 4 章　子供移民と日系エスニック運動

① エリートによる「準二世」範疇の析出プロセス

　本項では、「準二世」という人間範疇が析出されてくるプロセスを、1930年代にサンパウロ市において中等・高等教育機関に学んだ、いわばエリート青年層を例にとって概観しておこう[22]。

　さて、この青年層では、自らのもつ日本（人）性とブラジル（人）性を調停・仲裁しながら、子供移民としてあるいはブラジル生まれの2世としての自分たちを積極的肯定的に評価しようという試みが行われた。これらの青年は当初、外部からの彼等に対する名付け＝「在伯青年」に対して、「第二世」と自ら名乗って文化運動を展開したが、2つのナショナリズムに直面することを通じて、ブラジル生まれの「二世（純二世）」と日本生まれブラジル育ちの「準二世」という2つの人間範疇に分裂を遂げていったのである。

　1920年代末から30年代にかけてはブラジル向け日本人移民の最盛期であり、ブラジル在住日本人数は増加し「在伯同胞社会」は全盛期を迎えた。この当時の移民および子弟の間では出稼ぎ主義が卓越し、日本への帰国を目指して開拓前線などでの過酷な労働に従事する者が大半で、30年代当時では日系人口の90％以上が農村部在住であった。当時、生活戦術としての出稼ぎ主義は行き詰まりつつあり、移民や子供移民の間には出稼ぎかブラジル定住か、子弟教育の目標などをめぐって葛藤や相克が堆積しつつあった時代でもあった。

　出稼ぎ主義を前提にした在伯同胞社会における人間範疇としては「在伯邦人」がほとんど唯一のものとしてあったが、そのサブ範疇として「在伯青年」というものがあった。「在伯青年」とは日本生まれかブラジル生まれかを問わない日系若者層に対する名付けであり、それと同時に彼等の名乗り（アイデンティティー）でもあった。

　「在伯青年」という人間範疇とその意味づけなどに対して、日本・ブラジル双方のナショナリズムが高揚していた30年代には、ごく少数であったものの反対の立場をとり、それへのアンチテーゼとして自らを「第二世」と名乗り始めた若者たちがサンパウロ市の中等・高等教育機関で勉学に励む学生の間から現れた。「在伯青年」という名付けは30年代に在伯邦人社会のなか

4.1 葛藤の主体「準二世」

で力をもって流布していた「二世＝現地化しカボクロ化した、だめになった日本人」という否定的な意味づけを含んだものであり、そもそも日本への帰国と農村在住性を前提とするものであったが、「第二世」という名乗りはこうした前提や意味づけに対するアンチテーゼとして現れたと解釈することができる。

　自らを「第二世」と名乗る学生たちが1934年10月にサンパウロ市に創設したのがサンパウロ学生聯盟であり、35年6月現在で141名の会員（女子20名。ほとんどが中学生と高校生で大学生はわずかに8名）を数えた。リーダーでもあった8名の大学生の多くは日本で中等教育をある程度受けた後にブラジルに移住し検定などを経て大学生となった者たちであった。初期におけるサンパウロ学生聯盟という、いわば都市における日系エスニック結社は、日本生まれである程度日本で教育を授けられた後に渡航した子供移民を主体とするものであった。

　サンパウロ学生聯盟に帰属する学生たちはまず、自らを出稼ぎ主義を前提とする「在伯青年」との対照において永住を前提とする「第二世」として意味づけし、その上で、日本とブラジルという2つの国・文化を調停・仲介しようと試みた。少なくとも学生聯盟の初期においては日本生まれかブラジル生まれかはさして重要性を与えられず、偶然に日本に生まれブラジルに渡った者か偶然にブラジルで生まれた2世の双方が「第二世」として2つの国・文化を調停・仲介しようとする試みを行った。この意味において「第二世」という概念は少なくとも世代概念ではなかったのである。

　サンパウロ学生聯盟の「第二世」たちはその主張を機関誌『学友』（年2回発行：1934年11月〜1938年9月：日本語主体・ポルトガル語併用）、Gakusei（月刊：1935年10月〜38年8月：ポルトガル語）、Transição（不定期、ポルトガル語のみ）で積極的に展開した。

　サンパウロ学生聯盟初代会長高畠清は、1930年代の日本生まれ日本育ち日本主義的思考法をもった「第二世」大学生の代表的リーダーだったが、1935年4月に開催された弁論大会で次のように主張した[24]。

（日本語版）　　　　　（ポルトガル語版）
サンパウロ学生聯盟の機関誌『学友』の表紙

　第二世の最後の目標はブラジルの進歩発展にある。これが私共が最後に得た所の断案である。…結局我等第二世の為に日本語は他民族の追随を許さぬ、日本人独特の人格を与へてくれると云ふことが最も重要なこととなって、我等は日本語に依って日本人の所有せる精神的偉大性を受けつぐのである。…日本語を教へることは断じて、ブラジルをけなして、日本を讃めることではない。又日本の国家概念を第二世につぎ込むことでもない。しかしながら、ブラジルを如何に愛して、日本を如何に尊敬するかを、日本語は我々に教へるのである。重ねて云ふ。日本語はブラジル国家のために、教へられるのである。断じて日本国家のためではない。…心ある指導者は〈善き日本人となることが即ちブラジルの為になるのだ〉と云って二元的に落入る矛盾から逃れておった。だが、我々は今声を大にして叫ぶ。善き日本人となることがブラジルの為ではなく、善きブラジル人となってブラジルの為に尽すことが真に大和魂を解する日本人の務めであるのだ。　　　　　（高畠　1935）

　前山は、この高畠の主張を①第二世はブラジル人でありブラジル国家に尽くす、②第二世は日本文化、日本精神、大和魂の良き継承者であるべきである、③第二世は日伯両国の媒介者となり、両文化の止揚者となる、という3点に整理するとともに、これを「第二世＝媒介者モデル」と呼んでいる。そして、こうした主張が出てくる背景を、ブラジルの学校制度のなかで学び生活するなかで、ブラジルの国家観、ブラジル・ナショナリズムの国粋的な昂

4.1 葛藤の主体「準二世」

揚などを理解し、排日運動と外国移民二分制限法の成立などによる日本人移民や2世の将来に関する危機感の台頭などが一方にあり、他方には出稼ぎ戦術の行き詰まりがあったと解釈している。

サンパウロ学生聯盟の初期日本生まれリーダーによる「善きブラジル人となってブラジルの為に尽くすことが真の大和魂である」とする自己矛盾は、こうした状況のなかで自らの内部にある相克・葛藤・苦悩を調停・仲裁しようとした必死の試みであったと言えるだろう。同様な主張は、高畠の後に学生聯盟会長となった高橋誠敏の「我等第二世にとって日本は血の国、即ち父である。ブラジルは生みの国、即ち母である」（高橋 1937）という言説のなかや次の木村博[25)]の言説のなかにも認められるところである。

> 我々は日本人である。何故ならば、我々の体内に奔流する紅の血は日本民族の等しく有する血液であるからであります。我々はブラジル人である。何故かなれば、ブラジル国に育ち、其の恩恵に浴しているからであります。然らば、私共は其の何れかなるか。苟もブラジルに生まれ、ブラジルに育ち、ブラジルの為に死なんと欲する者にとっては、最早論ずる余地はないと思ひます。然り、当ブラジルこそ私共第二世の全部であるからであります（中略）。母国を離るる事幾千浬の大国にあって、当国国民構成の一分子となる事、是又大和民族の一快事であります。而して此処に於てこそ日本民族海外発展の真意義も見出し得ると思ふのであります。もちろん日本国民の有する武士道精神、即ち日本国民特有の長所を失ったら大変でありますが、これを発展さし、融合させた日系ブラジル国民となること、之こそ我々の有する最大の目的であり、理想でなくてはなりません。
> 　　　　　　　　　　　　　　　　　　　　　　　　　　（木村 1936）

2つのナショナリズムの狭間にあって、日本生まれの「第二世」リーダーらは、日本性とブラジル性をめぐる葛藤や相克を何とか調停・仲裁して新たな人間像を紡ぎだそうと試みた。その一方で、ブラジル生まれの「第二世」リーダーは、同じ状況にあって、別の「第二世」（の心情と忠誠の問題）像を提示している。その最も有名な例は、サンパウロ大学法学部在籍中にサンパウロ学生聯盟のポルトガル語担当書記を務めていた下元健郎が1935年10月

第4章 子供移民と日系エスニック運動

発行の Gakusei 誌創刊号にポルトガル語で発表した"A Nossa Mentalidade（我等の心情）"というエッセイであろう。前山（1996：354）は、このエッセイを次のように要約している。

　我々は日本人の子弟であるが、ブラジル人であり、ブラジル国家にこそ責任がある。日系人が同化しないというブラジル人の非難は当たっていない。我々は同化している。血は日本人でも、心はブラジル人である。父兄の祖国日本を敬うことはできるが、愛することはできない。我々の祖国はブラジルである。遠い未見の国、菊の花の国を愛することはできない。我らはブラジルを愛す。

　この下元の論は、「第二世」として、日系ブラジル人としての政治的姿勢に対する、もう1つの選択として位置づけることができる。ここには日本生まれの「第二世」リーダーのような調停や仲裁といった折衷論的な立場は不在であり、明確に自らを「ブラジル人」として措定しようとするものである[26]。この主張は当初、ポルトガル語で発表されたために一般の注意を集めなかったが、翌年（36年）『学友』第4号に日本語で転載されると、在伯同胞社会の国粋主義的な状況のなかで「不敬事件」と見做され、大きな物議をかもし出すことになった。

　ここではこの問題の詳細に関して触れることはしないが、同じエスニック結社の「第二世」リーダーたちの間に存在した、自らの「人となり」に対する見解の相違が後に「第二世」という人間範疇・アイデンティティーをブラジル生まれの「純二世」と日本生まれブラジル育ちの「準二世」へと分裂させていくことになったのである。前山は、この分裂の契機をブラジル生まれの2世、すなわち「純二世」が数的に優位になったことに求め、二世のなかで、ブラジル生まれの「純二世」が圧倒的多数となってくると、「純二世」というカテゴリーは消滅し（引用者注：2世というカテゴリーとなり）、代わりに日本生まれでありながら青年期までに親に連れられて渡航した者たちを呼ぶ「準二世」というカテゴリーが登場し、二世のなかで日本生まれがマージナルな存在になってきたことを意味するとした（前山 1996：225）。

4.1 葛藤の主体「準二世」

② 年少の子供移民、二世、日本の日本人との差異化

「準二世」というアイデンティティーは在伯同胞社会を構成する他の人間と自らと交渉させながら登場してきたものとみることもできる。観照された他者（範疇）は様々であるが、具体的に言えば前述のようにブラジル生まれの2世であり、より年少でブラジルに渡航した弟妹であり、さらには成人移民1世であった。

　　日の丸の日本の旗はフェイアだと言う弟よ誰の罪なる　　徳尾渓舟
　　十三という年にしてかたことの日本語かたる弟あわれ　　徳尾渓舟

1909年生まれで15歳のとき（1924年）、両親や弟妹等とブラジルに移民した徳尾渓舟（本名：恒寿）はブラジルで商科大学を出て会計士として働きながら、歌人として短歌を詠み続けた人物であるが[27]、上の短歌は5、6歳でブラジルに渡った弟がもつ「日の丸」に対する見方や言語状況をめぐるものである。最初の短歌で徳尾は、自分は祖国のシンボルとして美しいと思う日の丸（国旗）に対して、弟がフェイア（Feia：醜い）と否定的評価を与えることに大きなショックを受け、こうした見方をするようになったのは誰の責任なのかと嘆いている。また、二首目の短歌では、ナショナリズムが席捲するサンパウロ市でブラジル公教育を中心にした教育を受けるなか、13歳にしてすでに片言の日本語しか話せなくなった弟を哀れな存在と評価している。

徳尾の弟は都市においてブラジル・ナショナリズムからの強い影響を受け、ブラジル人としての人間形成を始めていたのだろうか。こうした状況を真近に見せつけられ、同じ子供移民でありながら、環境や時代性が自分とは全く異質な人間になっていくことを痛感したことであろう。弟はおそらく自らを「準二世」と名乗ることはなかったのではないだろうか。

　　たわやすく伯語の会話に入りゆけず華やぐ席に湧く疎外感　　徳尾渓舟

徳尾のポルトガル語能力は非常に高かったと推察される。しかし、大学卒

業の徳尾でさえ、2世たちとのポルトガル語による会話にはなかなか入り込んでいくことができず、疎外感を感じている。言葉自身がもつ問題というよりもむしろ、その話題、発想（立場）、論理展開、表現方法などが日本語で思考し、ポルトガル語に翻訳する自分とは異なっているということなのだろうか。いずれにしろ、より年少でブラジルに渡航した弟妹たちは自分とは異質な人間なのだという思いを深めたことだろう。

弘中千賀子の認識はより明確で、ブラジルという風土や環境のなかで生まれ育ったものは日本人とは異質な存在、すなわちブラジル人なのだと表明している。日系ブラジル人である息子たちは日系として日本的なものへの志向性はあるものの、それはあくまでブラジル人としての視点からのものなのだとし、自己＝日本人、息子＝ブラジル人と違う「民族」と捉えているのである。

　人間が生まれ育った風土と環境というものは、これは決定的なもので、この国で生まれこの国土のなかで生い立ち、この国の社会環境のなかで成人して来た息子たち。何系であろうと容貌の差こそあれ、彼らにとっては何らの違和感もない同国人なのである。日系二世同志のあいだでもその共通語はポ語であり、風俗習慣、思考の形態も完全にブラジル人なのである。日系として日本的なものへの志向をもつといってもそれはあくまで、他国の文化としての摂取の仕方であり、接し方なのである。我々のように自分自身のもととしての受け取り方とは画然として異なっている。このような当然のことに今更思い至るとき、たとえわが子であっても息子は明らかにブラジル人であり、私は遂に日本人なのである。
　　　　　　　　　　　　　　　　　　　　　　　　　　　　　（弘中 1994）

「準二世」という名乗りはブラジルの日系人ばかりではなく、日本の日本人とも観照され、その明確な姿を現すことになる。

戦前期「立派な日本人」になろうと努力を続けてきた弘中は、夢にまで見た日本へ戦後一時帰国を果たしている。以下の文章は日本への旅から戻った弘中がつづった心情である。ブラジルでもがき苦しみながら憧れ続けてきた日本は弘中にとってはもはや「異国」としか映らなかった。その旅は日本や

4.1 葛藤の主体「準二世」

日本の日本人と自己を対比させながら、「にがくっても惜しくっても」自らの帰属する「社会」はブラジル日系社会＝コロニア以外にはなく、自分は「コロニア人」（ブラジルの日本人）なのだという帰属意識を再認識させる体験以外の何物でもなかった。つまり、弘中にとって、日本への一時帰国＝旅は日本という出自社会から自らをひき離し、日本の日本人と自分は異質だという認識を鮮明にした契機に他ならなかったのである。

　日本の国のなかで日本の言葉にかこまれ、日本人ばかりの中にいても、心のつながりのないところ私たちはやはり一回の旅人にすぎない。…日本の旅が続く程に自分がこの日本で、もはや旅人にすぎないという思いが深くなってゆく。もう自分がコロニア人以外の何者でもないという思い。にがくっても惜しくっても自分の心の中に納得させなければならないものなのである。…私の帰るところは、もはやもうコロニア以外にはない。　　　　（弘中 1994）

短かしと言えぬひと世のすぎけり生まれたる地とも遠く無縁に　　弘中千賀子
心の区切りつけて去りゆく遂に吾が住むを得ざりしにっぽんの土　　弘中千賀子

弘中と類似する認識は、日本へ一時帰国した際清谷によっても以下のように醸成されている。

幼きより我この国に生いたちて日本に住むに適せずなりにけり　　　　清谷益次

以上のような様々な他者との交渉を通じて、「準二世」というアイデンティティーは戦後、ブラジルへの永住という状況の変化のなかで、戦前の「在伯同胞社会」「在伯青年」「第二世」といった名乗りに代る、「日系コロニア」「ブラジルの日本人」「コロニア人」「二世」といった新たな名乗りの1つとして「発明」されたのである。

第 4 章　子供移民と日系エスニック運動

（5）日系社会における「準二世」[28]
―日系エスニック運動の担い手として―

　準二世たちは「自らの帰るべき場所はコロニア以外にはないのだ」と弘中も記述しているように、戦後期の日系社会＝コロニアに強い帰属意識をもった人々であった。コロニアに対する強い思いは、彼らをして、日系社会の発展や展開、日系人のアイデンティティー醸成、日本－ブラジルとの相互交流などを目的とする、様々なエスニック運動へと駆り立てることになった。こうしたエスニック運動の組織化と中核的な参加は彼らの葛藤に満ちた人生のなかで、彼らがはじめて自らの社会的位置や意味を見出したことを意味するものではないだろうか。日系社会最古の短歌雑誌である『椰子樹[29]』は特集号のなかで座談会を組み、ブラジルの日本語文学運動（エスニック文学運動）、日系社会の社会運動などにおける準二世の重要性を次のように指摘している。

　　徳＝とにかく、ブラジルの殆どの歌人は戦前に幼いときにきたんだが、この
　　　　人たちによって戦後もこんなに隆盛にしてきたということは不思議な現
　　　　象と思えるんですね。
　　清＝それはやはり戦前にさかのぼった準二世、準二世的周辺をもった二世、
　　　　そういうもの達の日本に対する関心、あるい
　　　　は自己表現欲というものをつよくかきたてる
　　　　移民の環境が問題を提起したからです。…
　　安＝軍国主義とはちがった、歴史と文化に信頼と
　　　　誇りをよせる日本主義に一種の信仰と愛国心
　　　　をもっていた。そういう自負的な意識が社会
　　　　的な問題へ、あるいは文学的な方向へと関心
　　　　させた。（『椰子樹 300 号記念』）（引用者注：
　　　　徳は徳尾渓舟、清は清谷益次、安は安良田済
　　　　のことでいずれも子供移民であり、ブラジル
　　　　の日本語文学運動の中心的メンバーである）

ブラジルの日本語文芸誌『おかぼ』

　準二世はブラジル日系社会におけるエスニック運

4.1 葛藤の主体「準二世」

動の中核的存在であり、日本語文学、子弟教育、社会福祉・医療、スポーツ、地域コミュニティー、婦人会などの様々な分野における運動（活動）を牽引し展開してきた。それぞれの運動における準二世の全体像を現時点において把握することは困難であるものの、例えば日本語文学運動（コロニア文学運動）領域ではこれまで引用してきた薮崎正寿、清谷益次、弘中千賀子、井本淳などをはじめとして枚挙にいとまがないほどであるし、社会福祉活動では社会福祉法人救済会やサンパウロ聖母婦人会の創設者であり、戦中から日本移民救済活動を行ってきた渡辺トミ・マルガリーダ[30]、美術（絵画）領域では半田知雄、間部学[31]、地域コミュニティー（ムラ造り）領域では大浦文雄[32]、スポーツ領域では竹中正[33]などの名前を準二世のプレゼンスと重要性を象徴するものとして挙げることが可能である。

　戦後期、ブラジル永住の決意という状況の変化とともに析出された準二世アイデンティティーとそれに基づく日系社会内部における自らの社会的役割の獲得（実践）は準二世たちに「心の安らぎ」を与えたと思われる。戦前の20年代後半から30年代にかけてブラジルに渡った準二世たちの多くは他界してしまっているが、多くの準二世たちは人生の最後の時期に自らの心情を詠んだ次のような短歌を残している。自らの意思によらないブラジルへの渡航、それゆえの移民としての自己や日本や日本語への固執、「中途半端な生い立ち」などのコンプレックスに彩られた彼等の人生を回顧し詠んだ短歌には様々な葛藤や相克、矛盾が調停され、諦観ではない、ある種の安らぎの感情さえ感じられるものとなっているように思われる。

矛盾なく二つの国をかなしみぬ生享けし国と命果つる国　　　　陣内しのぶ
生き死にの多くに会いて住み古りしこの国をいま外つ国とせず　陣内しのぶ
幼き日父母と渡りきしブラジルに六十路となりて墓守りており　松田良
宿命の如くに思うならざれど移民の一生終えるべく生く　　　　井本淳
互みなる移住のかげり身に帯びて六十路こえゆくものらの集い　井本淳
史料館に父が写真を収めきて吾が終の日の心軽かるべく　　　　秋山るり
ふるさとのしきたり自らおろそかになりてこの国に年を重ねつ　小竹清子
間に合わせのみにて終るひと世かと思う移民の一生にして　　　井本淳

第4章 子供移民と日系エスニック運動

　本節における考察はあくまで戦前期の日本人契約移民の家族そしてそこに含まれた子供移民、その一部として独特な「人となり」をもった「準二世」という人々に関する概観的で予備的なものにすぎない。こうした移民家族、子供移民・準二世を対象にした精緻な文献収集、インタヴュー調査などを実施することでブラジル向け日本人移民の特質の一端を明らかにすることが喫緊かつ重要な課題となるだろう。

［森幸一］

世代意識と日本語教育

　前節において、日系移民社会における「準二世」とは、自らのアイデンティティーの確認と社会的役割の獲得という点において、単なる家族関係上の位置づけを示す言葉ではないことが示された。本節においては、こうした「準二世」としての世代意識の醸成へと通じていった日本語教育の問題について、言及することとしたい。具体的には、移民社会内での生活方略として戦前に模索された日本語教科書作成事業を中心に検討を試みる。

4.2.1　世代意識と「準二世」

　移民社会において世代意識は、自らのアイデンティティーの問題にとっても、極めて大きな意味をもっていた。日系エスニック運動の担い手として活躍した多くの「準二世」が、いわゆる「中途半端な生い立ち」を一方で抱えながら、明確に「移民であること」にこだわり続けたことについては、すでに前節において見てきたとおりである。

　ところで、自らを「準二世」と称する事例については、前節での言及以外

にも多く見られる。例えば 1978 年の「ブラジル移民 70 年」を記念した座談会において、以下のような出席者による自己紹介がなされている。

> ミズモト（引用者注：ミズモトツヨシ氏）住んでいるのはサンパウロ市です。昭和四年に移りましたから、もう四九年になります。渡伯したのは九歳でしたから、準二世ちゅうとこです。
> （中略）
> イトウ　　イトウイワオと申します。五十四歳で、純二世です。たしか父が大正六、七年にブラジルに渡っております。
> ミズモト　準？　……あ、純二世ね。
> イトウ　　そうです。本当のブラジル生まれの二世でございます。
> ミズモト　ブラジレーロだ。
> イトウ　　ええ、ブラジレーロ（笑）。（以下略）鈴木（1980：8-10）

　ここでは「ジュン（準・純）」をめぐるやり取りがなされているが、「一世」や「二世」といった世代意識のみならず、どの段階（年齢）で移住したのかという点に着目して、「準」といった語が用いられていることがわかる。また「ブラジル生まれの二世」である「ブラジレーロ」を、なかばユーモアをこめて「本当」や「純」といった言葉で述べている点にも注意しておきたい。
　世代意識に関する移民社会のエスニシティーとアイデンティティーの問題に関しては、先の言及にもある通り、「準二世」としての範疇が日系移民社会エリート内において析出され、従来の 1 世や 2 世とは異なるアイデンティティーのバリエーションして立ち上がっていったことが知られている。特に前山隆はこの点について、戦前から戦後にかけて多くの事例をもとに、極めて精緻な分析を行っている。前山（1996）では、1934 年結成のサンパウロ学生連盟を例に、特に「日系二世」のアイデンティティーの問題について、以下のような指摘をしている。

> 日系人の日本主義とブラジル主義の相克と調停の論議が活発に行われ、そこから新しい「第二世」アイデンティティが析出してきた。（中略）一九三〇年代後半のサンパウロ在住学生間では、第二世はブラジル生まれの日系人を

第4章　子供移民と日系エスニック運動

意味しなかった。それは第一義的に、ブラジル社会に生き抜く決意を定着させ、ブラジル国家の一員としてこの国と運命を共にするというアイデンティティをもった日本人、日系人を意味していた。それは出稼ぎ移民や日本臣民の反対概念として析出したもので、出生地や国籍を問う範疇ではなかった。だから、中学生の頃に親に連れられて移住した、ブラジル国籍をもたない学生らも論議に参加し、自ら第二世と称した者も多い。ポルトガル語を完全にこなせる日系人の稀な時期で、これら日本育ちの「準二世」がリーダーシップを握っていた。ブラジル生まれは「純二世」として明別される必要さえあった。
（前山 1996：495）

また、前山（1996）では日系社会のアイデンティティーと適応ストラテジーについて、「日本生れの日本人、ブラジル生れの日本人、非日系ブラジル人」の3分類を、それぞれ分類者と被分類者の視点から、以下のように類型化して説明している（前山 1996：238）。

		分類者（Categorizer）		
		日本生れの日本人	ブラジル生れの日系人	非日系ブラジル人
被分類者	日本生れの日本人	ニッポンジン（イッセイ）	ジャポネーズ（イッセイ）	ジャポネーズ
	ブラジル生れの日系人	ニセイ（サンセイ）ニッケイジン	ニセイブラジレイロニホンジン	ジャポネーズ
	非日系ブラジル人	ガイジン（ブラジルジン）	ガイジン（ブラジレイロ他）	ブラジレイロ（その他種々）

この適応ストラテジーについては、特に戦前において「永住か帰国か」という問題と不可分な関係にあった。輪湖俊午郎『バウル管内の邦人』(1939) は、この点についての葛藤が切々と綴られている[34]。ここに、家族全体での移住という状況下にあった場合、親である「一世」の帰国問題とともに、その子、すなわち「二世」の帰国問題が顕現化してくる。ただ、この子である「二世」がブラジルにおいて出生した場合と、幼少期に日本から渡ってきた場合とでは、その意味するところも異なってくるはずである。それゆえに、

4.2 世代意識と日本語教育

少なくとも「一世」、「二世」といったものは、客観的な世代指標という属性のみならず、アイデンティティーと密接な関係にある、いわばイメージとしての析出対象として機能する点が見出されるのである。戦前に移民としてブラジルへ渡り、戦後のブラジル日系移民社会での代表的知識人として活躍した半田知雄は、自らの社会史的位置を以下のように表現している。

> 私のような少年時代にブラジルへ渡ったものは、二世とは区別する意味で準二世とよばれる。準二世である私が日本語に関心をもつようになったのは新聞社へはいって、日本語をおぼえ、日本人の文化的フンイキのなかで自己形成をとげたからでもあるが、日本移民の行動をかなり公平な立場から観察できるのは、日本文化吸収当時に大正デモクラシーおよびコスモポリタニズムにふれ、ブラジルの国家的立場も理解できたからである。（半田 1980）

ただ、ここで半田の言う「準二世」が、戦前において日本で出生し、その後ブラジルへ移住したという状況を示す語として用いられている点をふまえると、この「準二世」と戦後移民とでは、どのような共通点や相違点が見えてくるのだろうか。例えば、最初から永住を志向し、いわばブラジル人となるといった決意をもって移住した親のもとで、幼少期を過ごした「二世」のアイデンティティーは、いかなるものであったと言えるのか。『椰子樹』の選者であった歌人の弘中千賀子は、「伝承の文化に遠く断たれいる準二世わが心の貧困」という痛切な歌を残している。清谷益次の分類に従えば「〈哀歓〉としか呼びようのない作」とも言うべきこの歌から、何を聞き取ることができるのか。ここにおいて、「一世」や「二世」という属性とともに、子供移民などとも称せられる準二世（時には「準一世」とも）についての着目が、極めて重要なものとなるということに気づかされるであろう。

移民社会に対する認識については、日本人である 1 世と、日本人とブラジル人（あるいは他地域の人々）との両面を備えた 2 世、などといった、単純化した図式で理解されることが多い。しかしながら、移民社会の重層性・多様性は、イメージとしての「一世、二世、…」の像だけで、決して捉えることのできない大きなものである。とりわけ、エスニシティーとアイデンティ

ティーとの関連については、移民社会における言語運用の側面を決して看過することができず、それこそ、日系移民社会の実態を十分にふまえた上で分析を行うことが必要である。

移民社会と言語の問題について言えば、工藤・森・山東・李・中東（2009）のように、日系移民と沖縄系移民との差異や、世代差を十分に意識した言語生活、談話の分析が必要であることは言うまでもないが、ここに世代意識の側面を含みこむことにより、一層、移民社会の実態が明らかなものとなってくる[35]。そして、この世代意識の根幹をなすものの1つとして、第1言語の形成期と、第2言語の習得期との関係と密接につながる、移住地への渡航時期や成育歴などが挙げられると言えるのである。

ただしこのことについては、ブラジル日系移民社会においては、意識的かどうかはさておき、「準二世」といった語の使用によって、相応の関心がもたれていた。しかしながら、そうした二世や準二世などに代表される移民社会での世代意識が、言語生活とどのような関係をもっていたのか、また、戦前移民と戦後移民とでは同じ構造を有しているのか、さらには日系移民社会と沖縄系移民社会とは異なりをもっているのか、そういった視点については、あまり注目されてこなかったように思われる。本節ではこうした点について、準二世として析出される世代意識の背景に存在する、移民社会における日本語教育との関連をもとに言及を試みる。とりわけ、戦前・戦後における初等「国語／日本語」教育に対する取り組みは、こうした世代意識と不可分の関係にあった。特に「準二世」という語の背景には、いかなる言語的背景が存在していたのかという点について、教科書編纂事業を中心に眺めていくことにしたい。

4.2.2 世代意識と日本語―その史的意味について―

サンパウロ大学教授であった文化人類学者の斉藤廣志は、自らを「準二世」と称しつつ、そのアイデンティティーの問題について「屈折したパーソナリティーの形成」と表現した。斉藤（1984）は、全体的には随想的な叙述では

あるものの、準二世の問題を正面に取り上げたものとして極めて注目に値する。斉藤は「準二世というジェネレーションは、アメリカの日系人にも、ペルーの日系人のあいだでもみられない、いわばブラジルの日系社会特有の産物である」(斉藤 1984：11) と指摘している。これは、他の移民社会の場合、多くは単身渡航であったため、幼少期に移住する機会が乏しかったのに比して、ブラジル移民では（初期を除いて）家族移住が主流であったという点に起因している。

斉藤は、ブラジルにおける準二世の出発点として「属地主義が内包するひとつの矛盾」を挙げる。これは国籍条件を属地主義とするか、血統主義とするかという差異に起因しており、主義の異なる両国間で出生した子供にとっては、常に付きまとう問題である。ただし、あまりにも幼い段階で移住してきた場合には、現地の子供との差もほとんど見られないであろうということから、準二世については、年齢の上では下限を6〜7歳、上限を15〜16歳とするのが妥当であろうと、指摘している。

さらに準二世の要件として、家庭環境の問題が挙げられる。学齢期ながら家事や農作業などに追われ、正規の教育を受ける機会に乏しかったという境遇が、いわば「中途半端な生い立ち」として存在していると、斉藤は述べている。こうした厳しい境遇のなかで、学歴コンプレックスや文章コンプレックスに独力で打ち勝った人々の存在を挙げ、それらの人々が1世と2世との中間にあって、両世代を結ぶ役割を担ったとしている。

なお斉藤は、準二世の詠んだ短歌に見られる、否みがたい日本へ寄せる心情傾斜についても言及し、「情緒の面からいえば、準二世というよりもむしろ準一世とよぶべきかもしれない」(斉藤 1984：11) と述べている。この「準一世」という語は、「準二世」という語以上に、ある種の移民社会の心情を極めて適切に表したものと言えるかもしれない。

ところで、こうした準二世に関する議論の先駆は、1970年刊行のブラジル日本文化協会機関誌『コロニア』88所載の座談会記録に見出すことができる。半田知雄の司会による、オブザーバーを含めた9人による座談会で、ここで準二世は、日本に生まれ日本のことが多少わかり意識のなかに入って

きた頃に、ブラジル移住を余儀なくされた8〜13歳頃までの人とされる。この座談会について分析した中隅哲郎は、前項でも指摘されているように、準二世の属性を、①正式にはブラジル語を習わず、習っても小学校4年程度で、日本語と日本とにこだわり続けた日本派、②ブラジル語を勉強し、一応日伯両文化を理解した派、③日本語もブラジル語も半端となった、もの言わざる派、の3派に分類している（中隅 1998：41）。そして、これら3派の共通点として「心に受けた傷」を重視していることも、すでに前項で示された通りである。特に、準二世の主流となる①の派は、日本語の勉強が十分にできなかったことに対するコンプレックスを、人格形成期にもっていた。結果として、そのコンプレックスをバネに日本語を猛勉強した結果、極めて高い日本語能力と学識を備えた人物を輩出したと、中隅も指摘している。こうしたことから中隅は準二世の心性を以下のようにまとめている。

> 日本で親が移住を決めた時点で、自分たちの将来も運命づけられたのだ。選択肢はまったくない。理不尽だがどうにもならぬ。準二世の怒り、悲しみ、口惜しさ、無念さ、憤り、腹立たしさは、理不尽で無情な運命に対して向けられたものなのである。　　　　　　　　　　　　（中隅 1998：43）

準二世のなかには短歌や俳句を作る者が多いが、本人も準二世とされる歌人の清谷益次は、準二世の短歌・俳句は郷愁の文学ではなく、空虚を満たすものではないか、と先の『コロニア』88号掲載の座談会内で述べている。準二世と文学との関係については、すでに前節でも触れられている通りであるが、文学の成立基盤に日本語教育が関係していたことについては、ここでも強調しておきたい。

ところで、こうした準二世としてのあり方は、当事者とすればアイデンティティーの確立にとって極めて切実な問題であったが、その準二世を育てようとする世代側から見れば、また別の問題を抱えていたはずである。それは多くの戦前移民がまったく疑うべくもなく保ち続けていた皇国臣民としてのアイデンティティーを、教育によって継承していくことの困難さである。

4.2 世代意識と日本語教育

　もしも、戦前移民社会において皇国臣民化教育が徹底されていたならば、アイデンティティーの確立はさほど重要な問題ではなかったであろう。しかしながら、外国語教育の制限によってブラジル内での同化政策が徹底化され、日系移民社会自体が緊張を強いられるなかで、どのような子弟教育を目指すのかは、大きな問題となっていたのである。

　この問題解決の方策の1つとして、日系移民社会における「国語／日本語」教育事業が挙げられるのだが、ブラジルにおいてそのまま日本の国定教科書を使用する、「国語教育」型の日本語教育は時勢上困難を極めた。そこで検討されたのが、ブラジルにおける日本語教科書の編纂事業であった。

4.2.3　日本語教育の方略

　ブラジルにおける日本語教育の問題は、「二世」や「準二世」といった世代に対するアイデンティティー確立の問題でもあった。いわば「ブラジル国民」として「日本語」を使用することの意味が問われたのである。さらには、義務教育が徹底化されていた日本と、ブラジルでの教育制度や就学状況の差異などを勘案すれば、移民社会における日本語教育は大きな意味をもっていた。そうしたなか、移民社会内において日本語とポルトガル語を併用した学習教材が作成されていた事実は大いに注目に値する[36]。

　1937年に作成された高橋麟太郎編『CADERNO DAS LICÇÕE／全科自習帳 小学第一学年用』の序文「先生方ヤ父兄ノ皆様ヘ」には以下のような文言が記されている。

1. 日本ニハ夏休ミ、冬休ミ、ノ練習帖ガアリ、ブラジル　ニハ各月ノ成績ヲ記シテ行ク、プローバメンサエストイフ　帖面ガアツテ学習上大変ニ役立ツテキマス。
   私ハコノ式ノモノデ、学校ニ通ツテキル子供サン達ノ、休暇中ノ練習帖トナリ、又、プローバメンサエスニモ、全科参考書ノ役ニモ立タセタイトイフノガ、此ノ学習書編纂ノ目的デアリマス
2. 又、何ラカノ都合デ通学出来ナイ子供サンニハ御家庭デコレヲ土台トシ

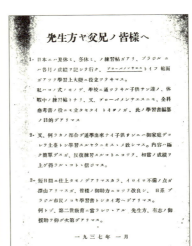

『CADERNO DAS LICÇŌE／全科自習帳』

　　学習スルヤウニオス丶メ致シマス。（中略）
3. 短日間ニ仕上タモノデアリマスカラ、イロイロ不備ノ点ガ沢山アリマスガ、皆様ノ御助力ニヨッテ改良シ、日系ブラジル市民ノヨキ学習書トシタイ考ヘデアリマス。
　　何トゾ、第二世教育ニ当ラレツ丶アル　先生方、有志ノ御援助ヲ仰グ次第デアリマス。

4.2 世代意識と日本語教育

　具体的な内容は、「ポルトガル語・日本語」（「Lição Portuguez e japonez　ブラジルゴ　ト　ニホンゴ」）の章では「A a ＝ ア」として「アバカシ（パインナツプル）a-ba-ca-xi」「アベーリヤ（ミツバチ）a-be-lha」といった単語学習から始まり、「Rita viu o rei na rua. リータ　ハ　マチ　デ　オウサマ　ヲ　ミマシタ」（高橋編 1937：9）といった文の読解演習に及んでいる。「算数」の章では「Luiz Comprou uma duzia de laranjas e deu para sua irmã 6 laranjas. com quatos ficou?（ルイス　ガ　一ダース　ノ　ミカン　ヲ　カツテ　6ツ　キヤウダイ　ニ　ヤリマシタ　イクラ　ノコツテ　キマスカ？）」（p. 49）、「修身」（「Lição moral　シユウシン」）では「O anno novo（オシヨウガツ）」（p. 82）といった教材が挙がっている。最後の図画「（Desenho　ヅガ）」には模写教材が挙がっている。ちなみに修身では、日本語教材だけではなく、ポルトガル語による教材（「A bandeira（ハタ）」）も存在し、さらには次のような、日系移民社会におけるエスニシティーとアイデンティティーに関わる問題を如実に反映した教材も挙がっている。

O bom menino（ヨイコドモ）
（1）　ニツポンジン　ハ　コドモノ　トキカラ　テンノウヘイカ　ニ　チユウギ　ヲ　ツクシ　オヤ　ニ　コウコウ　ヲ　スルヨウニ　オシヘラレ　マタ　ソレヲ　ヨク　マモリマス　ウソ　ヲ　イツタリ　ナマケタリ　ヒト　ノ　オン　ヲ　ワスレル　ヨウナ　ヒトハ　タレ　カラ　モ　アイサレマセン
（2）　ブラジル　デモ　オナジコト　デ　ヨイ　コドモ　ハ　ミナ　シヨウジキデ　ベンキヨウカ　デス。ワタクシタチ　ハ　ミンナ　リツパ　ナ　ブラジルジン　ニ　ナリ　マセウ。(p. 85)

　「立派なブラジル人」という概念は、こうした文言がなければ教育の許可が下りなかったからのものと推察されるが、それでも日本語教材において、どのような人物を育成するのかという点で「ブラジル人」として示されたことは大きな意味がある。それは「ブラジル人」がなぜポルトガル語と日本語とを併用する必要があるのか、という点に関わってくるからである。ここに

第 4 章　子供移民と日系エスニック運動

和魂洋才ならぬ「日本人の精神をもったブラジル人」として、その日本人の精神を体現する「日本語」が必要であるという論理を、教材によって表現したものとみなすこともできよう。そして、こうした教材の集大成とも言えるのが、1937 年に刊行された『日本語読本』である。

　ブラジルにおける日本人発展史刊行会編（1953）には、『日本語読本』刊行経緯についての言及がある。これをもとに概略を示すと、1936（昭和 11）年にサンパウロ日本人学校父兄会を改称した「ブラジル日本人教育普及会」が、翌 1937 年に全 8 巻、教授参考書 8 巻（一学年 2 冊の計 4 学年分）を刊行した。印刷は日本の凸版印刷株式会社で行われ、ポルトガル語の翻訳を添えてサンパウロ州当局の認可を経て日本人学校で用いられるようになった。ブラジル日本人教育普及会は 1938 年に「ブラジル日本人文教普及会」と改称したが、ブラジルの同化政策が強化されるなか、外国人団体取締法の規制により、普及会の活動もほとんど展開できなくなった。1939 年以降、サンパウロ州当局の発表によれば、日本人関係の私立学校 219 校が閉鎖命令を受けたという（他にはドイツ人関係 7 校、イタリア人関係 5 校、ポルトガル人関係 4 校）。

　さて、この『日本語読本』は、以下の編纂趣旨から見ても明らかなように、日本語学校の教科書として編纂されたものである。

　　本書は、立派な日系伯国市民の養成を目的とする日本語学校教育の趣旨に基づき、日本語学校国語科教科書に充てる目的を以て編纂したものである。
　　本書を編纂するに当り企図する所は、児童をして日本語を学習体得し日本文化を吸収させることによつて、日本精神と伯国精神との融合を図り、より高き伯国文化を創造させる点である。此の企図から、児童に適切な材料を選択して、平明に且趣味的に表現し、これを読ませることによつて伯国に於ける日本語の昏迷を救ふと共に、純正な日本語の普及発達を促し、以て日本文化を理会させ、日本精神を培養することに努めた。特に家庭生活に於ては、日常必須の会話に習熟させ、親子間に於ける意思の疏通を図ることに意を用ひた。（『日本語読本教授参考書　巻一』ブラジル日本人教育普及会編　1937：1）

4.2 世代意識と日本語教育

　ここで明確に「日本語学校国語科教科書」と位置づけているように、構成や内容については、ほぼ国内における『国語読本』と同様の構成となっている。例えば「巻一」の目次について見てみると、以下の通りとなっている。

　一　ハナ／二　ハチ　ハチスズメ／三　アメ　カミナリ／四　ウシ　トウマ／五　ホン　ト　カバン／六　ヒロイ　ノハラ／七　ハシレ　ハシレ／八　タコ　タコ　アガレ／九　オヒサマ　アカイ／十　イヌ　ガ　イマス／十一　ヘチマ／十二　ツキ／十三　イッテ　マイリマス／十四　ガッコウ　ガ　ミエマス／十五　ミナサン／十六　デンデンムシ／十七　エ／十八　ナハトビ／十九　サヨウナラ／二十　タダイマ／二十一　ヤギ　ト　ブタ／二十二　ヤナギ　ノ　エダ　ニ／二十三　カザグルマ／二十四　オツカヒ／二十五　エンピツ／二十六　ニハトリ／二十七　ユフガタ／二十八　デンワアソビ／五十音図／二十九　ウサギ　ト　カメ／三十　シシ　ト　ネズミ／三十一　ボク　ノ　オトウト／三十二　シタキリスズメ／濁音半濁音図／三十三　ネズミ　ノ　ヨメイリ／三十四　ホカケブネ／三十五　モモタロウ／拗音図

　「巻八」に至っては、次のように極めて高次な内容となっているが、「第十九　最後の授業」が含まれているところなど、国内における意味とブラジルにおける意味とでは自ずと性質が異なる点から見て、大変興味深い。

　第一　明治天皇御製／第二　太陽／第三　人と火／第四　日本の家庭／第五　振子時計／第六　水師営の会見／第七　リンカーンの苦学／第八　良沢と玄白／第九　文字／第十　捕鯨船／第十一　瀬戸内海／第十二　瀬戸内海の歌／第十三　日本海の海戦／第十四　ゴム／第十五　まかぬ種は生えぬ／第十六　野口英世／第十七　健康第一／第十八　瀧／第十九　最後の授業／第二十　アンシェータ／第二十一　ヨーロッパの旅／第二十二　ブラジル開拓の歌

　「第一　明治天皇御製」には「さわがしき風につけても外国(とつくに)に出でて世渡る民をこそ思へ」という歌が挙げられ、『日本語読本教授参考書　巻八』には「遠く国外に生活する国民への御仁慈の程がうかゞはれる、ありがたき御製である」(ブラジル日本人教育普及会編 1937：3)と解説されている。なお

第 4 章　子供移民と日系エスニック運動

教材の解説に関しては、「最後の授業」では次のように述べられている。

> 我々日本人は幸ひにして未だ嘗て戦敗国たるの惨状を知らない。そのために我々は、我々の国語に対する其の自愛を持たぬかのやうに見える。我々の国語に対する其の愛に目覚めぬかのやうに見える。それこそ、本教材にもアメル先生をしてそれを語らせてゐるが、「それでも日本人だと言ふのか」である。それこそ其の祖国を知らぬものだ、真の祖国愛を持たぬものだ。本教材の精神は、実に確固たる国語愛にあるのである。時局多端の折柄、其の確固たる国語愛こそ要望切なるものがある。我々は我々の日常の国語生活を反省自戒に努むべきであらう。
> 　伯国日系市民は、祖国の日本文化を伯国に紹介して、よりよき日系市民とならなければならぬ。日本文化は、祖国語を愛護することによって知られるのである。　　　　　　　　　　　　　　　（ブラジル日本人教育普及会編　1937：183）

ここでは「祖国語への愛」をもって「日系市民」としての自覚を促すという論理が示されているが、これが二世や準二世の世代に対してどのように受け継がれていったのかについては、改めて分析する必要があるだろう。国内の『小学国語読本　巻九』所載の「国語の力」には「ブラジルなどに住んでゐる日本人は、日本語学校を建てて、自分の子供たちに国語を教へてゐる。日本人は日本語によつて教育されなければならないからである。」という一節があるが、本教材はブラジル側から呼応したものと見ることもできよう。なお、「最後の授業」の教材の後で、ブラジル人としての自覚を促すものとして、日本ではあまり馴染みのない「第二十　アンシェータ」（ジョゼ・デ・アンシェッタ／José de Anchieta、16 世紀にブラジルへ伝道したイエズス会宣教師）が取り扱われているのも示唆的であるが、これについては言及に留めておく。

ところで、平易な文章の教材のなかには『国語読本』と異なる点として、注目すべき箇所が多々存在する。上記「巻一」の場合、「一　ハナ」において、『国語読本』ではサクラの挿絵のみで説明される個所に対して、イペーの花が加えられている。『日本語読本教授参考書　巻一』（1937）には「伯国に於

ては、日本の桜に相当すべきもの、即ち国花と称すべきものはないが、まあ、それに近いものとして、ここにはイッペイを選んだのである。」(ブラジル日本人教育普及会編 1937：1) とある。また「巻二」の「二十　市場」は、以下のようにポルトガル語からの借用語彙が多く用いられている（下線部が借用語彙）。

ケサ　早ク、オカアサン　ト　一ショ　ニ、市場　ヘ　買ヒモノ　ニ　イキマシタ。オカアサン　ハ、竹ノ　セスタ　ヲ　オサゲ　ニ　ナリ、私　ハ　小サナ　サッキンニョ　ヲ　持チマシタ。市場　ノ　近ク　ニハ、カラ　ノ　荷馬車　ヤ、カミニョン　ガ　タクサン、ズラリト　ナランデ　キマシタ。サウシテ、ソノ　前　ヲ、セスタ　ヤ、サッキンニョ　ヲ　サゲタ　人　ガ、ゾロゾロ　ト　トホッテ　行キマス。

(ブラジル日本人教育普及会編　1937：99-101)

高年次へ進むにしたがって、こうした語彙はほとんど現れなくなり、言語の面では『国語読本』とまったく変わらなくなるのだが、今度は逆に、内容の面で際立った特徴を示すようになる。例えば、国内では修身科の教材として著名な、日清戦争時のラッパ兵、木口小平にまつわる逸話が、『日本語読本』では別の人物となって登場する。以下にその部分を引用する。

『日本語読本　巻五』（ブラジル）
　　一　ラッパ兵ジェズーズ
昔、ブラジルがパラグヮイといくさをした時のことです。
オゾーリオといふ大将の下に、ジェズーズといふ黒人のラッパ兵が居ました。
或日のこと、いくさがだん〳〵はげしくなつて、敵味方、たがひに打出す大砲の音は、天地をふるひ動かすばかり、血にまみれた死がいは、見る間に山をきづきました。
敵は全力をつくして、するどく攻撃して来ます。ぐづ〳〵して居ては、味方の負です。
「進め、進め。」
オゾーリオ将軍は、いきほひ強く命令しました。将軍の命令を受けたジェ

『日本語読本』

ズーズは、さつそくラッパを口にあてて、
「進めー。」
吹きかけた時、たちまちとび来つた敵のたまは、ジェズーズのうでをつらぬきました。
ラッパは口をはなれました。けれども、それはたゞちよつとの間で、
「進め、進め。」

4.2 世代意識と日本語教育

　勇ましいひゞきは、血のしたゝるうえでゝさゝへたラッパから、全軍につたはりました。やがて、また、今一つのたまが、ジェズーズのうでをつらぬきました。けれども、ジェズーズは、まだ、しつかりとラッパをにぎつて、はなしませんでした。

　この内容に該当する修身教科書の教材は以下のものが挙げられる。

『尋常小学修身書　巻一』（1910、日本）
　　十七
キグチコヘイ　ハ　ラッパ　ヲ　クチ　ニ　アテタ　ママ　シニマシタ。

『尋常小学修身書　巻一』（1918、日本）
　　十七
キグチコヘイ　ハ　テキ　ノ　タマ　ニ　アタリマシタ　ガ、シンデモ　ラッパ　ヲ　クチ　カラ　ハナシマセンデシタ。

『尋常小学修身書　巻一』（1934、日本）
　　二十六　チュウギ
キグチコヘイ　ハ、イサマシク　イクサ　ニ　デマシタ。テキ　ノ　タマ　ニ　アタリマシタ　ガ、シンデ　モ、ラッパ　ヲ　クチ　カラ　ハナシマセン　デシタ。

　いずれも、職責をまっとうし、死んでもラッパを離さなかった点を称賛した教材である。これについて『日本語読本教授参考書　巻五』の解説には、教材の「精神」として「重傷に屈せず、よくその職責を敢行したジェズーズの愛国の至情が本文の一貫する精神である。」（ブラジル日本人教育普及会編1937：1）が挙げられ、さらに「読みを通して、ラッパ手ジェズーズが、重傷にも屈せず進軍ラッパを吹きつゞけた愛国の至情に感銘させると共に、底に母国を忘れざる大和魂の涵養に資する。」（ブラジル日本人教育普及会編1937：3）と、要旨が述べられている。
　そもそも『日本語読本』は、文部省視学官の佐野保太郎や東京高等師範学

校附属小学校訓導の野村基らの協力のもと、2世用の日本語教科書として編纂されたものである。この教科書の性質については、日本に対する愛国主義をいわばカモフラージュして教育しようとしたものとも見て取れる。これは当時のブラジルにおける日本語教育の実態に対する、移民社会内での危機感の表れでもあった。佐野は日本語教育の実態について以下のように述べている。

　此所では、今までずっと日本の国定教科書を使って居るが、新読本にせよ、前の尋常小学国語読本にせよ、実際について見ると、随分無理な所が少くない。先づ試みに新読本の巻一について見るに、これは開巻第一の「サクラ」の課からして、工合が悪い。何故かといふと、ブラジルには桜といふものがないのみならず、此所では新学期の初が二月で、やっと夏休が終つたところ（夏休は十二月一日から、一月末日まで、アルゼンチンでは二月末日までである）、常夏の国のその又夏の頃であるから、日本に於ける桜花の気分だとは全然出ない。たとへ桜を別にしても、「咲いた、咲いた、花が咲いた」などと言って喜ぶやうな事は、この国では先づないといってよからう。桜花によって「日本」を表さうなどと言つた所で、子供の頭にはぴたりと来ない。唯花の色や咲いた工合からして、まあブラジルのパイネイラのやうなものだと言って説明するに過ぎないのである。　　　　　　　　（佐野 1937）

ブラジルにおける佐野の観察は、苦労に満ちた日本語教師と、混乱をきたした学習者の実態を示したものであった。ここで「二世」や「準二世」の立場から見ていけば、ブラジルの教育制度で徹底されていたならば生じえなかった矛盾が、そのまま2世全体へと突きつけられたことになるだろう。それは、日本人としてのアイデンティティーの確立が日本語教育という形で示されているからである。それゆえに国定教科書である『小学読本』によって日本語教育がなされたとすれば、日本国内で徹底した教育を受けた「準二世」にとっては、かろうじて受け入れられる内容であっただろうが、日本での教育が不完全なままでブラジルへ渡った「準二世」や、ブラジル生まれの「二世」にとっては、大いなる混乱をもたらすものであったと考えられるのであ

4.2 世代意識と日本語教育

る。実際、サクラの例などは一種の愛嬌で済むかもしれないが、「二世たちには、どうも日本の天皇陛下といふものが分からないらしい。大統領と同じものとしか思はないやうである」とする状況について、佐野は「それでは困るのである」と断じている。そこで考案されたのが、独自の日本語教科書編纂であった。「一々こまかい事を調べて行くと、日本の国定教科書では、工合の悪い点が少くない。そこで、その土地土地に応じた特殊な国語教科書を作りたいといふ希望は、何処にもあるやうである。」(佐野 1937) という状況から編纂事業がすすめられたが、実際に教科書の内容を見てみると、ブラジル国民としての自覚をうたいながら、先述の通り、どうしても日主伯従の感が否めなくなる。これには以下のように、当時の風潮が大きく影響しており、その意味で「カモフラージュ」としての日本語教科書という側面も浮かび上がってくるのである。

> 日本国民たる以上、たとへ少々分らなくても、日本内地に於ける子供と同じく、国定教科書を用ひさせるのが最もよい。日本語の教科書としては、国定読本に増すものはないと主張する人もある。　　　　　　　(佐野 1937)

しかし、それでもまだ、こうした教育でも相応な形で十分に受けた世代は、ある意味において優遇されていたとみるべきである。実際には、中隅指摘する「日本語もブラジル語も半端となった、もの言わざる派」となる準二世が、一定生じることとなってしまったからである。準二世のなかでの「ブラジル語を勉強し、一応日伯両文化を理解した派」は、ポルトガル語中心の教育のなかで、日本語の習得を目指した2世の存在と限りなく近づいていくし、同じく準二世でも「正式にはブラジル語を習わず、習っても小学校四年程度で、日本語と日本とにこだわり続けた日本派」も、1世と変わらないアイデンティティーを形成していったとすれば、改めて問い直されるべきものは、やはり「準二世」として析出される世代の本質である。上述の教科書は、準二世において「日本派」(真の「日本派」の場合は国定教科書の使用を重視) や「日伯両文化理解派」を形成する方略であったといえるだろう[37]。

4.2.4 言語生活調査と日本語教育

ところで、「準二世」において「日本派」と「日伯両文化理解派」を分けるものは何であったのか。これについては、成育歴や戦後での社会的立場が大きく関係しているが、戦争認識に関わる、いわゆる「勝ち組・負け組」の問題も絡み、簡単には結論づけられない点が多く含まれている。ただ、少なくとも日本語教育に関して言えば、それが自らのアイデンティティー確立にとって不可分であるとして、戦後において、日本語教育の方策に対して両者とも積極的な態度をとり続けた点は注目すべきである。戦後において、ブラジルへの同化が進む中、一方ではそれを不可避のものとして位置づけつつ、日本語教育によるコミュニケーション能力の涵養と、日系移民社会におけるアイデンティティーの確立を目指した点において、準二世の存在は極めて大きな意味をもつ。戦後、『にっぽんご』シリーズとして刊行された日本語教科書の編纂事業には、半田知雄をはじめ多くの準二世が着手している。日伯文化普及会日本語教科書刊行委員会編（1961）には次のように日本語教育の目的がうたわれている。

> わたしたちのコロニアを栄えさせるためには、経済的にも、文化的にも、一世と二世、三世が、しっかりと結ばれ、たがいに力をあわせることが緊要です。協力は理解しあうことから始まり、理解は、コトバがよく通じるところに生まれます。ここに、日本語を二世、三世にまなばせる第一の理由があります。
> わたしたちの子弟は、りっぱなブラジル人であり、しょうらい、東洋文化と西欧文化とを、ないまぜて、ブラジル文化の開花に力をつくす有力分子でありたいと思います。この有力分子に仕立てるには、日本のすぐれた文化と技能をじゅうぶんに吸収してもらわなければなりません。その第一歩は、なんといっても、日本語の習得からです。ここに、日本語教育を必要とする最も大きな理由があります。
>
> （日伯文化普及会日本語教科書刊行委員会編 1961：1）

ここで示された日本語教育観については、工藤・森・山東・李・中東（2009）における移民社会の史的分析においても言及しているが、今後は日本語能力の実際とその意識について、こうした前提を十全にふまえた分析が必要となってくる。本書の言語生活調査に関する分析において示された「子供移民」と「沖縄系移民」の存在については、こうした日本語教育に関する史的背景を勘案しない限り、その全貌は明らかになってこないものと思われる。本節では、「準二世」の存在が日本語をめぐるアイデンティティーの問題と不可分であったことを確認したが、その具体的な実態については、言語生活調査に関する分析の章を参看されたい。

[山東功]

注

1) 前山（2001）は同伴移民を「自らの自発的な意志に基づいて主体的に移民となることを選択したわけではない、あるいはあいまいなままに納得させられ、抵抗したが説得されて同意した、あるいは同意する以外に選択の道がないと判断して同行した人々、あるいはそれに類似した人々」としている（前山 2001：211）。前山隆（2001）『異文化理解とエスニシティ―ブラジル社会と日系人―』御茶ノ水書房、前山隆（1996）『エスニシティとブラジル日系人』御茶ノ水書房
2) 斉藤廣志（1960）『ブラジルの日本人』丸善
3) この外務省の改善勧告の中の（4）に関してはブラジル沖縄系人の集合的アイデンティティーを扱う第5章においてやや詳細に取り上げられているので参照されたい。
4) 前山隆（1975b）「コロニア文学の原点―安井・醍醐両氏に応える―」『コロニア文学』28、102-104頁。
5) 前山には「コロニア文学」の作家たちの多くが「準二世」である（あった）という事実から準二世の作品の解釈を通じて、「加害者不明の被害者意識」という準二世のもつメンタリティーの1つの側面を「同伴性」という問題と交錯させながら指摘した論考もある。
6) 斉藤廣志（1984）『ブラジルと日本人：異文化に生きて50年』サイマル出版、7-12。斉藤は1919年宮崎県で生まれ、1934年（15歳）の時に両親とともにブラジルに渡航。ブラジル渡航後、エメボイ農学校を経て、新聞記者（パウリスタ新聞）をしながらサンパウロ社会政治学院に学び社会学修士となり、その後神戸大学で博士号取得、サンパウロ大学芸術コミュニケーション学部教授となる。斉藤は生涯、準二世研究の重要性と必要性を説いたが、自らその研究に着手することなく死去。
7) 清谷益次：広島県生まれで1926年尋常小学校5年次に家族とともにブラジルに渡航。モジアナ線のコーヒー耕地でコロノ生活を送った後に、コーヒー栽培6年契約を経

第4章　子供移民と日系エスニック運動

　　　　　　て家族は自営農となった。戦後はサンパウロ市で八百屋、新聞記者、農協職員などの仕事をしながら短歌を詠い、エッセイなどを書き続けた。
8)　前山隆（1975a）「加害者不明の被害者―コロニア文学論覚書―」『コロニア文学』26
9)　中隅哲郎（1998）『ブラジル日系社会考』無明舎出版
10)　この指摘は前山（2001：219）に依拠したものである。前山隆（2001）「二．同伴移民妻移民・子供移民・老人移民―」『異文化接触とアイデンティティ　ブラジル社会と日系人』御茶の水書房、209-229頁。
11)　本稿で用いた短歌は清谷益次（1998）「証言としての移民短歌　ブラジル日系人の百二十一首とその周辺」梶山美那江編『積乱雲　梶山季之―その軌跡と周辺』696-767頁に掲載されたものである。
12)　伊那宏（1985）「『コロニア文学』の意味づけ」『コロニア詩文学』、5頁
13)　『コロニア文学』とは1966年にブラジル日系社会の日本語文学愛好者によって形成された文学結社がその同人誌として出版したもので、1977年まで32号を出版した。戦後の代表的な日系文芸誌である。
14)　前山隆（1972）「薮崎正寿の文学」『コロニア文学』17号、コロニア文学会、32-39頁。前山は薮崎の文学を「薮崎正寿の小説は、ブラジルの日本人、日系人に関する嗚咽の文学である。…それは悲境に哭く被害者としての移民とその子孫を主題とする嗚咽と泣き寝入りの文学である」（32頁）と断じている。
15)　清谷益次（1985）『遠い日々のこと』自家版。
16)　この「キングと通信教育の青春」という表現は前山（2001）が「加害者不明の被害者ブラジル日系文学論覚書―」の中で用いたものである。
17)　キングは「面白くてためになる」というモットーをもっていた講談社が「万人向きの百万雑誌」として1925年1月に創刊した月刊誌で、1928年11月には最高の150万部数を誇った。この雑誌は小説、講談、実用知識、説話、笑い話など多岐のジャンルからなるのを特徴としていた。1957年に終刊。
18)　講談倶楽部は速記講談を中心としながらユーモア小説、探偵小説、芸能・スポーツなどの記事を掲載し1911年11月に創刊された月刊誌。1930年代になると時局色が強くなり、1932年4月号では「愛国小説軍事美談集」の特集が編まれている。1946年2月号で休刊した後、1949年1月から復刊、62年11月に廃刊された。
19)　少年倶楽部は1914年大日本雄弁会（現講談社）が刊行した小学校後半から中学校前半の少年向け雑誌。雑誌の内容は小説、詩、漫画、時事、投稿などからなり、30年代半ばの最盛期には75万部ほどが発行された。1962年の廃刊時までに611冊が発行され、子供に大きな影響を与えた。一方、少女倶楽部は少年倶楽部の姉妹編として1923年に小学校高学年から女学校低学年層を対象に刊行された月刊誌、処女小説、詩を中心にしていたが、後には漫画中心となっていった。1962年廃刊。
20)　大日本国民中学会によって編集、発行された中等教育の講義録。大日本国民中学会は明治35年に尾崎行雄を会長に中等教育の通信教育機関として東京・駿河台に設立された。大日本国民中学講義録と早稲田中学講義録で中等教育を通信制で学んでいた学生は大正末期で36万人ほどであった。
21)　弘中千賀子（1994）『いのち折々』日伯毎日新聞社
22)　ここでの論考は主に前山（1996）の、以下の二つの論考に依拠している。エリート層における「準二世」範疇の析出プロセスの詳細に関しては、前山のこれらの論考を参照いただきたい。「第二章　国家・ひと・エスニシティ（一）――一九三〇年代サンパウロ市におけ

る日系学生結社」「第三章　国家・ひと・エスニシティ（二）——一九三〇年代の「第二世」アイデンティティー」『エスニシティーとブラジル日系人』御茶の水書房、332-362 頁、363-392 頁。

23）　例えば、30 年代に自らを〈第二世〉と名乗った日本生まれブラジル育ちの人物として半田知雄がいる。第二次世界大戦後には誰も半田を 2 世と呼ぶ者はおらず、半田自身は自ら〈準二世〉と名乗っている。半田は栃木県宇都宮の生まれで小学校 5 年のときに親に連れられてブラジルに渡った。半田はコーヒー耕地での就労の後、サンパウロ市に出て日本語新聞の活字ひろいなどをしながら日本語を完全に習得した。画家となることを志し、美術学校に通うなかで学生聯盟の会員となった。半田は聯盟の機関誌につぎのような文章を寄せている。

　「僕も第二世である。そして老学生、人生五十年と云ふが、三十になってもまだ、一人前になれない代物である。僕はアルゴドンを植え、カフェー樹をそだてる筈だった。移民の子だから。（中略）僕は日本民族の誇りを持っている。戦争に強い国民だからではない。僕は人殺しはきらいだ。（中略）ブラジルをけなすための日本精神なんか犬に喰はれてしまへ！　第一世から第二世をひき離すものは偏狭な日本主義者である。私は二重国籍者である。幼にして渡伯し、思ひ出はブラジルの国土に年毎に多くの花をさかせる。

　排日運動はしゃくである。しかし、どんなに排斥されてもこの美しい花は咲き乱れる。ブラジルに生まれた同胞よ、君等の故郷はここだ。君等にこそ排日運動に抗争する武器がある。それは"Amor a terra natal!"、愛さねばならない宿命、愛することの権利！これに勝る引きがあらうか？」半田知雄（1935）「雑草の花束」『学友』2、30-32。半田が自らを「第二世」と名乗ったことに関して、前山は半田の中にあった「偏狭な日本主義への反撥」を指摘している（前山 1996：373-374）。

24）　高畠清（1935）「愛する兄弟よ、何処に行くや」『学友』2、サンパウロ学生聯盟、10-16 頁。

25）　木村博（1936）「第二世と日本文化」『学友』4、サンパウロ学生聯盟、38-42 頁。

26）　下元とともに学生聯盟の「ブラジル派リーダー」だった人物にマサキ・ウジハラがいる。前山によれば、ウジハラは下元とともに「完全な同化主義者」であったという。ウジハラはブラジル生まれでサンパウロ市育ち、1926 年に 13 歳でカトリックに入信、その後サンパウロ医大に入学するとともに予備士官学校に通い、36 年日系人として最初の陸軍少尉に任官した。ウジハラは高畠の「大和魂を持った善きブラジル人」論を徹底的に批判するとともに、完全同化主義の立場からの同化論を展開、日本移民不同化説に関する批判を行っている。

27）　本名徳尾恒寿（つねとし）パウリスタ新聞社編（1996）『日本・ブラジル交流人名事典』163 頁。

28）　巻末の資料編に掲載した付表はパウリスタ新聞社編（1996）『日本・ブラジル交流人名事典』に掲載されている「子供移民（15 歳以下での渡航）」としてブラジルに渡航し、さまざまな分野で活躍を遂げた人々のリストである。ちなみにこの事典では移民 555 名、2 世 86 名、非日系ブラジル人や日本人 194 名の合計 835 名が取り上げられているが、移民 555 名のうち、子供移民は 94 名である。

29）　『椰子樹』は 1938 年に創刊された日系社会最古の短歌専門雑誌で現在も発行され続けている。椰子樹の発刊にはサンパウロ総領事として赴任した坂根準三（嵯峨）、リオの正金銀行支店長として赴任した椎木文也という日本知名の短歌人の存在が大きくかかわっている。創刊当時の『椰子樹』の選者は若山牧水門下でサンパウロ短歌会の指導者であった安部青杜、アララギ派で島木赤彦門下の岩波菊治があたった。この雑誌には全伯の主要短歌

第 4 章　子供移民と日系エスニック運動

　　　者の大半が参加している。深沢正雪（2013）「第 6 章　雑誌・刊行物史」『ブラジル日本移民百年史』第 4・5 巻合本、473-628 頁。
30)　渡辺トミ・マルガリーダ：1900 年鹿児島県枕崎市生まれ、1912 年にブラジルへ渡航。着伯後はサンパウロ市の名医セレスチーノの家に住み込み、働きながら教育と信仰を身に付けた。太平洋戦争勃発の翌年（1942）日本人移民の生活困窮者、病患者の救済厚生のため、サンパウロ大司教ドン・ジョゼ・ガスパル卿の援護と日本の有力商社などの資金的援助を受けて「サンパウロ市カトリック日本人救済会」を設立。戦時中、敵性国人として日系人の投獄や強制収容が頻発するとその救済に尽力、戦後は戦災にあった日本救援のためにブラジル赤十字社を通して積極的な救済運動を展開した。1992 年吉川英治賞、93 年朝日社会福祉賞を受賞。パウリスタ新聞社編前掲書（1996）286 頁。
31)　間部学：1924 年熊本県生まれ、1934 年ブラジルに渡航、サンパウロ州ビリグイ駅コレゴドエレンジョ植民地に入植、その後 1946 年本格的に絵を描き始める。1950 年サンパウロ作家協会展に入選、51 年国展に入選。1957 年サンパウロ市に移転し、58 年全ブラジル作家が参加したレイネル賞展でレイネル賞を受賞、59 年には第 5 回ビエンナーレ展で国内最高賞。世界各地の美術館で個展を開催、世界的に著名な画家となった。パウリスタ新聞社編前掲書（1996）231 頁。
32)　1924 年香川県生まれ。1929 年両親とともにブラジルに渡り、サンパウロ州奥地のコーヒー耕地で就労した後 1933 年にモジダスクルーゼス郡コクエイラ植民地に移動、さらに 35 年にはスザノ市福博村に入植した。福博村ブラジル学校父兄会創設。福博青年会会長、福博村会会長、社会福祉法人「救済会」常任理事、社会福祉法人「こどものその」理事などを歴任する。パウリスタ新聞社編前掲書（1996）53 頁。
33)　竹中正：1917 年和歌山県生まれ。1929 年に着伯、コーヒー耕地での就労の後サンパウロ市に出、アルバレス・ペンテアード高等商業学校、同大学を卒業、戦後は株式会社竹中商会を開業、肥料、農薬、農機の輸入販売を行う。家業の傍ら、日系社会の陸上競技をはじめ各種スポーツの振興発展のために尽力するとともに、ブラジルと日本とのスポーツ交流に大きな貢献を行った。また日系社会の福祉厚生事業も推進した。パウリスタ新聞社編前掲書（1996）147 頁。
34)　輪湖の所説については、拙論（工藤・森・山東・李・中東 2009 所収）を参照。
35)　今後は、本書における談話資料について、言語分析に留まらず、アイデンティティーの問題とも関係する社会心理学的、文化人類学的分析が必須のものとなってくると思われる。
36)　本論で引用した『日本語読本』等の日本語教科書については、ブラジル日本移民史料館（サンパウロ）所蔵本の複写を利用した。複写に関しては大井セリア館長（当時）に大変お世話になったことを、記して感謝申し上げる。
37)　こうした、いわば「海外における国語教育」ともいえる日本語教育のあり方については、台湾や朝鮮、南洋諸島といった「外地」の教育として、すでに多くの言及がなされているが、ハワイやブラジルといった移民社会での日本語教育史的分析は、今後の検討すべき課題が未だ多く残っている。

第5章

沖縄系移民と文化再活性化運動

Utiná Press 紙（2013年7月号）

本章ではまず戦後沖縄からの海外移民の歴史を移民政策、移民数、移民形態から概観した後、ブラジルおよびボリビアへの移民に関してやや詳細に記述する。そして、その後、ブラジルの沖縄系人の集合的アイデンティティーの変遷過程が考察する。

5.1　戦後沖縄からの移民史

　本節では戦後沖縄からの海外移民の様相を移民政策、移民形態、移民数そしてブラジル、ボリビアへの移民史という側面から記述、考察することを目的とする。

　日本で唯一壮絶なる地上戦が展開された沖縄では戦後、生活や生産活動をゼロから再建することを余儀なくされた。終戦直後、1946年から47年にかけて、戦前・戦中期を海外（日本植民地内も含む）で生活していた日本人引揚げが起こった。なかでも沖縄は多くの海外生活者を輩出していたこともあって、1948年当時、人口は約10万人も増加したが、その主因は海外からの引揚げ者によるものであった。つまり、生活や生産活動を人口増加という状況のなかで再建することが戦後沖縄のスタートであった。

　こうした状況に対して、沖縄民政府は人口圧への対応および物資調達を目的とする八重山移住計画を打ち出し、そののち海外移民にその解決を求めた。しかし、この海外移民送り出しの動きは当初、民政府にしろ軍政府にしろ、政府が主導するかたちで始まったのではなく、むしろ南洋帰還者会の結成や沖縄海外協会の再結成（1948）など民間が主導するかたちで開始されたものであった。

　すでに、1948年から戦前期に日本ないし沖縄に留学していたアルゼンチン2世の呼寄せ渡航（帰国）が人道的な立場から開始されたものの、それは例外的措置の範囲を超えるものではなく、また南洋帰還者会の南洋群島への

第5章　沖縄系移民と文化再活性化運動

再移住も GHQ の反対で実現されることはなく、50 年代初頭まで沖縄からの海外移民政策はほとんど動きがなかった。この状況が変化を見せ始めるのは 1952 年のサンフランシスコ講和条約発効後、沖縄の国際法上の地位が確定されたのを契機としてのことであった[1]。島袋伸三の整理によれば[2]、戦後期沖縄からの海外移民政策は、米国民政府・琉球政府・日本政府という特殊な三極構造のなかでどのように沖縄人の海外渡航をスムーズに実現するかということにあったとされる。

本節ではまず、1972 年まで米国の支配下に置かれた沖縄からの海外移民がどのように実施されていったか、そしてどのくらいの移民がいかなる移民形態で渡航を遂げていったのかをまず概観し、その後に本研究の調査対象国であるブラジルとボリビアへの戦後移民の実態を取り上げる。

5.1.1　南米への移民

米国施政権下の沖縄における海外移民をめぐる政策や事業は 1948 年に再結成された沖縄海外協会（後に琉球海外協会、社団法人沖縄海外協会と改組・改称）と 1952 年に発足した琉球政府を中心に展開された。沖縄からの海外移民政策や事業はある意味で「段階的に日本本土と系列化あるいは一体化[3]」をいかに実現していくかというプロセスでもあった。

（1）移民政策―海外協会・琉球政府の設立と活動―

1948 年 9 月、政府関係者や世話人など 45 人が第 1 回発起人大会を開催し、沖縄海外協会創設に向けた話し合いを行い、下記の「沖縄海外協会設立趣意書」を作成し海外協会の意義や重要性を訴えた。

　　土地も狭く地味も痩せしかも人口のあり余っている沖縄にとって、移植民事業の発展が何よりの急務であることは周知の通りで、以前から官民一体となってこの問題に関心と努力を注いできたのであるが、とりわけこの点に関し前沖縄海外協会の遺して来た偉大な足跡に対しては我々として心から敬意

を表するものである。

　終戦後の沖縄の地位と性格は著しい変貌を示し、将来赴くところもまだ判然としない有様であるが、如何なる状況に立至るにせよ、移植民の問題の解決を見ないで沖縄が存立し得ないことは明らかであり、沖縄民政府がこの問題に関し絶大な関心と真摯な努力を祓いつつあることに対してはこれまた深甚の謝意を表する次第である。

　移植民問題が沖縄の運命を左右するものであることに思いを致す時これを政府にのみ委さないで、民でもまた政府と提携し、側面から移植民事業の促進達成を図ることが市民としての当然の義務であると信ずる。一方海外各地でも沖縄救済団体連合会事務所の設置が唱えられている際、沖縄でもこれに呼応すべき団体を設立することはこれまた我々市民に負わされた責務でなければならない。

　偶々戦争により自然解消の形に至っている沖縄海外協会再興の機運が熟し来ったのを機に同志相図って新沖縄海外協会の発足を提唱するに至った理由もひとえに上述の義務を遂行せんとの念願に出たものに外ならない。これを要するに我々の提唱する協会の使命とするところは一．移植民事業の促進発展に関し側面から民政府に協力し、二．移植民事業の実現に備えて必要な基礎的調査研究を行い、三．移植民に対し所要の便宜と教育とを与え、四．在外同胞との連絡提携を図り、五．併せて海外諸国との文化親善を図ろうとするにある。[4]

1948年10月那覇劇場において沖縄海外協会創立総会が開催され、同年11月には第1回役員会を行い沖縄民政府内に事務所を設置するとともに、会員獲得、支部設置、海外県人社会との連絡などが行われていった。こうした活動に対してサンフランシスコ講和条約発効前で沖縄の国際的地位が確立されていなかったことから、米国沖縄軍政府は否定的な立場をとっていた。

1950年には沖縄群島政府が発足したのを契機に、沖縄海外協会は群島政府内に移るとともに、群島政府は「海外移住促進関係、列島内移住関係、海外協会関係」を担当する部署として経済部に移民係を新設、少なくとも海外移民政策などを促進していく体制を整備していった。

　米国沖縄軍政府の否定的な立場が変化を遂げたのは1952年サンフランシ

第 5 章　沖縄系移民と文化再活性化運動

スコ講和条約締結直前のことであった。沖縄はサンフランシスコ講和条約により米国の施政下に置かれることが確定したことで、米国の沖縄への関わり方、特に琉球政府と沖縄海外協会の海外移民政策や事業に対する見方が肯定的なものとなり、かつそれらへの関わり方が明確にされていった。

まず米国は沖縄の占領政策の一環としての沖縄社会調査研究の目的で、1951 年 9 月にスタンフォード大学の歴史学者 J.L. ティグナーを米国太平洋科学研究所の委嘱を受けたかたちで来島させ、翌 52 年にかけて中南米諸国の沖縄移民の実情調査や沖縄からの海外移民促進のための調査研究を行わせた。

ティグナーはこの調査の後、1952 年 9 月に沖縄を訪問、米国民政府と琉球政府に対して、南米各国の沖縄人の現況および今後の見通しに関して報告を行った。ティグナーの見解では、アルゼンチンに関しては「琉球移民の最良で早急な発展は現在の呼寄移民」であり、ブラジルに関しては「移民に対する責任や旅費資金の負担をなくするような呼寄（自由）移民の方が有利」であるとし、これら両国に対しては呼寄移民を推進することが適切であるとした。また、ペルーに関しては「（ペルー大統領）オドリーア政府が存続する限り移民は停止したまま」とし、ペルー向け移民の再開に関しては否定的見解を示した。そしてティグナーは琉球移民の移住先としてのボリビアを現地在住沖縄系人の「うるま組合」（後述）の存在を念頭に「財政的条件を除けば、植民事業を始めるにあたっては条件は整っている」とした。このティグナーの見解[5]が琉球政府の海外移民に関する事業計画立案に影響したことは想像に難くない。

この当時、すでに沖縄を長期間施政権下に置くことを決定していた米国は米国民政府（USCAR）を設立するとともに、1952 年 4 月には米国民政府が指名する行政首班を長とする琉球政府を発足させ、この政府内総務局に移民課を設置させ、沖縄からの移民送出に関して積極的に関与していく立場を明確にした。琉球政府はこうした動きのなかで 1952 年海外移民に関する事業計画を立案、公表した。その事業計画とは、①南米各国に対する呼寄移民の早期解決、②移植民政策の調査立案、③八重山群島への大量開拓移住であり、

このなかでも「差し迫った問題として呼寄移民の早期解決等、手近な處から着々たる解決の努力を忘れてはならないことは云うまでもありません」とし、①を強調した。

　戦後期における南米諸国への呼寄移民は 1948 年アルゼンチンへの帰亜 2 世の呼寄せ、49 年に帰伯 2 世の呼寄せによって再開はされていたものの、これらはあくまでアルゼンチン人、ブラジル人の帰国という例外的なケースであり沖縄人の呼寄移民の再開という訳ではなかったのであって、琉球政府はまず喫緊の課題としてどのようなかたちでアルゼンチンやブラジルへの呼寄移民を再開するかを検討することにしたのである。

　1953 年琉球政府は移民課を社会局へ移管するとともに、沖縄海外協会は琉球海外協会へと発展的に改称した。後者は移民問題を憂える海外からの帰郷者代表者らを中心に沖縄全体を網羅した組織の必要性という要請を受け、積極的に移植民事業を展開するための改組であった。1953 年 5 月 16 日に那覇劇場で開催された琉球海外協会設立総会時には以下のような決議がなされている。

資料 1　1953 年 5 月 16 日　琉球海外協会設立総会「決議」

　本日茲に琉球海外協会設立総会を開催し、総意の結集を図りたる所以は、戦火で荒廃し農耕地の大半を失える琉球にとって基本政策でなければならぬ移植民問題の推進に重大なる関心と早期実現を渇望してやまないからである。

　かつて琉球住民は帆船に風をはらませて東南アジアに活発なる貿易を行い、接触民族をして波濤の健児として絶賛せしめ、近くは総人口の十パーセント以上も移民として世界各国に其の足跡を印し、異国の気候風土にもよく順応し、世界の拓士として其の名をなしたのである。然るに戦後其の大半は引揚を余儀なくされ、資源に乏しく農耕地の狭隘なる南西諸島内にとぢこめられ、而も其の後の人口は一年間に二万六千人余の増加を来し過剰人口の重圧は日に日に其の度を加えつつある。

　近時惹起しつつある土地問題、労働問題等は移植民問題の解決が琉球に於て如何に重要であり、百万住民の死活に関する問題であるかを物語って居り、

第 5 章　沖縄系移民と文化再活性化運動

其の早期実現こそ民生を安定せしめる基本要件であると確信する。
　よってここに、我等百万同胞の誠意と世界諸国家の好意に訴えて移植民の早期実現を図り、世界の資源開発と経済開発に寄与し、且つ民族文化を交流し、相互の緩和認識を深め、世界平和の基礎を築くにあるという移植民事業の崇高な精神と国際的意義と琉球の現状にかんがみ次に記す施策に対し琉球民政府の理解ある援助と琉球政府の強力なる実践を総会の名に於て要望する。
（以下略）　　　　　（『海外協会三十年沿革史』琉球海外協会事務局編　1955：18-19）

　この決議は、米国民政府、琉球政府、琉球海外協会は海外移民業務のために関係を強化する必要性を唱えるとともに、国民政府の援助と琉球政府の実践を訴え、かつ琉球海外協会として米国民政府と琉球政府に対して、①移植民に対する融資機関の設置、②移植民教育機関の設置、③移民予想地に対する使節並びに調査員の派遣、④移植民関係事業補助育成を要望する内容となっている。これらの要望は琉球政府によって可及的速やかに実現されていった。
　移植民に対する融資機関の設置に関して、琉球政府は 1953 年 11 月に移民金庫法（立法第 85 号）[6] を公布し、翌年米国民政府前年度予算 16 万ドルを含む資金によって「移民送出に必要な資金で、銀行その他一般の融資機関が融通することを困難とするものに融通することを目的」（第 1 条）として「移民金庫」を開設した。また、移植民教育機関の設置に関しては独自の機関の設置には至らなかったものの、糸満高校移民クラブ[7]、南部農林高校移民研究グループ[8]、知念高校移民研究グループ、恩納中学[9]（早くから移民問題研究指定校）、小禄村当間区青年移民同志会[10] などが独自な活動を展開していった。
　移民予想地に対する使節並びに調査員の派遣に関しては 1953 年 7 月に 10 日間を費やしての八重山、石垣、西表島移住地視察が実施されるとともに、琉球海外協会会長稲嶺一郎と琉球政府経済企画室長瀬長浩の 2 人が移民使節として南米諸国へ派遣された。移民使節は 1953 年 12 月から約 3 カ月間ボリビアとブラジルを訪問、大きな功績を挙げた。具体的にはボリビアにおいては「うるま移住組合」の殖民計画中、移民に対する経済的援助（移民 100 家

族を受け入れるための諸設備費と農産物収穫があるまでの食事及び農事計画資金）としてFOA（米国対外活動本部）資金約 2,294 万 B 円の支出及びボリビア勧業省法令 5731 号第 9 条で規定されていた 2630 万ボリビアノス（Bolivianos）積立金の削除に成功している。これによってボリビア農業開拓移民送出計画（後述）は海外移民送出計画審議会（行政事務部局組織法（1953 年立法第 9 号）により 1954 年 4 月 21 日設立）やその他各界の本格的な動きによって具体化されていくことになった。一方、ブラジルにおいては伯国移植民審議会から将来における沖縄移民のマットグロッソ州への入植可能というアルバレンガ伯国移植民審議会会長署名の「覚書」を得たのである[11]。

移植民関係事業補助に関しては、1953 年 12 月沖縄 27 団体共催による海外移民促進大会が那覇市珊瑚座において開催されている。この大会では米国政府、琉球列島米国民政府及び琉球政府に対して、①琉球政府における移民行政機関の確立（移民政策を樹立しその促進のための行政機関の整備強化）、②琉球よりの一般的な移民送出しの実現（琉球の統治権・外交権を有する米国政府は琉球百万住民の利益を代表する立場において世界各国に対して琉球移民受け入れの外交交渉を行う）、③南洋群島地域への移民の早急なる実現、④米国への移民割当については被統治者たる琉球には各国に優先し特恵的な考慮を払うこと、⑤米国による琉球移民送出費用の負担の 5 項目が決議された。

サンフランシスコ講和条約発効後の 1953 年頃から、沖縄からの海外移民送出をめぐる日本政府との関係も徐々に確立されていくことになった。まず 1953 年 8 月には前年 4 月の連合国最高司令部『琉球列島における日本政府連絡事務所の設置に関する覚書』に基づき、日本政府南方連絡所（南連）が那覇市に設置され、戦後沖縄と日本政府との間に関係が創設された[12]。

そして、1956 年には 54 年に設立された財団法人日本海外協会連合会（海協連）が行う海外移住の斡旋及び援助、日本政府予算による渡航費貸付[13]などの業務が海協連－琉球海外協会ラインを通じて琉球政府へ委託されることになった。琉球政府は渡航手続きなどを琉球海外協会に委嘱することとし、そのため琉球海外協会は 1956 年 4 月に海協連に準会員として参加したのである。

サンフランシスコ講和条約では日本政府の沖縄に関する潜在主権が認められ、その結果沖縄出身者に対する日本国籍の適用、日本本土における日本国旅券の取得が可能になっていた。しかし、実際に日本国旅券を取得するためにはまず琉球列島米国民政府発行の身分証明書によって渡航し、日本本土で寄留手続きを行った後に日本国旅券に切り替えるという煩雑な手続きが必要であった。この煩雑な手続きがなくなるのは1966年になってからのことであった[14]。

米国支配下のなかで、海外移民という領域において沖縄が日本本土と同じになるのは、1966年5月東京で開催された第9回日米協議委員会において沖縄住民に対する日本国旅券の発給及び在外沖縄住民の保護には日本政府が当たること、沖縄住民の海外移民に関しては日本政府と海外移住事業団がこれに当たることという原則的な合意が成立したときであった。

1960年7月琉球政府は政府機関としての移民金庫を廃止し、政府と民間の共同出資によって琉球海外移住公社を設立、渡航費および事業資金の貸付業務を引き継がせ、61年には移民部門を経済局へ移動、経済局による移住あっせん所、ボリビア移住地駐在所を新設した。また同年8月には琉球海外協会は社団法人沖縄海外協会と改称、法人化を行った。この結果、移住業務は民営化・法人化されたのである。この民営化・法人化は移民に対する渡航費貸付や準備資金などの貸付を緩和する目的をもって実施されたものであるが、この背景には60年代に入ってからの沖縄人の海外移民が急激に減少したという状況が存在している。

この移民減少を玉城美五郎は「沖縄島内における基地のおこぼれによる経済的な潤いや産業復興等によって、金廻りが良くなって、一般生活レベルも向上してきた」ことに起因するとし、こうした状況を改善するためには①沖縄で享受できている生活レベルを移住地においてどのように維持させるのか、②移住地における子弟教育や保健衛生面での不安をいかにすれば払拭できるのか、③移住地において移民をいかにスムーズに成功させるのか、という3点が必要と指摘した。

60年代からの沖縄からの海外移民の減少は沖縄の社会経済構造が都市的

労働社会に近づいていること、そして50年代後半から始まる日本本土の高度経済成長による労働需要の増加、あるいは日本本土の企業や会社の直接的な採用活動の結果、若年層の海外への流れを減少させることになったこと、などもその要因として指摘されている。沖縄からの海外移民は日本本土並みになったものの、60年代には海外移民を選択することは主流ではなくなってしまったのである。

（２）移民数と移民形態

　沖縄からの戦後海外移民は1948年のアルゼンチン2世の近親呼寄から開始され、1950年代から60年代初期にかけて移民数のピークを迎え、60年代半ば以降大きく減少した。国別に見れば、アルゼンチンから開始され、49年にはブラジルへの呼寄移民、54年からボリビア開拓農業移民と移民先国が拡大した。1948年から1991年までの、沖縄からペルーを含めた南米四か国への移民総数は17,568人で、四カ国のなかではブラジル向け移民が9,494人と全体の54％を占め最も多くなっている。ブラジルに続いてはアルゼンチン（3,893人）、ボリビア（3,448人）へと沖縄移民が渡航、一方ペルーへの戦後移民は近親呼寄形態の渡航だけが許可されていたこともあって733人と少なかった（表1）。

　戦後沖縄からの南米諸国向け海外移民のピークは表1、表2からも看取されるように1957年〜59年頃で、それぞれ2,000人近い沖縄人がブラジル、アルゼンチン、ボリビアへと渡航している。すでに指摘したように日本政府資金貸付による渡航、日本本土での寄留手続き後日本国旅券を取得しての渡航といった条件が整備されたことが制度的には移民数を増加させることにつながったと考えられ、政治的には軍用地問題が強制収用、プライス勧告、島ぐるみ闘争などで大きく揺れ動いたものの、結果として生産基盤である土地を接収されてしまったことが50年代後半の移民数増加の背景には存在していた。

　沖縄からの戦後移民がピークであった1958年琉球新報では新年号で移民を奨励する強いメッセージを掲載した（資料2）。

表1 戦後沖縄からの南米諸国（ブラジル・アルゼンチン・ボリビア・ペルー）への年次別移民数と状況の変化（1948〜1965）

年次	ブラジル	アルゼンチン	ボリビア	ペルー	合計	備考(1) 移民形態別戦後移民	備考(2) 渡航資金面から見た戦後移民	備考(3) 海外渡航に関する身分上の取扱
1948	-	33	-	1	34	アルゼンチン・ペルー呼寄移民開始	●自費による渡航	●スウエーデン公使館発行の身分証明書による渡航（1948〜1951年9月15日）
1949	5	118	-	4	127	ブラジル呼寄移民開始		
1950	5	303	-	10	318			●琉球列島米国政府発行の身分証明書の身分証明書を発行の「寄留券」を行い、日本国旅券取得（1951年9月16日〜1967年9月15日）
1951	33	653	3	15	704			
1952	75	270	49	4	398			
1953	233	204	-	-	437			
1954	315	193	401	1	910	ボリビア自営農業移民開始（1954）	●移民金庫（後の琉球海外移住公社）資金貸付による渡航（1954）●日本政府資金貸付による渡航拡大（1954、57年以降拡大）	
1955	795	258	120	3	1,176	ブラジル向け伊佐浜移民開始（1955）		
1956	744	144	18	-	906			
1957	1,385	219	214	180	1,998			
1958	1,320	138	437	51	1,946	ブラジル向け産業青年隊移民南米拓殖会社移民・カッペン移民開始（1958）		
1959	1,146	136	452	92	1,826	アルゼンチン向け産業青年隊移民開始（1959）		
1960	850	68	309	89	1,316			
1961	897	110	480	47	1,534			
1962	512	79	509	78	1,178			
1963	183	85	196	20	494			
1964	94	96	102	28	320			
1965	25	94	-	21	140			
66-91年	877	692	158	89	1,816	ブラジリア移民開始（1968）		●日本政府発行の日本国旅券（1967年9月16日以降）
合計	9,494	3,893	3,448	733	17,568			

5.1 戦後沖縄からの移民史

表2 戦後沖縄からの渡航地別移民数の変遷

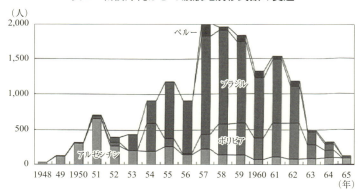

出典:「名護市史編さん室編」(2008:64)

資料2　琉球新報1958年1月新年号　移民奨励のメッセージ（要約）
1958年は南米雄飛の年だ。
地球の向こう側には沖縄の若きパイオニアたちのために
広大な新天地が待っている。
狭い沖縄でいつまでも汲々するのはやめよう。
基地の島沖縄では、年々2万人近い読谷村ほどの人口が増えている。
土地問題、人口問題解決のためにも、我々は南米に目を向けよう。
軍用地接収で立退きを余儀なくされた伊佐浜部落の住民も
一家をたたんでブラジルに渡った。
"若者よ"の歌に励まされ、たくましく船出した産業開発青年隊第一次隊も
すでにブラジルの大地で活躍している。
50年の伝統につちかわれた沖縄移民の意気を見よ！
ハワイに、ペルーに、そしてブラジルに。
行け！海外へ、七つの海越えて…。

しかしながら、1960年代になると前述の事由から沖縄からの海外移民は急激に減少していくことになった。

第5章 沖縄系移民と文化再活性化運動

さて、戦後沖縄からの南米諸国への移民は渡航先の受入条件、移民送出に関わる機関・団体のタイプ（民間か行政か）、そして制度的な変化などの諸条件によって多様な様相を呈している。1966年当時、琉球政府の移民行政を担当した農林局移住課では戦後移民を①公募移住と②呼寄移住とに大別し、それぞれを（1）計画移住、（2）雇用移住、（3）一般指名呼寄、（4）近親呼寄とに細区分している。

公募移住とは「沖縄において形式上『計画的に公募する』という点[15]」を

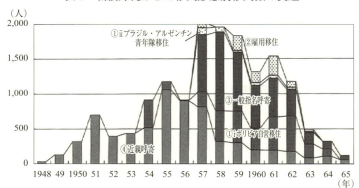

表3　戦後沖縄からの移民形態別移民数の変遷

出典：「名護市史編さん室編」（2008：71）

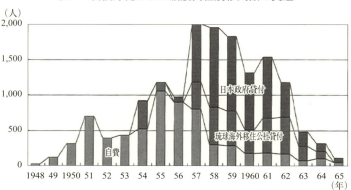

表4　戦後沖縄からの渡航費種別移民数の変遷

出典：「名護市史編さん室編」（2008：73）

5.1 戦後沖縄からの移民史

特徴としており、これには（1）計画移住と（2）雇用移住とが含まれるとされる。前者の計画移住にはボリビア農業開拓移民やブラジルやアルゼンチン向けの沖縄産業開発青年隊移民があり、後者の雇用移住は「文字通り移住後は現地の引受人によって雇用されるが、近親呼寄や指名呼寄の対象にならない移住者を、琉球政府並びに海外協会が募集・選考し、送出手続きは海外協会が扱っていた[16]」ことを特徴とし、具体的に言えば、琉球海外協会が在伯沖縄協会と提携して農業開拓移民を公募し、1962年にブラジリア近郊に送り出した例がある。

一方、呼寄移住には（3）一般指名呼寄、（4）近親呼寄がある。近親呼寄に関しては説明の必要はないが、一般指名呼寄とは「ブラジル及びアルゼンチンにおいて1966年以降『雇用農』と分類された移民形態で、実態は家族以外の呼寄人（引受人）の呼寄形式による農業雇用移住[17]」である。この一般指名呼寄移民（「雇用農」移民）は組合によるもの（後述するイーリャ・ベルデ拓産組合）と会社によるもの（後述する南米拓殖株式会社）とがあり、両者ともに現地の受入人や組合によって呼寄せられるという形態になっている。

さて、公募移住と呼寄移住に大別される戦後移民は数的には圧倒的に後者のケースが多く全移民数の72%を占め、前者はわずか28%にすぎない。また呼寄移住では近親呼寄が42%、一般指名呼寄が30%となっている。一方、公募移住では計画移住（ボリビア農業開拓移民）が20.5%、ブラジル・アルゼンチン青年隊移住が2.1%などとなっており、このほかにブラジリア移民などがあるが数的には少なかった（表3参照）。

次に渡航費の所在を指標に南米四カ国への戦後移民を見ると（表4）、自費渡航が全体の42%を占め多くなっている。自費渡航の場合、渡航費を自ら支払う場合と渡航先における引受人（呼寄人）が負担するケースがある。自費渡航の次に多かったのは日本政府貸与[18]であり、全体の36%見られ、1954年の4人のテストケースから開始され、1957年以降大きな割合を占めるようになっている。一方、琉球海外移住公社貸付（旧移民金庫）は全体の22%で1954年第一次ボリビア計画自営移民へ貸し付けられたのをその嚆矢としている。

5.1.2 ブラジルへの移民

（1）戦後ブラジルの沖縄県人社会

　第二次世界大戦終戦直後、ブラジル日系社会では第二次世界大戦での日本敗戦を認めない、いわゆる「勝ち組（戦勝派）」と日本敗戦を認識する「負け組（認識派）」との間で対立抗争が発生、テロ事件を含む大きな混乱が起こった。いわゆる、「勝ち負け問題（抗争）」と呼ばれるものである。この混乱を終息させることを目的とする「認識運動」が展開されたが、この認識運動を展開するリーダーを中心として、混乱収拾の1つの方途として組織されたのが祖国日本の救済運動であった。認識派リーダーの宮越千葉太等は救済会といった福祉団体などとともにブラジル赤十字社を通じて日本戦災救援会を組織し、救済活動を展開した。この運動が開始されたのは戦後2年近くたった1947年4月のことであった。

　沖縄移民たちも勝ち負け問題（抗争）の外側にあったわけではなく、本土出身の移民たちよりもある意味ではより激しい対立・抗争のなかにあったと言える。この当時、沖縄移民もまた「沖縄県人会」「沖縄県人有志会」「郷友会」などが競合分裂し、勝ち負け問題の真っただ中にいたのである。沖縄移民社会のなかでも、こうした県人同志の対立を憂える認識派リーダー等10数人が勝ち負けの対立を収め県人一体となって郷土沖縄の救済を目的とする在伯沖縄救援連盟が1946年に結成され、翌年日本戦災救援会が結成されると、ブラジル赤十字社公認日本戦災救援会サンパウロ支部沖縄救援会として47年にその傘下に入り、琉球舞踊公演会、戦災沖縄救援ダンスパーティなどを通じて募金活動を中心とする救済活動を積極的に展開したのである。

　日本戦災救援会は1950年にその役割を終え解散したが、沖縄救済会はその活動を継続するために同年、マリオ・ミランダを会長（城間善吉副会長）として沖縄文化救済協会へ発展的に改称された。沖縄文化救済協会の最初の活動は崇元寺修復工事資金と琉球大学への寄付募金活動などであったが、後には沖縄側の沖縄海外協会（後の琉球海外協会）と連携しながら、郷土沖縄の救済活動の一環として近親呼寄の手続き業務などを展開し、この業務を発

展的に継続するために1953年2月には、戦後移民導入を目的とする「全伯沖縄海外協会」を結成した。この全伯沖縄海外協会は全伯の県人集団地に結成された32支部を統合するものであった。そして協会本部は地域支部を通じて親戚縁者または地縁の指名呼寄を督励していったのである。

（2）戦後移民の再開と展開

　ブラジルへの沖縄からの戦後初の移民は1949年6月、父親花城清安[19]の呼寄せで空路帰国した花城清直ジュリオ、花城清賢ジョルジュ、花城節子ヨランダ、花城勝子アリセの兄弟姉妹であった。この兄弟姉妹は戦前、父母の国で「日本人」としての教育を受けるために訪日し、戦争のために帰国が不可能になっていたのである。この当時、日本とブラジルは国交が回復しておらず、彼等は日本の在伯権益部であるスウェーデン公使館を通じてブラジル国旅券の発給申請を行い、ブラジル人として帰国するという複雑なプロセスでの呼寄であった。

　一般の呼寄移民は1950年8月から可能となったと言われているが、ブラジル政府の移植民審議会の示していた呼寄範囲は単独では経済的な生活能力がない近親者に制限され、60歳以下21歳以上の男子の呼寄は認められていなかった[20]。1952年サンフランシスコ平和条約が発効し、主権を回復した日本からのブラジル移民は増加することになったが、その一方で、米国施政権下にあった沖縄からは独自の渡航ルートが模索されていたものの、結果的には沖縄文化救済協会を通じて個人ベースの呼寄移民を主体としてブラジル移民が行われた。しかしながら、1955年までにブラジルに渡航した移民数は1,423人にすぎなかった。これは沖縄からの海外移民には渡航費自己負担という足枷があったためであると考えられた[21]。そこで全伯沖縄海外協会では機会あるごとに、在サンパウロ総領事館に対して解決策を要請、漸く1956年7月中南米移住事務連絡会議において「沖縄も渡航費貸付の対象になる」事が決議された。この結果、1957年から呼寄移民が急増し同年だけでも1,385人、58年1,320人、59年1,146人とその数は著しく増加し戦後移民のピークを迎えた[22]。

第5章　沖縄系移民と文化再活性化運動

　ブラジル向け戦後日本移民はすべてが自由移民であり、そのなかでも沖縄からは呼寄移民が大半を占めたが、ブラジル沖縄県人会日本語編集委員会編（2000）では呼寄自由移民以外の戦後移民形態を以下のように分類、説明を行っている。

①　沖縄産業開発青年隊移民（1957）

　沖縄産業開発青年隊移民は戦後、日本本土において農村の次三男対策を目的として1950年に全国26団体が参加して結成された日本産業開発青年隊をモデルとして、沖縄青年連合会（沖青連）（1947）の活動を発展的に継承するかたちで結成されたもので、当初の目標は、①地域青年会の優れたリーダーの育成、②村おこしから国土総合開発技術者の養成、③移民教育と開拓精神の涵養、というものであった。この目標のなかで③に基づいたブラジルやアルゼンチン移民が具体化したのは在伯沖縄協会による「産業青年隊100名（年間）」受け入れ計画を琉球政府社会局移民課が受け入れ、青年隊移民募集を開始した1957年のことであった。

　1957年琉球政府社会局ではブラジル産業開発青年隊移民募集を行い、同年第1次移民として30人の青年隊移民を送出した。在伯沖縄青年協会編（1982）『移民青年隊着伯二五周年記念誌』によれば、第1次移民から1964年3月の第14次移民まで家族移民を含めて313人が渡航している。この産業開発青年隊移民は琉球政府と在伯沖縄協会との間で企画実施された計画移民であり、移民形態としては指名呼寄移民、雇用農移民、渡航費に関しては琉球政府資金（移民金庫資金）によるものであった。

　この産業開発青年隊移民の1982年当時の状況に関して言えば、313人の移民のうち、帰国77人、転住13人、死亡14人、音信不通13人となっており、その当時、青年隊移民は196人がブラジルに在住、大半が家庭をもち、平均子弟数は3.65人であり、すでに独立した子弟も含めて産業青年隊移民関連世帯数は1,058となっている。

② 伊佐浜移民（1957年）

　朝鮮戦争（1950年6月〜1953年7月）を契機に米国は沖縄を「太平洋の要石」とすべく、島内道路の整備、港湾施設の拡張などを計るとともに、軍用基地建設を急速に推進するようになった。米軍は1953年4月土地収用令布令109号を公布し、基地拡大、強化に向けて新たな基地用土地の獲得を実施していった。1954年7月には沖縄県宜野湾村伊佐浜地区の住民に「立退き勧告」が届いたのを契機に、住民は様々な反対運動を展開したものの、1955年7月に武力による強制収用を実施した。強制収用後も伊佐浜地区の地主たちは代替地などの要求を行ったり、1956年のプライス勧告以降は島ぐるみ闘争にも参加し抵抗を試みたが状況はまったく好転せず、最終的に南米ブラジル移民という選択肢が住民の間に現れたのであった。サンパウロ州内陸部ツパン市でコーヒー農園を経営する県人2人を呼寄人（受入人）として5家族ずつを雇用農として受け入れてもらうことが決定し、1957年8月には伊佐浜移民10家族がブラジルに渡航したのである。この10家族のうち、1家族は渡航後8年で沖縄へ帰国したが、残り9家族はサンパウロ市に移動し自営業などに従事しているという[23]。

③ 南米拓殖会社移民（1958）

　南米拓殖会社移民も伊佐浜移民同様に、米国による軍用地としての土地収用によって生活基盤を失った沖縄住民をブラジルに移民させるという救済策として行われたものである。米軍基地が集中的に位置している沖縄本島中部地区の14市町村長は1957年、発起人となって資本金100万ドルを目標に南米拓殖会社（代表：比嘉秀盛北中城村長）を結成した。1957年沖縄から組合取締役3人と農業専門家をブラジルに派遣、現地法人の設立と入植地選定を行わせた。この結果、現地サンパウロ市にブラジル南米拓殖有限会社が設立され、入植地もサンパウロ州の西方約100キロ地点にあるサルト郡内にイタリア人所有の250アルケールの農場を購入した。

　そして、移民は1株米軍票100B円の最低100株（1万B円）の株主となり、自らの土地で営農をするという形態がとられた。南米拓殖会社移民は1958

年2月の先発隊（27人）から開始され、第4次まで30家族210人ほどが渡航している。入植した移住地ではトウモロコシなどを植え付け、養鶏も開始したものの、営農資金不足、当面の生活を維持するだけの収入が上がらず、しかも数年年賦で購入した土地代金返済の困難などに直面し、入植後1年足らずでほとんどが退耕し、沖縄の同郷性を通じてサンパウロ市へと移動を遂げてしまった。

④　カッペン移民（通称）（イーリャ・ヴェルデ拓殖組合移民）（1958年）

　イーリャ・ヴェルデ拓殖組合移民、いわゆる「カッペン移民」もまた、軍事基地のための軍用地接収などで生産基盤を喪失した住民や海外雄飛を目指す住民らをブラジルに移民させるために、沖縄在住の宜保三郎（戦前移民で沖縄に帰国）とブラジル在住の沖縄出身移民儀武則良（カッペン開発会社責任者）とがイーリャ・ヴェルデ拓殖組合を創設、300家族に1家族当たり50haの土地を無償譲渡し、マットグロッソ州奥地に「理想の沖縄村」建設を目指した。しかしながら、この植民地建設のための資金や渡航費は琉球政府・米国民政府・日本政府に申請されたが、すべて却下され、出発3日前に移民金庫から135万B円が営農資金として融資されたにすぎなかった。この移民計画は非常にずさんで結局数年で挫折することになった。この移民は移植民会社による自営開拓農移住の一形態として分類されるものである。

カッペン移住地創設準備会の記念写真（1956年）

⑤ ブラジリア移民（1962年）

　1958年ブラジル日本移民50周年記念式典に出席した琉球海外協会会長稲嶺一郎が式典後、建設中のブラジリア[24]を視察、稲嶺はブラジリアの将来的な有望性に着目し、ブラジリア近郊に蔬菜栽培者として沖縄移民10家族を入植させたい意向を全伯沖縄海外協会に熱心に説いた。稲嶺の着眼に全伯沖縄海外協会も賛同し、協会役員やサンパウロ州議員仲村渠パウロらが奔走し1962年、沖縄からの9家族57人（後に1家族3人が入植）がブラジリア近郊（中心地から25キロ）のバルゼン・ボニータ耕地に借地農として入植した[25]。この耕地はブラジリア連邦区が建設したもので、平均4〜5haの65区画からなりすでに排水工事や宅地用区画も整備されていた。連邦区ではここに国内移民を導入、30年間の借地契約を結び蔬菜生産を行わせる計画であった。沖縄からの戦後移民9家族が入植した時にはブラジル人、ペルー移民のほかに日系家族も入植しており、沖縄移民たちは日系農家から様々な指導や支援を受けることができた。入植当初はトマト、ニンジン、タマナ、ピーマン、サヤエンドウ、シチャなどの野菜類を栽培、生産物は連邦区直営のスーパーマーケットが買い上げたり、近くの露店市で直接販売することも可能で、入植後数年のうちに生活は安定したという。移民した9家族では後に3家族が沖縄へ帰国したり、サンパウロ市や郊外に移動し、自営業や近郊農業に転じたものもある。

（3）ボリビアからの転住移民
—サンパウロ市ビラカロン地区[26]への再結集—

　戦後沖縄からのブラジル移民にもまして、戦後ブラジルへの沖縄人の移民のなかで大きな存在はボリビア農業計画移民のブラジル転住であった。戦後沖縄からボリビアのオキナワ移住地には1954年の第1次移民から1970年の第26次移民まで566世帯3,296人（単身130人）が入植しているが、実にその3分の1にも及ぶ1,100人ほどがブラジルに転住を遂げている。オキナワ移住地からブラジルへの転住はすでに最初に入植した「うるま移住地」から発生し、60年代から70年代にかけて多くの転住者が出た。ボリビア第1次、

第5章　沖縄系移民と文化再活性化運動

　第2次移民のなかにブラジルに親戚をもつものがおり、ブラジルを経由してボリビアに移動する際に、ボリビアでうまく行かない場合にはすぐにブラジルに移動して来いというアドバイスを得たことで、入植直後、この7、8人がブラジルへ転住を遂げたのである。ブラジルへの転住がブームを迎えるのはオキナワ移住地入植10周年記念祭が行われた60年代で、多くのオキナワ移住地出身者がブラジル、特にサンパウロ市を中心に移動を遂げ、この流れは70年代まで続いた。1979年のオキナワ移住地入植25周年祭の記録によれば、その当時までに211家族約1,000人が転住している。

　さて、オキナワ移住地からのブラジル転住の場合、その落ち着き先はサンパウロ市東部ビラカロン地区が多く、2000年当時には転住者約300家族の約8割がこの地区に居住していたと推定されている。90年代末に在伯ボリビア親睦会（後述）会員66人を対象に実施された調査結果によると、その61％が親戚を頼っての移動、41％が知人、33％が家族、24％が同郷者を頼っての転住であったと回答している。（回答は複数回答であるために100％を超えている。）

　ビラカロン地区へ沖縄移民が移動、定着を遂げるのは戦後の40年代末（1947年）、旧小禄村字小禄出身の戦前移民照屋三郎・モウシ一家がサントス・ジュキア鉄道線ヴィグア駅から移動定着を遂げ、洗濯業を営んだのを嚆矢とする。その後重層的な同郷性、親族関係などを基礎的社会関係として沖縄移民のチェーン・ミグレーションが起こり、1956年には27人の先着移動者たちによって在伯沖縄協会ビラカロン支部が創設されている。

　ボリビアからの転住者が数的に増加を見せる60年代にはこの地域の沖縄系人のエスニック職業とも呼びうるフェイランテ（Feirante：露天商商人。露天でのパステル販売を含む）や縫製業（Custuleiro.Confecção）が活況を呈するようになっていた。ボリビアからの転住者は家族連れ（あるいは複数の家族労働力が投下できるケース）の場合では縫製業へ、単身での移動の場合（多くの家族労働力を投下できる条件が不在のケース）ではフェイランテとして、最初の都市的職業へと参入を遂げていった。そして、後にこの初期的職業から関連業種へあるいはエスニック財を沖縄系人や日系人に販売する自営業、サー

ビス業などへ展開を遂げていき、経済的に成功を収めている者が多く見られる。例えば、縫製業の専門化ともいえるジーンズ縫製に特化したケースでは85 年にブラス縫製経済協会というエスニック同業者組織を結成しているが、その会員 31 人（1995 年当時）のうち実に 19 人がオキナワ移住地出身者であった。また、沖縄系人に訪沖旅行という商品を中心に販売し、後に出稼ぎの送り出しに参入した沖縄系旅行社（ビラカロン地区に開業した）の大半はオキナワ移住地出身者であった。

　もちろん、こうした生業面だけではなく、オキナワ移住地からの転住者のなかには〈ブラジルのウチナーンチュ〉意識醸成に大きく貢献している琉球伝統芸能関係者—琉舞教師・古典音楽教師・琉球国祭太鼓導入者など—も多いのである。転住者のなかには在伯沖縄県人会ビラカロン支部の支部長や役員を務める者も多く、ビラカロンの沖縄系コミュニティーの主要なメンバーでありリーダーとなっている。

　オキナワ移住地からの転住者でビラカロン地区在住者は経済的安定や成功のために、タノモシ（ムエー）、イチャレバ・チューデー（インフォーマルな研修制度と通じる）などの沖縄の文化資本、「同じボリビア移民であった」という経験・記憶などを最大限に活用してきた。彼等はオキナワ移住地入植 25 周年の年、1979 年にはそれまでタノモシ（ムエー）のインフォーマルな外延を与えてきた「ボリビアへの移民経験」という共通性に基づいて在伯ボリビア親睦会を結成している。この親睦会では新年会、忘年会、ビンゴ大会等独自の行事を行い結束を固めるとともに、オキナワ移住地入植〇〇周年記念祭の式典や天災などの見舞い等には寄付を行ったり、訪問団を組織し「第二の故郷」を頻繁に訪問している。

第5章　沖縄系移民と文化再活性化運動

5.1.3　ボリビアへの移民

（１）在ボリビア沖縄系人の郷土救援運動
　　　　―「ボリビアの沖縄村」建設運動―

　沖縄県からのボリビア移民の歴史はペルーからの転住者、いわゆる「ペルー下り」から始まった。1906年11月ペルー・カリャオ港に到着したペルー第3回移民36人が最初のペルー向け沖縄移民であったが、この36人のなかにボリビアに転住した者があったとされる。翌1907年第4回航海のペルー移民のなかに沖縄県人八木宣貞がおり、八木が1910年30人の同郷人を率いてボリビアに転住したというのが文献で確認できる沖縄県からの最初のボリビア「移民」である。第4回航海の沖縄移民たちはペルーのアマゾン地方におけるゴム液採取のためにやって来た者たちで、そこでボリビアにおけるゴム産業の好景気を知り、マドレ・デ・ディオス川を下り、ボリビア北部のゴム林地帯に入ったのである。その時にはすでに7人ほどの沖縄県人がゴム液採取労働に従事していたという。

　ゴム景気が過ぎると、これらの沖縄移民たちの多くはリベラルタやその近郊に定着し初期沖縄移民社会を形成した。サンタクルス州日本ボリビア協会の調査によると、第二次世界大戦以前にリベラルタに定住した日本人数は確認できるだけで444人であり、そのうち100人が沖縄移民であったという。この沖縄移民たちが戦後、郷土沖縄への「憂郷の想い」から同胞救済の1つのやり方としてボリビアでの「沖縄村」建設計画を中心的に推進することになるのである。

　第二次世界大戦末期の沖縄での地上戦の惨状や戦後沖縄の窮状はボリビアの沖縄系社会へも断片的ではあったものの伝えられていた。郷土の窮状を救援するために、1948年8月にはラパス市の沖縄県人会がラパス市沖縄救済会を、同年11月にはリベラルタにおいてリベラルタ沖縄戦災救援会が設立され、活発な募金活動を行い救援品や学用品などを沖縄へ送ったが、より積極的な救援活動として沖縄人をボリビアへ移民させるという計画を立案したのである。

5.1 戦後沖縄からの移民史

　1949年、リベラルタ沖縄県人会総会において沖縄移民の受け入れ構想が沖縄戦災救援会会長具志寛長によって提案された。それは沖縄同胞を救済するための最善の策はボリビアに移民させ、「将来性のあるボリビア」に「沖縄村」を建設することであるという計画であった。この計画は会員により賛同を得、具体化されていくことになった。当初の構想ではサンタクルス県で国有地の払い下げを受け、そこにボリビア全土に散在する沖縄移民も沖縄からの移民とともに入植させ、「沖縄村」を建設することであった。

　リベラルタ沖縄県人会ではこの事業推進のために、1950年には土地選定委員をサンタクルスに派遣、土地選定を開始した。この作業は1カ月近くかかり、最終的には最初の移住地（うるま移住地）の土地が有望とされた。この土地は地質や植生がよく、その奥には広大な国有地があり、将来的な移住地拡張も可能であった。

　土地選定の結果はリベラルタ沖縄県人会臨時総会で報告され、さらに土地登記のためには組合の組織が必要である旨が伝えられ、さっそく「うるま農業産業組合」が結成されることになった。

　ところで、前述のように、1952年、琉球米国民政府と米国太平洋科学研究所から南米諸国における沖縄移民の活動状況を調査するよう依頼を受けたスタンフォード大学のティグナーはその調査の一環としてボリビアの沖縄移民社会も訪問、そこでうるま農業産業組合の「沖縄村」建設構想を知ることになった[27]。この時、ティグナーはうるま農業産業組合に対して移住10カ年計画を提案、ボリビア政府の認可が下り次第、米国民政府へ送付するよう指示を与えている。このティグナーとの邂逅を契機に、うるま農業産業組合は「うるま移住組合」と改称され法的資格を取得、翌53年にはボリビア政府より第1回移民400人の入国許可が交付され、この旨琉球政府に打電された。

　ここに示した資料はティグナーの提案、助言をもとに作成された1952年7月17日作成の移住計画書である。

第5章　沖縄系移民と文化再活性化運動

資料3　うるま移住組合の日本人（沖縄人）移住計画書[28]

ボリビヤ国サンタクルース州及びエル、ベニ州に居住する日本人で構成されているうるま移住組合は次の様に沖縄人移民の移住計画を提議する。

移住組合の法的地位

サンタクルース州の公証人エミリオ・ポラス氏の事務所で登記され、譲渡書証に依り設立されたうるま移住組合は現在次の日本人及び沖縄人（中数人はボリビヤ市民）によって構成されている（個人名省略）

当組合の目的で重要なものは、日本人及び沖縄人を主体として農業開発を行うものである。うるま移住組合は現在の組合員を以てその資本を五十万ボリビヤノス（約3万3千B円）に増額し、その大部分を発起人に於て出資残りを今後入会する組合員に負担させるものとす

現在まで遂行した事業

うるま移住地はサンタクルース州ヌーフロ・デ・チャベス郡、サトルニーノ・サウセール・アーネス耕地（エル・カルメンと呼称）2千5百ヘクタレーヤスの所有権を得た。現在組合は次の事業を行っている。

建築物　住宅及び従業員宿舎　四棟

耕地　玉葱（26Ha）、綿（20Ha）、ユーカ（タピオカ）（3Ha）、バナナ（3Ha）、煙草（1Ha）

家畜　牝牛（2頭）、馬（2頭）、豚（100頭）

家禽　鶏（2百羽）、家鴨（100羽）

立地及道路

うるま移住組合所有の耕地エル・カルメンは前記の地域で州庁所在地より東方約15レーグツス（1レーグツスは約半里）の年中交通可能の道路をもち、ブラジルのコルンバとボリビヤのサンタクルースから伸びて連結される鉄道は公道である。15キロの地点に現在工事中の鉄道交差点がある。

移住案

うるま移住組合の組合員はすべて農業を職業とするもので入植する吾々の同胞は農業に従事することを希望するものでなければならない。

移住十か年計画

当移住組合は周囲の事業及び可能な範囲で日本人特に沖縄人移民の移住に各方面の尽力により直ちに着手することが出来る。計画は次の十か年を計画している。

（各年次の家族数及び人口数省略）
右記一万人若しくは二千五百家族が来るまでに当組合は耕作地及耕作適地を拡大し、農機具を準備し、工場、輸送用自動車、病院、衛生、初等学校、其の他色々な施設を準備し、生産物の管理、必需品購入のため市場の施設もなす。
当組合はそれまでに五万エクタレーヤスの土地を整理計画し、生産及移住者の生活を考慮して各移住者に一定の土地を提供する。
該地域はボリビヤ国農業技術官及び米国技術官の意見により綿、玉ねぎ、落花生、たぴおか、米、その他の穀物を相当に生産する可能性が認められ、生活を維持するに容易であることが証明されている。
第一次百家族の住宅計画（省略）
経済的援助（総計　26350000ボリビヤノス）
初年度農耕計画　1952年-1953年
十か年で十％償還の貸借
各家族・共同用として（総額8520000ボリビヤノス）

以上例示した基準によりうるま移住組合は公職のボリビヤ人及び北米人に援助を請願しながらボリビヤ、サンタクルース州、エル・カルメン耕地の移住を計画する。

技術的援助
経済的援助
本計画の第四項を達成するために先づ百家族移民の早期実現には総計26350000ボリビヤノス（約133万4400B円）の経済的援助がいる。農機具購入及び共同用の輸送車を貸借し、三年後十％を償還し後は十年後にC項に述べられた如く償還するため追加予算がいる。
旅費
沖縄よりボリビヤ国サンタクルス州まで百家族の旅費
貸借
移民の大多数は入国の際、資金をもっていないので家族の長に貸借法的地位を有する当組合は移民に対する援助及び経済的補助の実現化を推進する。

第 5 章　沖縄系移民と文化再活性化運動

1952 年 7 月 17 日　サンタクルスにて　提案者（計画人）　赤嶺ホセ、具志ファン

　このニュースを受けて、琉球海外協会と琉球政府は 1953 年 12 月に、稲嶺一郎琉球海外協会会長と琉球政府経済企画室長瀬長浩の 2 人を移民使節としてハワイ、米国、ブラジル、アルゼンチン、ボリビアへと派遣した。ボリビアには 54 年 2 月に到着し約 1 カ月を費やして、移住計画に関する打ち合わせを米国大使館、米国政府ポイントフォー事務所、ボリビア政府（大統領、農務大臣、外務次官、内務次官、その他）などと実施した。さらに「うるま移住地」の視察を行い[29]、移住計画の修正が完了した後に、琉球政府宛に、沖縄からの移民がボリビア政府によって認可されたこと、米国政府よりボリビア政府を通してうるま移住組合に 3,500 万ボリビアノスが援助資金として交付されたこと、移民は保証金を必要としないこと、80 家族と 80 人の独身者による移民団を 1954 年 8 月までにサンタクルスまで送り出してほしい旨を伝えた。
　この報告を受けて琉球政府は 1954 年 3 月南米ボリビア農業移民募集要綱を作成し、各市町村長宛に移民募集方を依頼した。移民募集が開始されると沖縄全島から 4,000 人を超える応募者があり、各地町村で第 1 次選考を行った後、海外移民送出審議会において第二次選考が行われ、最終的に適格者 400 人（うち 80 人は単身）が選考された。このうち働き手となる男子 174 人は琉球政府中央農業研究指導所において合宿訓練を受けた。そして 54 年 5 月には先発隊 3 人が空路ボリビアに出発、その 1 カ月後第 1 次移民 275 人が那覇港を出港、こうしてボリビア沖縄農業計画移民が開始されたのである。

（2）ボリビア東部低地（平原）開発計画と沖縄移民

　1952 年 MNR（民主主義革命運動党）が一般市民、鉱山労働者、警察との連合による武装蜂起で政権を樹立したボリビアでは、1953 年 8 月農地改革法（法律 03464 号）を制定し積年の課題であった高地地帯や渓谷地帯の土地所有制度の根本的な改革に乗り出すなど一連の社会改革を推進していった。この

一連の改革は社会経済開発10カ年計画に基づくもので、その中心課題の1つに東部低地の開発計画があった。ボリビア政府が1953年から推進してきた東部低地開発計画は具体的目標として次の3点を掲げた。

1) アンデス高地に集中する人口の一部を東部低地に移住させ、高地の人口圧を緩和すること
2) 過密な高地人口を東部低地に移住させ、東部の未開墾地を開拓させ食糧の自給体制を構築すること
3) 物理的にも政治的にも孤立した状態のなかで独自の地域社会、すなわちカンバ（Camba）社会を形成してきたサンタクルス県をアンデス高原地帯を中心とするボリビア国家に統合させること

これらの目標達成のためにボリビア政府は3つの戦略的な開発地域を、①サンタクルス地域、②チャパレ＝チモレ地域、③カラナビ＝アルト・ベニ地域に設定した。オキナワ移住地が含まれるサンタクルス地域の開発計画は1550年代に遡るスペイン人植民者による開発の歴史やカトリック系のイエズス会派、メルセデス会派、フランシスコ会派による開発の歴史を別にすれば、1886年に制定された公有地法（Lay de Tierras Baldias）にまでさかのぼる。この法令による開発計画はヨーロッパ移民の導入と高地インディオの国内移動を基本的な戦略としていたが失敗に終わった。というのはヨーロッパ移民は他の南米諸国に向かいボリビアにはほとんど移住しなかったからであり、大土地所有制のなかで農奴的立場に置かれていた高地インディオを低地に移動させることが様々な事由で不可能であったためである。その後も1910年のアルファルファ・ビル・ムライ計画や1937年のヘルマン・ブッシュ移住地建設が企画されたり、実際に実施されたのだが、いずれも大きな成果を挙げることはなかった。

これらの開発計画の失敗を受けて、実際には1954年に東部低地開発計画が着手されることになった。その際政府が採った主要な政策は、①当該地域の開発に必要なインフラストラクチャーの整備（鉄道・道路網・製糖工場など）、②輸入代替農産物栽培の奨励（甘蔗・綿花・米・大豆など）、③州内の石油開発、④農産物生産を目指し高地人口を東部に定住させる開拓移住地建設

であった。ボリビア政府側からすれば、オキナワ移住地、サンファン移住地の日本人移住地建設は、④の開拓移住地建設計画の一環として位置づけられることになる。

1954年以降に建設された開拓移住地をボリビア政府の基準で示すと、3タイプに区分することができる。すなわち、計画移住地（政府や公的機関が建設や運営の資金、技術の援助・指導などを継続的に実施しているような移住地）、準計画移住地（援助・指導が限定的なもの）、そして任意移住地（計画・準計画移住地周辺や幹線道路沿いに自然発生的に形成されたもの）である。第一の計画移住地は大別するとボリビア人植民者からなる内国人移住地と外国人移住者から構成される外国人移住地とがある。この分類基準から言えばオキナワ移住地はサンファン移住地、メノニッタ信徒移住地（1954年開設）とともに外国人計画移住地となる。一方、ボリビア人植民者からなる内国計画移住地にはコトカ（1954）、アロマ（1954）、クアトロ・オヒートス（1955）、ワイツー（1956）、カランダ（1961）、ヤパカニ（1961）、チャネ・ピライ（1975）、サンフリアン（1975）などがある。

任意移住地に関してはコチヤバンバとサンタクルスの間に全天候道路が1954年に完成されたのを契機に①コチヤバンバとサンタクルスの間の道路沿い、②モンテロの北でリオグランデとチャネ川に通じる道路沿い、③サンファンおよびワイツー計画移住地の近くなどで形成されている（平岡 1973：27）。そして1982年当時には任意移住地の総人口は8万人を超え、その人口は当時のサンタクルス県農村人口の約47％に相当し、開拓移住地建設は一応の成功を収めたと考えられている（国本 1989：48）。

（3）オキナワ移住地への入植

1954年からオキナワ移住地への入植が開始されるのであるが、その歩みは決して順調であったわけではなかった。うるま移住地は1954年8月15日に第1次移民、同9月に第2次移民の計406人（船中で誕生した者を含む）が入植し、移住地建設が開始された。移住地建設は共同作業、生活は共同炊事での共同生活によって開始された。しかし、建設作業はうるま病[30]と名付

入植当時の馬車
(展示用：オキナワボリビア歴史資料館)

オキナワ移住地慰霊塔

けられた原因不明の風土病のために順調には進まなかった。うるま病の最初の犠牲者は早くも54年10月に出、翌55年1月にはうるま病の罹患者が85人にまで達する状況であり、最終的にはうるま病の犠牲者は15人にも達した。

　移民に対する試練は風土病だけでは済まなかった。55年2月にはグランデ河の大洪水に移住地が襲われ、中心部以外はすべて浸水したのである。こうした状況に直面し、入植者たちはこの移住地を放棄、新たな移住地への移動を決定、4月には先発隊が、そして6月には本格的な移動が開始され、新着移民は新しい移住地へ直行することになった。この新しい移住地の場所はサンタクルス市北西86キロのパロメティリャ（Palometilla）地区であった。しかし、ここも安住の地ではなかった。風土病は発生しなかったものの、移住地予定地はわずかに250haほどの広さしかなく、しかも周辺にはボリビア人集落があり、将来的な移住地拡張の可能性がなかったのである。このため、翌56年10月に現在のサンタクルス市ロス・チャコス地区にさらに移動を行うことを余儀なくされたのである。この3度目の移動先が現在の第1オキナワ移住地である。

　その後第1移住地が満杯になったために、第1移住地に隣接する国有地の払い下げと私有地の購入のための交渉を始め、59年には第2移住地、61年には第3移住地への入植がそれぞれ開始されたのである。これらの移住地への入植者数は70年3月の最終入植である第26次移民までに566世帯、3,296人（単身130人）に達した（表5）。

**表5　オキナワ移住地への年次別家族・単身別入植者数の推移
（1954年6月～1977年2月）**

年次	入植者数				備考
	家族	員数	単身	計	
1954	84	336	69	405	船中出生3人を含む
1955	26	109	13	122	船中出生2人を含む
1957	39	209	5	214	
1958	80	425	12	437	
1959	78	450	3	453	
1960	49	300	9	309	
1961	71	484	1	485	
1962	79	507	2	509	
1963	31	193	5	198	
1964	19	98	4	102	琉球政府取扱い最終計画移民（1964）
1968	5	20	5	26	
1969	5	33	1	34	
1970	1	5	－	5	
1972	4	19	－	19	
1974	－	－	1	1	航空機による移民入植開始（1974）
1976	－	－	1	1	
1977	3	15		15	

出典：ボリビア・コロニア沖縄入植25周年祭典委員会編（1980：101）

　表6はボリビア移民3,371人を出身地市町村別に示したものである。これによれば、ボリビア移民は沖縄本島からが卓越しているものの、本島では南部地域から北部地域まで様々な地域から輩出されていることが看取されるだろう。注目されるのは戦前期にはそれほど海外移民を輩出しなかった読谷村からの入植者が367人と那覇市に次いで多くなっていることであり、これは読谷村においてかなりの土地が軍用地として接収されたことと強く関連していると言えるだろう。

オキナワボリビア歴史資料館

表6　市町村別ボリビア移住者送出数

市町村名	送出数	市町村名	送出数	市町村名	送出数
那覇市	503	玉城村	88	北谷町	37
読谷村	367	東風平町	86	浦添市	36
名護市	272	嘉手納町	76	宜野湾市	32
中城村	272	大宜味村	75	南風原町	31
糸満市	173	伊江村	71	宜野座村	23
沖縄市	156	具志川市	70	城辺町	21
恩納村	108	北中城村	54	平良市	17
金武町	106	知念村	47	与那城村	15
大里村	104	西原町	46	石川市	14
国頭村	100	仲里村	43	石垣市	13
具志頭村	93	豊見城村	40	その他	19
本部町	89	今帰仁村	38	合計	3,371

（4）ボリビア移民の生活戦術の概観

　ここでは以上のようなプロセスでオキナワ移住地へ入植し現在まで同移住地に居住している沖縄系人が析出してきた生活戦術を概観することにしよう。（なお、オキナワ第一移住地の歴史および現状に関しては2.2.4において概観されているのでそこを参照していただきたい。）彼等の生活戦術を整理すると、①ボリビアへの定住（永住）、②大規模農業による経済的安定と成功、③沖縄系子弟の2重国籍取得、④2言語2文化教育体制を通じての「日系ボリビア人」という人間の育成、とまとめることができる。

第 5 章　沖縄系移民と文化再活性化運動

① ボリビアへの定住（永住）

　琉球政府による計画移民事業として実施されたボリビア農業開拓移民計画は当初よりボリビアへの定住が予定されており、移民へのインタビューでも「当初からボリビアに永住する覚悟」で郷土沖縄から出発したという回答が卓越している。このことはブラジル戦前移民とは異なり「挙家移住」とも呼び得る家族を挙げての渡航であったことを意味しており、このことはオキナワ移住地の社会構造や生活上の適応、文化の伝承などを強く規制することになった。しかも、この移住地は基本的に沖縄出身者によって形成され存続されてきたものであったという事実がその後の住民の〈人となり〉（アイデンティティー）の在り方を規制することになった。

② 大規模農業による経済的安定と成功

　ボリビア農業開拓移民計画では入植時に 1 世帯当たり 50ha の土地（原始林）を無償譲渡することが契約内容として盛り込まれており、多くの移民達は大土地での大規模農業に従事するという目標をもっていた。オキナワ移住地では風土病（医療施設の不充分な整備）、旱害・洪水などの自然災害、経済基盤の不安定さ、棉作の失敗による債務、子弟教育の不安など様々な要因から多くの入植者がブラジルやアルゼンチンなどへ再移住を遂げたり日本へ帰国するということが発生したが、残留移民らは転住移民の残した土地を吸収、農業の大規模化をさらに進め、現在においては数百 ha の農地での大規模機械化農業を展開している。

③ 移民子弟の 2 重国籍取得

　ボリビアは属地主義が採用され、ボリビア国内で誕生した者へはボリビア国籍が与えられているが、オキナワ移住地ではそれに加えてボリビア生まれの 2 世や 3 世に対して日本の在外公館に出生届を提出し日本国籍を取得させるという営為が一般的に見られた。その結果、当地の 2、3 世では 2 重国籍者がほとんどを占める結果となっている。こうした 2 重国籍取得戦術は戦後沖縄からブラジルに渡った移民には見られない特異なものである。なぜこう

した戦術が採用されたのか、その理由は明らかではないが、移住地の中心的エスニック組織である日ボ協会が子弟の出生届をはじめ在外公館に提出する必要のある書類（例えば死亡届、婚姻届など）を一括して行うことで個別にわざわざ在外公館に出向き所定の手続きをする必要がなかったという2重国籍取得の容易性があったことがその理由の1つとして考えられるところであり、またうるま移住地開拓から開始される過酷を極めた開拓作業のなかで日本への帰国を担保しておこうとする意識が醸成されたこともその理由の1つと考えることができるかもしれない。この子弟に対する戦術と密接に関連しているのは移民間に見られる日本の基礎年金の掛け金を払い続けてきたという事実であろう。

④　2言語2文化教育体制を通じての〈日系ボリビア人〉の創造

　オキナワ移住地に入植し開拓事業に着手した移民たちが極初期において、子弟たちをどのような人間に育て上げようとしたのかは必ずしも明らかではないものの、まもなく2言語2文化教育体制を確立し、子弟を〈日系・ボリビア人〉として育成するという目標を設定し、それに向かって移住地内の教育体制を確立すべく努力を重ねてきた。この「日本人の美徳や日本文化・伝統を立派に継承」したボリビア人＝〈日系・ボリビア人〉という人間モデルは移民たちのボリビア文化への同化をめぐる葛藤の後に析出されてきたものである。沖縄移民が移住地建設プロセスにおいて日常的集団的長期的に接触したのは彼らが〈現地人〉として範疇化するボリビア人労働者（移住地近接地域に居住するカンバ（Camba）と呼ばれる自給自足的農民層：スペイン人植民者と先住民インディオの混血）であり〈現地人〉範疇に対しては「文化的に劣った存在」「同化すべき対象ではない」などと否定的意味づけが与えられ、でき得る限り接触や交流を回避してきた。一方、移住地近隣に居住するボリビア人農家、商人、酪農家やサンタクルス市の医師や自由業者などの人間（後にはCAICO（農畜産協同組合）や診療所医師、学校教師など）は〈ボリビア人〉として範疇化され、接触や交流も盛んに行われ、彼らをモデルにした「ある程度」の同化は許容するスタンスを取ってきた。つまり、オキナワ移住地の

沖縄系人のボリビア人に対する態度・評価は決して一面的単純なものではなく、前者（現地人）への同化回避、後者（ボリビア人）への同化はある程度許容するというものであった。

　このことは〈日系・ボリビア人〉育成のための2言語2文化教育体制による日ボ校開校の戦術のなかに明確に表明されている。日ボ校は私立校であるために移住地内にある公立校よりも高い月謝を納める必要があり、この経済的負担が可能なのは沖縄系世帯を除けば移住地内（あるいは近隣に）に居住する〈ボリビア人〉範疇に属するボリビア人家族に現実的には制限され、いわば教育領域における選択的な共生関係を確立、この環境のなかで午前中はボリビア国の公教育、午後からは日本語による教育という2言語2文化教育を子弟に対して授けるとともに、ボリビア人との友人関係や同窓関係などを選択的に創出してきたのである。先述の「子弟の2重国籍取得」戦術とも関係して、日本語による教育はこれまで日本の「国語教科書」が用いられてきたのである。

　最後に沖縄的なアイデンティティーに関して触れるならば、ブラジルの日系社会とは異なり、本土系日系人との接触がほとんどなく、移住地の沖縄系人が日常的に接触するのは〈現地人〉にしろ〈ボリビア人〉にしろ非日系ボリビア人であったし、今もあり続けている。（エスニック）アイデンティティーの析出が観照される他者とのイデオロギー的交渉を通じて二項対立的に行われるとすれば、移住地の沖縄系人の重要かつほぼ唯一の観照される他者はボリビア人であり、我々は〈沖縄人〉ではなくニホンジンという側面が前面に押し出されたものとなっているのである。もちろん、日ボ校に沖縄県から派遣される教師や移民などによって琉球・沖縄芸能を中心とする〈文化〉の継承活動が日ボ校内では盛んに行われてきている。しかし、それがブラジルのように〈ウチナーンチュ〉アイデンティティーの醸成にはそれほどつながってはおらず、むしろニホンジン性のシンボルとして機能しているように思われる。

5・2 ブラジル沖縄系人のエスニックアイデンティティーの変遷

　本節では集合的レベルでのブラジルの沖縄系人のエスニックアイデンティティーの変遷を概観しよう。

　内堀（1989）は〈民族〉を社会的範疇として扱い小規模な共同社会と全体社会の体現者としての国家との間の中間的範疇として「民族」が生成されるプロセスを明らかにしている[31]。内堀によると民族は共同社会と国家との間にあって、他者による名付け（ラベリング）と自らの名乗り（アイデンティティー）という集合的行為を通じて分化、実体化（固定化）するものであり、はじめは物質的基盤をもたない単なるラベルにすぎないにもかかわらず名乗りという儀礼的実践を繰り返し神話を共有することによって固有の時間的連続性を帯びた実体として表象されるようになるという。また内堀は民族の実体化プロセスは他者との自／他をめぐるイデオロギー的交渉と類似するものであるとも論じている。

　他者による名付けと自らの名乗りというイデオロギー的交渉はたびたびそれぞれ戦略的に選択された文化要素を利用しながら行われ、その結果立ち上げられた民族は神話と固有の時間的連続性を帯び実体化され固定化されていくことになる。したがって、民族はある種の〈文化〉を共有する実体となるが、この〈文化〉は総体としての文化あるいは体系としての文化としてあるわけではない。バルト（Barth）が表現するように[32]民族（のアイデンティティー）の表象は明白な客観的差異によってではなく、示差的特性としての明白な標識、記号によって表示されることが重要なのであり、民族はその民族境界を設定する目的で、いわば境界標識あるいは示差的要素として、集団において社会的に関与性を与えられたいくつかの文化要素を選択し利用していくことになる[33]。

　内堀のいう「神話」と「固有の時間的連続性」をもつということは換言すれば、境界標識、示差的要素として境界（アイデンティティー）を表象するものとして選択された文化要素が語りや実践などを通じて実体化されるとい

第 5 章　沖縄系移民と文化再活性化運動

うことである。もちろん境界を明確化する境界標識として選択されるシンボルはまったく空虚で恣意的なものではないのであり、象徴として選択されるためには元々の実体、つまり日常生活との結びつきが存在しなければならない。例えばブラジルの沖縄系人間で示差的要素として選択され利用されているウチナーグチ（沖縄方言）がまさにこうしたシンボルである。多くの沖縄系 2 世はウチナーグチの知識をもたないし日常生活での言語として使用しているわけではない。しかし多くの 2 世は家庭やイベントなどのなかで接してきた、この言語が日本語とは異質であり自らと他者＝本土系日系人を差異化する標識＝シンボルとしての言語として用いているのである[34]。

以上の点を〈ブラジルのウチナーンチュ〉アイデンティティーに即していえば、基本的にはブラジルという国民国家の枠組のなかでブラジル人や日本の在外官憲、本土系日系人といった他者による名付けと沖縄系人自身による名乗りとして自／他をめぐる一種のイデオロギー的交渉を通じて立ち上げられてきたものであり[35]、そのプロセスではアイデンティティーを表象するために沖縄文化のなかから他者との差別性を標識できる示差的要素としての文化要素を選択しそれを語りや儀礼やイベントのなかで実践することになる。

前述のウチナーグチの例でも明らかなように、境界の標識として選択された文化要素は本来の沖縄文化における性質──意味や機能──とは必ずしも同じではない。例えば、「固有の宗教」として境界標識に選択され実践されている祖先崇拝は沖縄民俗社会のなかで実践されている民俗とは異なっている。つまりそれは実践の過程で〈ブラジルのウチナーンチュ〉アイデンティティーに整合的なかたちで操作され作り替えられているのであり新しいエスニック文化の生成がなされることになるのである[36]。

ところで、自／他をめぐるイデオロギー的交渉はそれを取り巻く諸条件（例えば国家・国民観、社会経済的状況など）の変動によって影響を受け、自らの名乗り（アイデンティティー）は変容していくとともに示差的要素である文化もまた、そのアイデンティティーに整合的なかたちに創造し直され再編されることになる。ここでは以上のような観点からブラジルの沖縄系人間のアイデンティティーの変遷を概観していくことにする。

5.2.1 「県人」アイデンティティー

　冨山（1990）によると、琉球処分（1897）によって日本へ併合され「近代化」のスタートを切ることになった琉球・沖縄人や日本政府には、沖縄が近代化を遂げるにあたって大和／沖縄とを対比的に位置づけ、沖縄的なるモノを前近代的、〈遅れたモノ〉とし、それらを払拭し、大和＝日本に同化するというポジションや認識が確認されるようになったという[37]。そして、こうしたポジションから析出された名乗りが「県人」いうアイデンティティーであった。小熊（1998）によると、この「県人」アイデンティティーは日本という国民国家に編入され二項対立的序列構造のなかに位置づけられた琉球・沖縄人が自らの「未開」「不衛生」「怠惰」「狂気」などの文化的後進性を払拭して近代的な「日本人（大和）」に同化していくのだという意思表示であったという[38]。こうした琉球・沖縄人そして日本政府の認識、ポジションはそのままのかたちでブラジル日本社会にももたらされることになった。

　周知のように、ブラジルへの日本人移民の歴史は 1908 年第 1 回契約移民 781 人（および自由渡航移民）の輸送によって開始された。皇国殖民合資会社とサンパウロ州政府の移民輸送契約締結から移民送出しまでの期間が短く、移民会社ではサンパウロ州同様に亜熱帯地域に位置する沖縄に住む琉球・沖縄人はコーヒー耕地の労働力として適しているということから集中的に移民募集を行った[39]。その結果、第 1 回契約移民 781 人のなかには、約 42％ に相当する 315 人の琉球・沖縄人が含まれることになったのである。

　第 1 回移民はブラジル到着後、6 つのコーヒー耕地に「配耕」され、コロノ（Colono：農村賃金労働者）として出稼ぎ移民生活のスタートを切った。沖縄県移民はカナーン（Canaã）フロレスタ（Floresta）という 2 つの耕地に配耕された。しかし、移民の到着がすでにコーヒー実収穫期の後半であったこと、コーヒーの結実自体が少なかったこと、コーヒー耕地での重労働性、契約（移民募集）内容と現実の差、コロノ制度という奴隷代替的な労働制度のなかでは金儲けができないという焦燥感などの諸要因から沖縄県移民を含む日本人移民は耕地からの逃亡、争議、同業罷免などの問題を次々に起こして

いった。

表7　第1回移民配耕地および残留状況

耕地名	出身県・家族数・人数	残留者と残留率 1908年12月〜1909年1月	残留者と残留率 1909年9月〜10月
カナーン耕地	沖縄県中頭郡出身家族24家族、152名（男128、女24）	139人 91%	23人 15%
フロレスタ耕地	沖縄県島尻郡及び国頭郡出身23家族、173名（男148、女25）	61人 35%	0人 0%
サンマルチーニョ耕地	鹿児島県出身27家族、104名（男77、女27）	56人 54%	27人 26%
グァタパラ耕地	鹿児島・新潟・高知県出身14家族、51名（男35、女16）	64人 73%	34人 39%
ズーモン耕地	福島・熊本・広島・宮城県出身52家族、207名（男144、女63）	0人 0%	0人 0%
ソブラード耕地	愛媛・山口県出身15家族、50人（男41、女9）	39人 80%	52人 106%*

＊この耕地から「退耕」した者の代わりに、他耕地で解雇された移民が転耕したため

　表7は第1回契約移民が配耕されたコーヒー耕地と移民の残留率を示したものであるが、6つのコーヒー耕地すべてから退耕者が出ており、何も沖縄県移民によってのみ、問題が引き起こされた訳ではなかったことが看取されるだろう。しかし、以下に掲載した在外公館職員による移民調査報告が外務省に提出されることで、コーヒー耕地において発生した問題は沖縄県移民に帰属させられ、第2回移民募集においては沖縄県（および鹿児島県）の移民募集を回避するよう移民会社に通達を出したのである[40]。

資料4　「移民調査報告第5」（野田良治作成）

　明治41年6月、本カフェ園ニ入リタル本邦移民ハ24家族ニシテ、総人員155名ヨリ成リ、コトゴトクガ沖縄県人ナリシガし、元来彼等ハ夫婦者ノ一家族ニ独身男子1名又ハ数名ヲ合併シ、表面1家族タルガ如ク装イタル虚構ノ家族組織ニシテ、多クハ他人同士ノ集合ナレバ、他外国移民ガ専ラ夫婦、親子及兄弟姉妹ノ関係ヲ以テ構成セル真ノ家族トハ全ク其ノ趣ヲ異ニシ、之ガ為メ耕地役員及他ノ労働者ヲシテ、日本人ハ一妻多夫ノ家族ヲ有スル未開

5.2 ブラジル沖縄系人のエスニックアイデンティティーの変遷

ノ蛮人ニアラザルヤト疑ハシメ、勢イ其ノ軽蔑ヲ受ケタルノミナラズ、本邦移民自身ニ於テモ一家族トシテ和合スベキ筈ナク、寝食及労働上度々衝突ヲ醸シ、其結果先ズ真家族ノ付属物ニ過ギザル独身者ヨリ漸次耕地ヲ逃亡シ、サンパウロ市及サントス港等ニ出デテ他ノ職業ニ従事シ、中ニハコーヒー園ニ於テ労働スルヨリモ却ッテ多額ヲ得タル者アリ。而シテ誘惑的報道ヲ得ルト同時ニ、一面園主ヨリ逃亡者ニ対スル罰金ヲ課セラルルニ至レル労働者ハ、彼是レ打算ノ末、寧ロ耕地ヲ去ル方利益ナリトナシ、真ノ夫婦者ニシテ逃亡シタル輩モ少ナカラズ、入園後8カ月ヲ経タル時ニハ、在園移民ノ数、119名アリシガ、本官巡回当時（42年9月下旬）ニハ著シク減員シテ、僅カニ23名トナレリ

　そして、同年にはカナーン耕地から逃亡し、サントス港までたどり着いた6家族31人はサントス事件（宿泊費未払い）[41]を引き起こした。こうしたことから日本外務省は移民会社に対して5項目からなる改善勧告を通達した。この5項目の中には「沖縄・鹿児島両県の募集はなるべく避けること」という項目が加えられたのである。1912年には沖縄県からの移民募集回避勧告にもかかわらず、日本人移民総数の14.7%を沖縄県移民が占め、しかも耕地からの逃亡が8割を超えたことで、日本政府は1913年に沖縄県契約移民禁止措置（16年まで）を講じた。そして1917年から第一次世界大戦勃発により移民希望者が激減し移民数をそろえるのに苦慮した移民会社の要請もあり、外務省は沖縄県からの移民募集を許可、1917、18両年の日本人移民総数に対する沖縄県移民の比率は55%、37%を占めるに至った。短期間における大量の移民募集と送出は沖縄県移民リーダーの一人で日本新聞社長翁長助成によると「大量の不良分子」を含むことになったと認識されているが、再び、逃亡、ストライキ、契約違反などを引き起こしたのであった。

　この結果、移民会社は「沖縄移民の不成績を領事館に報告し、領事はまたこれを土台とし沖縄移民を禁止せざれば耕主側から日本移民排斥が起るやに外務大臣へ報告した」という（翁長 1936：29）。この当時、サンパウロの在外公館から外務省宛に送付された沖縄移民関係の報告には次のようなものがあった。

第 5 章　沖縄系移民と文化再活性化運動

1918 年 3 月 15 日付　リベイロン・プレット総領事館分館主任副領事三隅葉蔵による外務大臣宛報告

1918 年 8 月　リベイロン・プレット総領事館分館主任副領事多羅間鉄輔による外務省通商局長宛報告

1918 年 12 月　在サンパウロ総領事館代理領事野田良治が通商局長に提出した「沖縄移民成績不良に関する取調」

　ここでは三隅葉蔵主任副領事による報告を資料 5 として提示し、日本政府がどのような眼差しを沖縄移民に対してもっていたかの一端を見ることにしよう。

資料 5　「リベイロン・プレット総領事館分館主任副領事三隅葉蔵による外務省報告」（1918 年 3 月 15 日）

「沖縄県移民は本邦移民の約 4 割 5 分を占めるも其成績は不幸にして良好とはいう可らず、本邦内地に比して非常に異なるもの有之、組合移民渡航後当地方面に措ける本邦移民に対する非難は、第一耕地に定着するの風を欠き移動甚だしきこと、第二紛擾をかもし易きこと、第三同盟罷工の挙に出づること、第四逃亡者を最も多く出すこと等に有之候処此等の非難は本邦移民一般に其の傾向を示さざるに非ざるし主として之が責に任ずべきは沖縄移民に有之候（中略）

…而して此紛擾が本邦内地移民に少なくして沖縄移民に多きに依るは彼等の人選並素質に就き疑問を抱かしえるもの有之候。且風俗習慣の点より見て一般本邦移民の被り居る非難中 (1) 偽家族の多きこと (2) 食物の劣悪なること、(3) 住居の不潔なること、(4) 裸体を露出すること等は主として沖縄移民の偽成家族の結果当國到着後直ちに父子夫婦間の関係を一変しややもすれば当國人をして本邦人の倫理観念に対して軽蔑の念を抱かしむるは遺憾に堪えざる次第にして又、同移民の狗の丸煮を食い、婦人の手に入墨し居る等の特殊風俗も又著しく当國人の中陰を惹く処に候、従来本邦移民を永く使用し居る耕地監督等は何れも本邦県別を承知し何県人は可なり、何県移民は不可なり等称し居る位にして新耕地に於いても沖縄移民と内地移民を容易に識別し新旧何れも沖縄移民を歓迎せざるのみならず甚だしきに至りては支那人は不可なり日本人を送られたしなどと申し出て沖縄移民を以て支那人視する者

5.2　ブラジル沖縄系人のエスニックアイデンティティーの変遷

ある由に有之（中略）
…如斯当地耕地に於いて沖縄移民が漸次に軽蔑と排斥を受けつつある事実は否認すべからざるもの有之、此傾向はひいては本邦移民全体の声価に影響を及ぼし将来本邦移民排斥の口実を與ふることと可相成候間此際沖縄移民の人選を厳重に取り締まりて其渡航者数を非常に制限し可成本邦内地移民を多数渡航せしむることに致度候」

　この三隅報告では日本人移民が受ける非難を「本邦内地移民」とは異なる「狗の丸煮を食い、婦人の手に入墨し居る」等の「特殊」風俗をもち、「蔑視すべき倫理観念」を内面化した沖縄移民の責任とし、かつコーヒー農園の監督などには沖縄人＝支那人と認識し軽蔑や排斥が起こっていることなどから将来の日本移民排斥運動につながる懸念があるとして沖縄移民を極力制限し内地移民を数多く渡航させるべきであると主張されている[42]。風俗習慣、倫理観念、容貌などを通しての沖縄移民観―暴力的名付け―はこの当時の外務省報告にほぼ共通して認められるものであった。外務省は一旦沖縄県からの契約移民送出を解禁したものの、1919年には再び「契約を無視して耕地を逃亡するものの多きこと」「一か所に定住する風を欠き移動甚だしきこと」「団結神強く他県人との融和を欠き紛擾を醸し易きこと」「同盟罷業を起こし易きこと」「偽家族多きこと」「生活程度低く裸体その他の悪習慣を改めざる者多きこと」といった沖縄移民に対する偏見を含む理由によって沖縄県からの契約移民を禁止し呼寄移民だけに制限したのである[43]。

　この措置は第一次世界大戦後の不況の波によるソテツ地獄と呼ばれる経済的疲弊のなかで、それを緩和する手段としての本土出稼ぎや海外移民が急増していた沖縄にとっては大きな痛手となった。その痛手は一方においては1924年に米国の排日移民法制定によって沖縄県からの有力な移民先となっていたハワイへの移民が不可能になったこと、他方において1925年から日本政府がブラジルへの契約移民送出等に関してその費用を支給、国策移民としてブラジル移民を奨励するようになりソテツ地獄下にあって渡航費用を捻出するのが困難であった沖縄人にとってブラジル移民は魅力的かつ重要で

第5章　沖縄系移民と文化再活性化運動

あったにもかかわらず、その恩恵の外側に置かれることになったのである。

経済的疲弊を移民によって緩和しようとする沖縄県、貧困に苦しむ故郷の状況を強く懸念する在伯沖縄移民双方にとって、この措置の可及的速やかな撤廃が急務と考えられ、沖縄・ブラジルにおいて制限措置撤廃へ向けての運動や要請が展開された。その結果、外務省は1926年「移民にして十五歳以上の者は義務教育を終へたる者に限る」「男女共に四十歳以下にして普通語を解し且女は手の甲に入墨なき者に限る」「家長夫婦は三年以上同棲したる者たること」「家族は家長夫婦いずれかの血縁のものにして養子に非ざること」「借財の少なきこと」「移民数は一船10家族（人員50人）以下たること」という6つの付帯条件をつけてブラジル契約移民を試験的に許可した。

この試験的許可の決定を受けてブラジル在住沖縄移民、沖縄県側双方で様々な施策が実施されていった。沖縄県（庁）では外務省が要求した付帯条件を満たすべく移民者の厳格な選定を行うとともに、移民に対する教育を重要な施策とし「海外発展ヲ鼓吹シ移民ノ素質改善ヲ図ル」教育の研究を沖縄県教育会に指示した。この指示を受けて沖縄県教育会では1928年3月開催の第17回沖縄県初等教育研究会において小学校における「県民の海外発展及生活改善」の具体的な方策研究を課題とし『島の教育』を配布、そこでは具体的な課題として「小学校における移民・出稼ぎの奨励」と「生活改善」すなわち「沖縄人の言語風俗生活習慣を大和化する風俗改良」が強調された。

近藤健一郎（2006）によると[44]、『島の教育』の特徴は外務省通商局がまとめた沖縄移民の長所短所に関する資料に基づき、沖縄人が「排斥され特別視される原因」を7つに整理し[45]、これらの「諸欠陥」を改善することを目的とし特に「あらゆる風俗改良を教科教育に取り入れ、特に標準語教育を重視し、話方（国語科）を中心としての教科目、さらに学校全般において、語彙、発音、語調の矯正を行うことを構想した」点、学校という場を超えた家庭や地域の「改良」―特に女子の服装や礼儀作法―を視野に入れた点、第3に国史と地理の教科教育において「国体観念」を養成しつつ「海外発展」に関する事項を取り入れることで移民奨励を行おうとした点などにあった[46]。

『島の教育[47]』に示された方向は小学校においてかなり徹底的に実施され、

5.2 ブラジル沖縄系人のエスニックアイデンティティーの変遷

例えば方言札を用いての標準語徹底強制が行われたことや 1928 年頃から洋服着用の強制が開始されたことなどであり、これらのことはそれまで行われてきた風俗改良を海外移民・県外移民への排斥の克服という新たな目標を付加することで徹底することにより「際限のない大和化」を追求していくことになった[48]。

また沖縄県ではすでに 1910 年代半ばフィリピン移民のエピソードやブラジル移民の問題などもあり「県民風俗言語の改善」の急務さや「風俗習慣言語などの移民教育」の必要性が主張されており、1924 年には沖縄県庁が中心となり沖縄県海外協会が設立され海外在住者との連絡や沖縄人の海外発展を図るための活動が行われ、同時に移民直前には移民に対する若干の教育も施すようになった。1934 年には開洋会館が落成し、そこでは移民直前の 1 週間、「主ニ食事、挨拶、時間励行、清潔整頓、普通語励行、洗面、入浴等ニツイテ訓練」を施したりもした。

一方、1926 年試験的に契約移民送出を許可するという通知を在外公館から受けたブラジル在住沖縄人リーダーたちは同年 8 月ブラジル初の全伯的な県人組織、球陽協会[49]を設立し外務省の付帯条件をクリアし契約移民送出の全面的制限解除に向けての努力を重ねることとなった。サントス市の沖縄人経営旅館、東京館で開催された球陽協会設立総会では差別的待遇の完全撤廃を目指す会則及び県人の行動規範としての「申し合わせ 14 か条」が決議されたのである。

球陽協会の初代会長に選任された翁長助成や初期リーダーの一人であった城間善吉は機関誌『球陽』創刊号のなかで同会の活動目標を次のように記している。

　…此差別待遇（1919 年からの沖縄系契約移民渡航制限措置）は幾多の誤解に基因していることはもちろんだが、又、吾々沖縄県人の短所欠点が此自由な國に来て遺憾なく暴露され、現在帝國官憲や心ある人々をして眉をひそめしめた事が其の主たる原因であると思ふ時、吾々は徒に官憲の誤解に憤慨したり吾々を支那人扱ひして外国人にまで之を宣伝して得々と偉がる無智下劣

球陽協会会報創刊号（1926年）

　な者共と喧嘩したりの愚を悟り先づ吾々に欠点短所として一般から指弾される点をお互いに誡め合って改善して行くのが、目下の我々が取るべき唯一の道であらねばならぬ
（翁長助成 1926）

　悲しい哉、我が県人の中には常識に於て欠くる所ある者可なり多く吾々が如何に贔屓目に視てもそう感じるのであるから、他県人の眼で見たら猶更のことと思ふ
（城間善吉 1926）

　これらの沖縄県人リーダーの認識は沖縄移民に対する評価が「誤解」に基因しているとしながらも、他県人の眼を意識しながら非難の対象である「内地」とは異なる沖縄的なモノを「短所欠点」「非常識」として日本人として是正していくべきだという点で共通したものとなっている。壽亀野愚生というペンネームで同じ機関誌に投稿された一文においても、移民としての第1の出発点として旧習を切り捨て沖縄的「迷信の一掃」（この迷信は祖先崇拝をめぐる習俗やユタの弊害など）こそが必要であると説かれている。この一文では内地移民ももつ祖先祭祀自体は否定されておらず、あくまで「沖縄」的習俗による祖先祭祀実践が「迷信」と認識され払拭されるべきものとして説かれているのが特徴である。つまり、ブラジルにおいても沖縄的なるモノは「短所欠点」「非常識」「迷信」であり、それらを払拭することで、換言すれば、大和化＝大和への同化をすることで、「日本人になる」というポジション、

あるいは「県人」アイデンティティーが表明されていたのである。そしてこうしたポジション、アイデンティティーは当時の沖縄県のリーダーが表明したものと同一の地平に立ったものであったと言えるだろう。

　翁長のいう「欠点短所」とし是正すべき問題とは大別するならば、①移民のなかに「不良分子」を含むことを避け偽成家族をなくすため移民の選抜を厳格に実施すること、②耕地からの逃亡や紛擾を回避すること[50]、そして③沖縄人のもつ内地とは異なった習俗・習慣を是正することに整理することができる。このうち①と②に関しては会則のなかにそれらを回避するための諸策が規定され、③に関しては「申し合わせ14か条」(資料6)を規定し県人に遵守・励行させることによって是正に努めようと試みたのである[51]。

資料6　球陽協会「申し合わせ14か条」(1926)

一．日本服を着て家から外に出ないこと
二．子供を背中へおぶらないこと
三．他人殊に外人の前で肌を見せないこと
四．なるべく裸足にならないこと
五．出産の時飲んだり歌ったりして大騒ぎするくせを断然止めること
六．住居はなるべく伯國式にすること、茣をしいてあぐらをかくことを止めること
七．出来る限り普通語及びポルトガル語を話すこと、殊に他県人の前にて方言を使わないこと
八．つとめて伯國人及び他の外人と交際すること
九．遺骨を掘り出す時は伯國の法令に従って正当の手続きを経てすること
十．他人の言を考えなしに信用するくせをなおすこと、このくせがあるのでストライキを起したり契約耕地を逃亡するようなことになる。此点は大いに気をつけねばならぬ。
十一．大いに公共のためにつくすこと
十二．一か所に辛抱するよう心がけること
十三．目の前の小さな慾に迷わないこと
十四．新渡来者を迎える時長年生活をしている人々は其自慢話を慎むこと、大多数の都市生活者は真の農園生活を知らず、従って彼等の自慢話は新

渡来者の脳裏に耕地の労多くして収益少なきことを深く刻み込み其結果逃亡移民の続出となる。サントス港へ出迎えにいく人は大いにこの点に注意してもらいたい。

　沖縄移民の「日本人になる」（県人アイデンティティー）という目標を促進したブラジル側ファクターが存在していた。それはひと言で言えば20年代以降の日本・ブラジル双方のナショナリズムの高揚である。この条件、すなわちブラジル側のナショナリズムに基づく外国人移民同化政策と日本人移民側の出稼ぎ戦術を背景とする日本ナショナリズムに基づく日本臣民志向性は、一方においては〈植民地〉と呼ばれたエスニック共同体において日本の日本人や日本という国家との連続性を保証するための日本語（人）教育体制と天皇崇拝儀礼シンボリズム[52]を創造し、沖縄移民の場合、ブラジルにおける〈皇民化教育〉とも呼べるべき集合的営為を「日本人になる」ために戦略的積極的に受容、流用していったのである。この事実は第二次世界大戦後に日本人移民社会内部に発生した日本の第二次世界大戦での勝敗をめぐる対立、いわゆる勝ち負け問題（抗争）のなかで、沖縄移民間に多くの急進的な勝ち組を輩出することになったことと深く交錯することになった。

　他方、特に1930年代以降の強力なブラジル・ナショナリズムを条件に実施された外国人移民の国民化（同化）政策（外国語教育禁止措置など一連の政策）は日系2世間にブラジル人性（ナショナリティ）と日本人性（エスニシティ）をめぐる葛藤と相克を生み出すとともに、2世の共通語としてのポルトガル語の卓越という結果をもたらすことになった。このことやブラジル人から日常的にJaponêsという名付けを与えられてきた事実とも関連して、日本（本土）／沖縄という序列化された二分構造は相対化され、むしろ移民間の思考にブラジル－日本という対立項によって構造化するという傾向性を生み出していったのも事実であった。

　しかしながら、こうした日本－沖縄の差別的な序列構造を相対化する条件よりも出稼ぎ意識に強く規制されていた状況のなかで、日本（本土）／沖縄の序列化された構造がより強く再生産され、沖縄移民は日本政府・移民会

社・本土系日系人側から暴力的な名付けを受けたのであり、その名付けに対して、自らの社会的範疇に対して本土系移民との連続性を保証する〈県人〉というレッテルを貼り、自らの習俗・習慣・言語などを「前近代性」「短所欠点」「非常識」「特殊風俗」として是正し、本土系移民（社会）に「同化」するという目標に向かって努力を重ねていったのである。

5.2.2 「コロニア人」アイデンティティー

戦前における〈県人〉という名乗りは戦後50年代になると、他者からの名付けによって引かれた境界を自ら否定し、自らを本土系日系人と同じ名＝〈コロニア人〉と名乗るというポジションへと変更された。

まずブラジル日系社会内で〈コロニア〉〈コロニア人〉という新しいエスニックアイデンティティーが析出される過程を見よう。この日系人の新しい名乗りが析出する上で重要な契機となったのは第二次世界大戦後まもなく行われた戦災同胞救援活動であった。この活動が担った意味に関して前山隆（1996）は第1に、日系社会内に起こった勝ち負け派閥闘争に終止符を打ち、すべての日系人を1つの調和をもち統合された構造に再編成すること、第2に最終的に移民とその子孫たちが出自社会日本への帰属心を捨て日本人アイデンティティーを基本的に改変する」契機を与えたことにあると指摘している[53]。前山によるとこの運動を通じて日本人移民間にブラジルへの永住志向が明確に析出されるようになり、その結果戦前の在伯同胞（邦人）社会というアイデンティティーから「正規のブラジルの構成メンバー」たる〈コロニア〉〈コロニア人〉という新しいアイデンティティーを誕生させることになったとされる。このプロセスは永住志向の析出と明確化を通じて、ブラジル人からのJaponêsという名付けに対して、自らを〈日系コロニア人〉〈コロニア〉と名乗り、「ブラジルに生きる日本人・日系人」として認識していくことであった。換言すれば、当時の日系人の認識ではブラジルの「日本人」（あるいはJaponês）間の差異よりもブラジルの日本人－日本の日本人という二項対立構造がより大きな意味をもつようになったということである。それはま

た、戦後における新しい移住者の到来や2世層の台頭、イデオロギーとしての人種民主主義（Democracia Racial）の受容などの条件とも鋭く交錯しながら、日本（本土・内地）／沖縄という序列化構造を脆弱にしていったのである。

しかしながら、戦後になっても内地（本土）／沖縄の序列を伴う二分論的な認識がまったく消え去ったわけではなかった。戦後にはあからさまな差別は姿を消したものの日系社会内部では「沖縄さん（産）」といった暴力的差別的な名付けが再生産され続けたのである。こうした状況のなかで、沖縄移民1世は自らのポジションとしてブラジルでの「移民としての共通体験」を強調し自らを本土系日系人と同じ名を使った名乗りを行い、自らの異質性をいわば棚上げし、内地（本土）／沖縄の日系社会内部の境界を消去していこうとする戦術を採用したのである。〈コロニア〉〈コロニア人〉という名は本来的には日本語体系のなかに存在しない新語であり内地／沖縄という差別的序列も内在せず、日本の日本人から差異化する方向性をもったものであり、沖縄系1世にとってもスムーズに受け入れられる名乗りとなったのである。

〈コロニア人〉という名乗りは戦後50年代から60年代にかけて戦前期の日本人移民間で創造された天皇崇拝イデオロギーを代替するかたちで受容された日本の新宗教、特に生長の家へと帰依した沖縄人は多かったという事実とも交錯しているといえるだろう。この時期には「固有の宗教」としての沖縄的祖先崇拝の実践には70年代以降のような重要な意味や位置は与えられていなかったのであり、祖先崇拝の実践はあくまで〈ニホンジン〉あるいは〈コロニア人〉というコンテキストからなされていたのである。

この沖縄系1世の名乗りと関連して、基本的にポルトガル語を生活言語とした沖縄系2世間の名乗りもまた「移民の子としての体験の共通性」を基礎にした〈ニセイ〉という本来的にポルトガル語体系内ではコノテーションをもたない〈名〉を利用して、自らのもつ沖縄性（本土系日本文化とは異質な文化）を封印して行われた。この背景には2世間にも街路、家庭、学校などで差別的な名付けが再生産されていたという状況が存在した。例えば、1970年代初頭にサンパウロ州内陸都市マリリアの日系社会に関して調査研究を行ったVieira（1973）はポルトガル語体系内で内地／沖縄をめぐる差別的二項

5.2 ブラジル沖縄系人のエスニックアイデンティティーの変遷

構造が再生産されていたことを次のような証言を紹介することで明らかにしている[54]。

　14歳の時、モジダスクルーゼス市の日本語学校に入学した。その学校では内地人と沖縄人との間で対立があった。ある日私は同級生と喧嘩をしたが、彼らは私を野蛮人のオキナワーノ（Okinawano）と罵った。私はなぜオキナワーノが野蛮人なのかわからなかった。家に戻って父親にオキナワーノは野蛮人なのか説明してくれと頼んだ。父親の説明は納得のいくものではなかった。　　　　　　　　　　　　　　　　　　　　　　　　　（沖縄系2世男性）

　（本土系）日本人はオキナワーノが好きではない。私の女友だち（本土系2世）は『私の両親はオキナワーノと結婚する位なら、ブラジル人と結婚したほうがマシと常々言っている』と私に語った。今、彼女は沖縄系2世とナモーラ（恋愛）しているが、その事実を彼女の家族は誰も知らない。ブラジル人も沖縄と本土人を区別している。ある日、私が街を歩いていると「お前は日本人ではない」と指差して言われたことがある。　　（沖縄系2世女性）

　おそらくオキナワーノは自分たちが（本土系人よりも）劣っていることを知っているし、こう認識することで安寧を求めているようだ。私の妻の弟は沖縄女性と結婚しているが彼女は自分が劣っていることをよく知っているから良く尽くしてくれるようだ。　　　　　　　　　　　　（本土系2世男性）

沖縄系2世たちは街路において、あるいは学校において〈オキナワーノ（Okinawano）〉であることの意味を友人や友人の家族の言説を通じて実感していく。一方、本土系2世も家庭などで〈オキナワーノ〉との結婚に対するあからさまな反対や沖縄人の劣等性に対する言説を通じて本土／沖縄の差別的序列化を実感、実体化してきた。それではポルトガル語体系のなかで本土系2世からのオキナワーノ（ナ）（Okinawano(a)）という名付けは沖縄系2世たちにとってはどのように了解されていたのだろうか。この言葉に対して沖縄県人会青壮年会のリーダーは次のように語っている。

第 5 章　沖縄系移民と文化再活性化運動

　　この言葉には沖縄系人を何か他の日系人から〈人種〉的に区別するような感じを受ける。他の本土の県出身者にはこれに相当する言葉はない。沖縄系だけにこうした言葉を使う。一種の差別だと思うね。それをそのまま会（県人会のポルトガル語名称）の名称に使っているのは自らニホンジンであることを否定するようなものだ。だから私たちの側から県人会 1 世リーダーに会のポルトガル語名称を変更するように求めた。沖縄人も同じ「日本」からの移民なのだから。もちろん琉球王国という国家をかつて持ち、それが薩摩に征服され、琉球処分によって日本という国に併合されたことは知っている。それに中国との交流も盛んだったから日本の文化とはずいぶん異なっているとこともあることも知っている。しかし同じ日本人種なのだ。

　この言説は本土系日系人によって使用されるオキナワーノ（Okinawano）という言葉がもつ意味合いに関する沖縄系 2 世自身のもつ了解である。この名付けに対して沖縄系 2 世は人種的に自ら（我々）を「日本」人種から分離する意味合いをもつものとして強く否定しているのである。この立場から、青壮年会では 1997 年にそれまでの沖縄県人会のポルトガル語名称 Associação Okinawana do Brasil を Associação Okinawaken-jin do Brasil に改称するように要請、最終的には名称が変更されている。彼等にとって Okinawakenjin（沖縄県人）という名乗りは自らの日本人性を〈人種〉的に担保するものであったのである。

　オキナワーノというポルトガル語体系内での名付けを否定した沖縄系 2 世は自らの名乗りとして本土系 2 世と同じニセイという名を選択している。ニセイというアイデンティティーが立ち上げられる条件やその内容に関して、前山（1996）は次のように解釈している。ニセイアイデンティティーは 50 年代にブラジル人という他者からの Japonês という名付けが日系 2 世のナショナリティとの間で葛藤や祖国を生じさせたことや 50 年代までのブラジルの「混血による新しいブラジル人種」の肖像という国民観（このコンテキストではハイフン付のアイデンティティーの析出—ポルトガル語での Nipo-Brasileiro という名乗りは不可能であった）などを背景にして、日系 2 世間の共通語であったポルトガル語体系のなかで本来意味をもたないコノテーション

であった名＝ニセイを選択しナショナリティとエスニシティとを調停させるものとして立ち上げられてきたものであった。この名乗りを通じて日系2世は一方においては日本人移民と親子関係による連続性や連帯性を表明し、他方においては〈人種〉的には他のブラジル人と差異化しながら、しかしブラジル人としてのナショナリティをも表明したのである。

この名乗りは戦後になっても本土／沖縄の序列的構造、差別が再生産されスティグマを内在化させていた沖縄系2世にとっても本土系2世との「移民の子としての共通体験」やブラジル人性の表明、本土／沖縄の二項対立を含まないなどという理由からオキナワーノではなく自らの名乗りの用語として受容されたのである。

コロニア人、ニセイという名乗りは他者からの差別的な眼差しに対して自ら他者と同じ名乗りを行うことで払拭しようというポジションに立つものであり、そこでは沖縄（系）人としての個性、独自性が積極的に主張、立ち上げられることはなかったのである。

5.2.3 「ウチナーンチュ」アイデンティティー

ブラジルの沖縄系人間で70年代以降、新しいアイデンティティーである〈ブラジルのウチナーンチュ〉が析出され現在においても卓越した名乗りの1つであり続けている。

ウチナーンチュという用語は沖縄語体系・沖縄文化のコンテキストではヤマトーンチュ（大和）との対比において自己の名乗りの用語として用いられてきたものだが、ブラジルの沖縄系人の間ではこうした起源は了解されており、この用語がポルトガル語や日本語体系のなかでコノテーションをもたないことを条件としてコロニア人、ニセイという主体と自らを差異化するために流用されているのである。つまりこの用語は本土系日系人と自らを人種的にではなく文化的に異質な存在として立ち上げる操作を可能としたし、何よりも日本人／沖縄人との二項対立に含意されるマイナスイメージを伴わないもの（むしろこの二項対立を逆転する用語）であったのである。

第 5 章　沖縄系移民と文化再活性化運動

　前述した県人、コロニア人、ニセイといった名乗りが消滅したわけではなく、これらも発話のコンテキストに従って頻繁に用いられ続けている。ここでは 70 年代以降、特に 80 年代から顕在化してきた〈ブラジルのウチナーンチュ〉という名乗りが出現した諸状況や条件の変化に関してみていくことにしよう。

　前述したように第二次世界大戦直後に展開された日本戦災救援運動はブラジルの日系人の間に新しいアイデンティティー―コロニア、コロニア人、ニセイなど―を生成する大きな契機となったが、実はこの運動の展開のなかにすでに〈ブラジルのウチナーンチュ〉という新たなアイデンティティーの萌芽が存在していた。沖縄系人もこの運動に積極的に参加する一方で、1947 年 6 月には独自に「沖縄救援委員会（正式名称は伯国赤十字社公認日本戦災同胞救援会沖縄救援委員会）」を組織し独自に救援物資の送付、戦没慰霊金、学生救援などの義捐金送付などを 1951 年 12 月まで展開していった。このことに沖縄系人たちの二重のポジショニングを確認することができるであろう。すなわち、一方においては日系社会（コロニア）の祖国日本の救済運動に関わることでコロニア人としての正統性あるいは正規の成員権を担保しながら、他方において郷土沖縄に対する〈憂郷の意志〉を通じて、〈コロニア人〉の中に本土系日系人とは区別されるサブ範疇を造りだすことで潜在化させてきた沖縄（人）性を顕在化させるという二重性の位置取りに立脚したのである。つまり、前山（1996）が指摘するように、この運動を展開するプロセスにおいて戦前沖縄移民たちもまた出自社会沖縄との関係性のあり方を変更していくと同時に、本土系日系人との関係性もまた変更していく契機が内包されていたのである。これがブラジルへの永住性を前提にした〈ブラジルのウチナーンチュ〉アイデンティティー析出の基底的条件となったのである。

　また、この〈ブラジルのウチナーンチュ〉アイデンティティーの析出と深く関係していたのは戦後において沖縄系人は独自の地域的エスニックコミュニティーを形成したという事実であった。沖縄系人もまた本土系日系人と同様にサンパウロ市を中心とする都市部へ戦後移動し、そこへの定着と適応を開始することになったが、対外的には日系社会の内部で再生産され続けた沖

5.2 ブラジル沖縄系人のエスニックアイデンティティーの変遷

縄系人に対する差別的序列構造と対内的には重層的な同郷性などの基礎的社会関係とに密接に関連しているが独自の共同体を創造したことが地政学的な本土／沖縄という社会的範疇の生成と鮮明化（新たな地理学的境界の構築）を後に容易にすることになったのである。

　サンパウロ市内の地域沖縄系コミュニティーではこの時期にコミュニティーとしての連帯と協力体制を確立するために、琉歌、琉舞、沖縄音楽といった固有の文化要素[55]を戦略的に選択し、それを流用しながら新しい環境での社会経済的適応プロセスを開始したが、これらの文化要素は本土系日系人と自らの差異化（境界標識）のシンボルという役割を担っていくことになると同時に、後にはこれらの文化の実践を通して、それらに基づきはするものの、〈ブラジルのウチナーンチュ〉という主体に整合的なエスニック沖縄文化が創造されていくことになったのである。それらにはシマ歌（新しいエスニック沖縄村の歌）、婦人会、青年会、老人会などの団体歌、運動会の歌、さらには沖縄的シンボルとブラジル的シンボルをうまく組み合わせた〈シマ〉旗等を挙げることができる。これらに盛り込まれたメッセージは「新しい郷土であるブラジル」を愛し沖縄的特質・資質を活かしながら新しい郷土の発展に貢献するという同質的な内容をもつものであった。また、「沖縄移民としての共通の体験や記憶」を表現するエスニック新民謡や演劇も盛んに創造されるようになったのである。

　60年代から70年代にかけて〈ブラジルのウチナーンチュ〉という名乗りにとって重要な役割を果たした状況の変化が存在する。ブラジル社会側の条件の変化としては米国のエスニシティ現象などとも関連して起こった国家・国民観の変化であった。要約的に言えば、その当時国家・国民文化観が同化論的なものから文化相対主義あるいは多文化主義的なものへと方向を転換し各エスニック・移民グループに対する同化圧力が急速に弱まっていった。前山（1996）はこの変化に関して「50年代には日本的なモノから逃避する傾向が強かった日系人は60年代には日本的なるモノを再評価する動きに変わった」と述べている。このような動きと連動するかたちで、沖縄的なるモノへの肯定的評価が出現、強まったものと考えられる。もちろん、日本的なるモ

ノへの眼差しが沖縄系人間で否定ないし潜在化したわけではなく、アイデンティティーとの関連で言えば沖縄的なるモノへの眼差しが肯定的になりそして前面に押し出されるようになったと言えるだろう。

　この時期、ブラジルの沖縄系人の間で本土系日系人との境界を示差する文化要素の選択と実践が盛んになりはじめた。例えば1974年から沖縄県人会本部の年中行事として沖縄角力に加えて古典音楽、空手、舞踊、民謡などの各種コンクールが沖縄社会で行われている同種のコンクールの形式を流用するかたちで実施されるようになった。これらの琉球・沖縄芸能文化はそれまでの演芸会という場で実践されてきていたが、この新しい実践の場は琉球・沖縄芸能文化の継承を明確な目的とするもので、後には沖縄社会の芸能界とトランスナショナルに構造化されていくことになった。ブラジルに組織された多層的なエスニック組織—同郷会・地域共同体（県人会支部）・各種団体など—で琉球・沖縄伝統芸能文化を中心とするイベントが盛んに行われるようになったのもこの時期からであった。これらのイベントではイチャレバ・チョーデー（行き会えば兄弟）、ユイマール、敬老、やさしさ等の沖縄的価値観が挨拶やパンフレットなどでの言説を通じて盛んに生産されていった。こうした文化の集合的実践・儀礼を繰り返すことで、一方において本土系文化との差異が生産され、その差異化を通じて〈ブラジルのウチナーンチュ〉という境界（アイデンティティー）が実体化されていったのである。

　この時期に沖縄系人に起こったのが経済的安定や上昇、そして2世層の社会参加の進行などであったが、このことも沖縄系人の名乗りにとって大きな条件の1つであった。経済的上昇と2世の社会参加（特に1970年の総選挙における本土系日系人政治家を凌駕する沖縄系政治家の当選や沖縄系2世ジャーナリストのブラジル・メディアでの活躍など）は本土／沖縄の位置を逆転させる言説を生んだ。沖縄系人の経済的成功や社会進出は中間貿易により繁栄した琉球王国と関連させられながら、沖縄系人の協調性や結束の固さ、開放性、協調性等が本土系日系人よりも優っていることを示すものである等の言説や沖縄文化・価値観の中のテェゲェ、時間のルーズさ等はブラジル社会のMais ou Menos（大まかさ）、Horário Brasileiro（ブラジル的時間（観念）—時間の

5.2 ブラジル沖縄系人のエスニックアイデンティティーの変遷

ルーズさ）といった特質の類似性からブラジル移民としての「資質」は実は沖縄移民が優っていた等の言説を生む契機となったのである。

　ブラジルへの移民当初からの暴力的名付けによって「欠点・短所」と位置づけられてきた沖縄文化や価値観がブラジルで生きる上での「美点・長所」であったのだという認識が明示化され始めたのである。換言すれば「沖縄人である」ことから派生したスティグマから解放され本土系日系人との文化的差異（「人種」的同質性を条件とする）を強調する〈ブラジルのウチナーンチュ〉というアイデンティティーが立ち上げられてきたのである。

　ところで 70 年代初頭からの経済的上昇の結果、戦前沖縄移民 1 世の間に起こった現象の 1 つが訪沖旅行であった。この訪沖旅行は 1972 年の沖縄の施政権の日本への返還（沖縄復帰）以降、特に 75 年の沖縄海洋博当時から盛んになったもので、その目的は出稼ぎ移民として「沖縄の親族や家族に留守を頼んできた位牌（トートーメ）、遺骨、ヒヌカン（火の神）、香炉など」を〈ウンチケー〉して「ブラジルにお連れする」ことであり、先祖にブラジル永住を報告するというものであった。換言すれば、この営為は「先祖の移住」でありヤー（イエ）の移住であった。また、この時期には門中の本家継承者のブラジル永住に伴って、門中祭祀の対象となる位牌・香炉・ヒヌカンなどもブラジルに渡ったし、ブラジル側では門中成員が共同で門中墓を購入する動きも活発化した。この結果、それまで沖縄の帰属門中にウサカテ（会費）を納めるという行動は姿を消していった。こうした行動は沖縄（の門中や親族）との関係を断ち切ったということを意味せず、沖縄のムトゥヤー（本家）から分節したブラジルの門中やヤーが誕生し、沖縄（の門中・成員）との関係のあり方を変更したということであり、沖縄と歴史的な連続性をもち神話や時間を共有する実体としての〈ブラジルのヤー〉〈ブラジルの門中〉が誕生したのだと了解することができよう。このヤーや門中が他のエスニック組織とともにブラジルの沖縄系エスニック文化という新たな〈伝統〉の創造の場の 1 つとなっている。

　本土系日系人と自らとの文化的差異を示差する標識となっている有力な要素の 1 つとしてウチナーグチ（沖縄語・方言）がある。ウチナーグチは戦前

Utiná Press 紙（2007年1月号）

期にあっては移民や2世の間では日本語よりも生活言語として使われていたし、現在においても1世や戦前2世などの間で用いられ続けている存在であるが、実態としては家庭や近隣、エスニック組織のなかからは急速に消失しつつある存在でもある。このウチナーグチが自らの固有言語として肯定的に評価され始めるのは戦後になってからで、戦前期には沖縄人の異質性、後進性、前近代性などと関係づけられ否定的な眼差しを受けてきた存在であった。ウチナーグチが固有言語として積極的肯定的に評価、位置づけられた1つの契機となったのは80年代から活発化した沖縄（社会）との交流であった。沖縄社会から移民○○周年記念祭、同郷会結成○○年行事など様々な機会にブラジルの沖縄系社会を訪問した沖縄県人たちはその挨拶や対話のなかで、その当時、沖縄社会のなかで消滅の危機にあったウチナーグチがブラジル沖縄系社会では「生きている」といった言説やウチナーグチ使用を通じて「ここ（ブラジル）には本当の沖縄が残っている」といった言説を盛んに発話するようになった。こうした言説をブラジルの沖縄系人は自らの〈名乗り〉として流用し、自らの〈ブラジルのウチナーンチュ〉という主体性を鮮明化させてきたのである。換言すれば、示差的標識としてのウチナーグチは生活言語としての重要性を急速に失いつつあった時期にアイデンティティーを支える1つのシンボルとして立ち上げられたものであると言えるだろう。

こうした言語のもつシンボリックな機能をよく示しているのがエスニックジャーナル Utiná Press[56]によるウチナーグチ講座やさまざまな沖縄系エス

Utiná Press紙掲載のウチナーグチ講座（2013年6月号）

　ニック組織におけるウチナーグチの戦略的活用、さらには沖縄県人会ビラカロン支部や沖縄系教育機関などで実施されている沖縄語講座開設などであろう。

　90年代初頭からブラジルの沖縄系社会ではポルトガル語によるエスニックジャーナルUtiná Pressが月刊で8,000部ほど発刊されている。このジャーナルは沖縄系2世や3世を主な読者とし、その主な内容は琉球舞踊や祖先崇拝、沖縄料理などの紹介記事、沖縄系社会でのイベント情報、沖縄との交流の紹介などである。沖縄県人会のポルトガル語機関紙的な位置をもつUtiná Pressでは2000年代からウチナーグチ講座という紙面を掲載し始めた。この紙面はウチナーグチの単語を日本語とポルトガル語と対照させるかたちで紹介するというもので、これを通じてウチナーグチを習得するというよりも標準日本語との対比を通じて沖縄の言語（文化）の固有性・独自性を認識させる機能を果たしている。また、在伯小禄・田原字人会では1月1日に沖縄県人会ビラカロン支部会館で行う新年祝賀会では志向的にウルクークトゥバ（小禄方言）を用い司会進行を行っているが、これも言葉の習得というよりも自らの言語としてのウルクークトゥバ（小禄方言）の存在を確認させる役割を担っているといえるだろう。

　1993年ブラジルにおける〈日本（人）〉のプレゼンスを表象するリベルダーデ広場において沖縄系2世、3世の沖縄県人会青壮年会を中心にして移民85周年県人会創立55周年記念式典〈前夜祭・沖縄の夕べ〉というイベントが

263

1993年移民85周年県人会創立55周年記念式典〈前夜祭・沖縄の夕べ〉
リベルダーデ広場

数千人の観衆を集めて実施された。この前夜祭ではかつて文化的低さ、前近代性などを表象するとされた沖縄的なるモノが強調された。その中心は琉球芸能―獅子舞、琉装行列、みるく豊年祭、空手演舞、琉球國祭太鼓、クワイデサー・ヌチバチなどの集団舞踊、カチャーシー―の実演と沖縄県人会本部及び57支部の会長、支部長等沖縄系リーダーによるパレードであり、〈沖縄〉を表象する飾りつけ―ディゴやハイビスカスの花、琉球花笠、守礼の門、シーサー、太鼓やサンシン、龍、沖縄県旗など―で満ち溢れた会場に沖縄文化の〈豊かさ〉〈洗練性〉そして沖縄系人の団結力などが高らかに表明された。イベントのオープニングセレモニーで沖縄系リーダーたちは「イチャレバ・チョーデー」「ユイマール」「やさしさ」「暖かさ」「共生」「勇敢さ」等〈沖縄の心―ちむぐぐる―〉を強調するメッセージを観衆に伝えた。また、イベント当日にはかつて「不当にも不良移民」として「幾度か渡航禁止や渡航制限の憂き目にあった…そのために沖縄移民は憤慨し、有志を集め総領事館へ再三善処を訴えたがその解決策は得られなかった」という被差別体験をめぐる政治的メッセージを記載したパンフレットが配布された。

　まさにこのイベントはエスニック境界を越境した空間で〈ブラジルのウチナーンチュ〉アイデンティティーを自文化に対する誇りや自信、自負などを通じて表現し本土系日系人との〈文化〉的差異を通じて確認した瞬間だったと言えるだろう。

5.2.4 「汎ウチナーンチュ」アイデンティティー

　1990年代から、グローバル化の進行とも関連して、ブラジルの沖縄系人と沖縄の沖縄人あるいは海外在住の沖縄系人との間の交流が非常に活発になった。この交流は相互的多層的多極的な様相を鮮明にしてきており、こうした交流を通じて、世界各地に散在的に居住する沖縄系人がそのナショナリティを超え〈沖縄（人）性〉に基づいた、いわば汎（グローバル）ウチナーンチュ・アイデンティティーと呼べるべきものを立ち上げ鮮明にしてきている。こうした動きの嚆矢となった1つは1990年8月には沖縄県の第2次沖縄振興開発計画（82年策定）「国際交流の場の形成と推進」の一環として開催された第1回世界のウチナーンチュ大会の開催であったように思われる。世界ウチナーンチュ大会はいわば海外の沖縄系人のルーツである沖縄県の行政主導で、沖縄振興策の一環として開催されたもので、それは沖縄県と特定渡航先沖縄系社会との2者関係を通じて海外の沖縄系人がルーツの地：沖縄に集い、相互的に交流した結果、それぞれが共通してもつ〈沖縄（人）性〉というものを確認させる大きな機会を提供することになったのである。第1回世界ウチナーンチュ大会には海外在住の沖縄系人2,400人（ブラジルからの参加者790人ほど）ほどが沖縄に参集したが、5年毎に開催される大会の参加者は回を追うごとに増加の一途を辿って現在に至っている。この行政主導の集会を契機の1つとして、海外在住の沖縄系人が多極的な交流を展開するようになった。例えば、1998年のブラジル日本移民90年祭の沖縄県人会行事には沖縄県はもとよりハワイ、ボリビア、アルゼンチンなどからの参加者もあり、ウチナーンチュの紐帯の強さが大いに示されることになった。

　また、1997年にはハワイ在住の沖縄系実業家のイニシアチブにより、世界の沖縄系実業家の連携と国際的なビジネスネットワークの構築、事業の相互的促進などを目的にWUB（世界ウチナーンチュ・ビジネス協会）が設立され（ブラジルは97年9月に支部結成）、民間レベルでのビジネスという領域での交流が開始された。民間主導のWUBが世界ウチナーンチュ大会と異なるのは交流の場が沖縄県ではなく、海外沖縄系社会をベースに世界各地を循環している点にある。この意味において沖縄の沖縄人は世界の〈ウチナー

第5章　沖縄系移民と文化再活性化運動

チュ〉の一員であるということであり、いわばセンターをもたないことを特徴としているのである。

　「固有の宗教」と観念される祖先崇拝の実践もその相互性をあらわにしてきている。例えば、戦前移民を数多く輩出し「ブラジル村」と呼ばれる旧羽地村仲尾次ではシマにある7つの門中のうち、3つでは本家（ムートゥーヤー）がブラジルに移民しており、本家の位牌や遺骨、香炉、ヒヌカンなどはブラジルに〈ウンチケー〉され渡っており、シマに残った門中成員がカミ拝みのためにブラジルを訪れたり、あるいは旧小禄村字小禄・田原などではブラジルの祖先崇拝にユタ的霊能者が係ることで、ブラジル在住の門中成員が沖縄の本家や祖先が関係したと観念されている聖所などを盛んに訪問したり、時にはサンパウロのユタ的霊能者が行うハンジ（判断）の結果として、沖縄の祖先崇拝に介入するというケースも出現している。また、ブラジルのユタ的霊能者はボリビアやアルゼンチンの沖縄系社会に「出張」し、それぞれの沖縄系社会で実践される祖先崇拝やカミグトゥなどに介入するなどのケースも見られる。

　さらに、琉球・沖縄芸能文化の領域ではブラジルに結成された琉舞協会が沖縄やハワイ、ペルー、ボリビアなどの沖縄系社会で琉舞公演を実施するようになってもいるし、先述の仲尾次ムラではムラ最大の行事である豊年踊りがDVDに収録され、サンパウロにある仲尾次郷友会へ送られ、タイムラグはあるものの、オリジンのムラでの行事が共有されるようになっているケースも存在している。また、サンパウロ市ビラカロン地区で行われているOkinawa Festivalではハワイの沖縄系社会が創造したOkinawan Festivalの形式が流用されるなどのケースも見られ、「沖縄文化」の発信地は沖縄とは限らない状況も出現してきている。

　以上のようなケースは枚挙にいとまがないのであるが、こうした様々なレベルと機会での交流を通じて、相互循環的にお互いのもつ〈沖縄（人）性〉が確認され、汎ウチナーンチュ・アイデンティティーと呼び得るものが鮮明化されてきているのである。

［森幸一］

注

1) 沖縄は 1952 年のサンフランシスコ講和条約発効後日本本土から分離され、1972 年に日本に復帰するまで琉球列島米国民政府（USCAR）の施政下に置かれた。これは沖縄が日本とは異なり、米国当地という状況下で海外移民が展開されたことを意味した。
2) 名護市史編さん室編（2008）『名護市史 本編 5 出稼ぎと移民 IV 戦後編・展望』名護市役所
3) 名護市史編さん室編前掲書（2008：63）
4) 琉球海外協会事務局編（1955）『海外協会三十年沿革史』、9-10 頁。
5) 琉球政府編（1957）『ティグナー報告書 ブラジル編』、同編（1959）『ティグナー報告書 後編』琉球政府
6) 琉球海外協会事務局編前掲書（1955：28）
7) クラブ員は政府移民課、海外協会、海外諸団体との連絡をもち、帰朝者との懇談会、諸調査、展示会などを行いボリビア農業開拓移民への参加者も出している。
8) 1954 年夏季休暇中に八重山移住地において開拓実習などの活動を行った。
9) 移植民クラブ―ブラジル、アルゼンチン、ペルー、南洋、八重山―の組織を持ち生徒の自発的研究のほか、移植民教育座談会や展示会などを実施した。
10) 当同志会は 1953 年 10 月に小禄村当間地区の青年 23 人によって「広く外国に移民して雄飛し沖縄の人口稠密を緩和し併せて世界の未開発資源の開拓に貢献」することを目的に結成され移民としての教養を高めたり移民家族の家族教育などの活動を行った。
11) 琉球海外協会事務局編前掲書（1955：24）
12) 南連の設置は琉球と日本との間の渡航、貿易に関する情報、遭難日本船員に対する援助、政府恩給の支払、戦没者の遺骨収集、財政的処分および通貨兌換に関する事項、その他の「準領事務」の遂行に関する諸問題の取扱いを目的とするものであった。中野育男（2005）『米軍統治下沖縄の社会と法』専修大学出版局
13) 南連設置 2 カ月後（1953 年 10 月）、琉球政府は南連から日本政府の渡航費貸付によるブラジル移民の渡航手続きに関して協力方の依頼を受け、1954 年に日本政府の渡航費貸付による 5 人の呼寄移民を送り出している。
14) 戦後沖縄からの海外渡航の場合、沖縄人の身分上の取り扱いは戦後沖縄が置かれた国際上の立場を反映したものであった。すなわち、サンフランシスコ講和条約発効以前（1948 年～1951 年 9 月 15 日）においてはスウェーデン公使館発行の身分証明書、1951 年 9 月 16 日～1967 年 9 月 15 日までは琉球列島米国民政府発行の身分証明書、1967 年 9 月 16 日以降においては日本政府発行の日本国旅券による渡航であった。
15) 名護市史編さん室編前掲書（2008：72）
16) 名護市史編さん室編前掲書（2008：73）
17) 名護市史編さん室編前掲書（2008：71-72）
18) 屋比久孟清編著（1987）『ブラジル沖縄移民誌』によると、ブラジルにおいて在伯沖縄協会では沖縄移民が日本政府の渡航費貸付の対象外とされ、近親呼寄による自費渡航に制限されている現状打破をサンパウロ総領事館に要請していたとされる。この要請は功を奏し、在伯沖縄協会から 1956 年 7 月 19 日付文書で、中南米移住事務連絡会議において「従来日本経由の場合のほか、渡航費貸付の対象とならなかった沖縄よりの呼寄移住者に対しても貸付が適用される」との申し合わせがなされたことが琉球海外協会に伝えられた。この申し合わせに沿い、海協連は琉球海外協会へ日本政府による渡航費貸付業務を委託した

第 5 章　沖縄系移民と文化再活性化運動

のである。
19)　花城清安は沖縄県旧羽地村振慶名出身で 1926 年、妻淑子、弟清義とともにブラジルに渡航、サントス・ジュキア鉄道線イタリリー駅に居を構え、現地の日本語学校の教師を務めていたが、1934 年半ばにイタリリーの土地を購入、労働者を雇用してバナナや米などを栽培し、戦争直前にはコロノ（農村賃金労働者）150 家族 600 人を雇用するまでになっていた。この経済的成功を背景に戦前期、4 人の子息を日本へ教育のために行かせることが可能であった。1954 年、花城は「在伯沖縄文化救済協会」の後身である「全伯沖縄海外協会」会長に就任し、「一人でも多くの呼寄移民を」というスローガンのもとに移民部を創設するとともに移民基金を募り、受け入れ体制を整備した。ブラジル沖縄県人会編（2000）『ブラジル沖縄県人移民史──笠戸丸から 90 年──』、234 頁。
20)　若槻泰雄・鈴木譲二（1975）『海外移住政策史論』福村出版
21)　ブラジル沖縄県人会編前掲書（2000：175）
22)　1957 年から 1959 年までの沖縄移民数は在伯沖縄県人会編前掲書（2000：175）ではそれぞれ 1,430、1,830、1,158 人となっており、沖縄県国際交流課の移民数とは異なっている。ここでは沖縄県国際交流課の数値に従っている。
23)　ブラジル沖縄県人会編前掲書（2000：195-196）
24)　ブラジリアは 1960 年、「50 年を 5 年で」をブラジル近代化のスローガンとしたクビチェッキ大統領政権下で人工的に建設された連邦首都である。
25)　ブラジリアへの家族計画移民は全伯沖縄海外協会と仲村渠パウロ州議員の奔走によって順調に実現された。この計画移民の条件は、①入植期は 62 年 7 月か 8 月とす。②立地条件は国有地にして市庁管轄区内で首都中心地より 10 粁以内の場所。③借地条件　長期無償（30 年間）借地、最初 1 カ年試験的に入植し 3 カ年後の成果により 30 年の無償借地契約を結ぶ。④受け入れ準備、状況　仮住宅、初期の植え付け準備作業、区画整理は市庁側負担。⑤入植者は農業経営の経験者で 3 人以上の可働者がいる家族。⑥生産物が出来るまでの生活費は各自負担、というものであった。ブラジル沖縄県人会編前掲書（2000：178）
26)　我々の調査地の 1 つであるサンパウロ市ビラカロン地区の沖縄系コミュニティーの成立と展開過程の詳細は第 1 章のなかで記述したので、ここではあくまでボリビアからの転住者との関連で概観することにする。
27)　『ティグナー報告書』によると、1952 年当時、ボリビアに居住していた沖縄出身者は 94 人、沖縄系 2 世 220 人が居住、ボリビアにおける日本移民全体の 30.8% を沖縄移民が占めていたとされる。また沖縄系人の地理的な分布はリベラルタが最も多く 182 人、続いてラパス 69 人、サンタクルス 45 人となっている。James, L. Tigner（1954）*The Okinawans in Latin America*：468-472 頁。
28)　琉球海外協会事務局編前掲書（1955：15-18）
29)　うるま移住地での 6 日間の視察の後、移民使節はうるま移住組合に対して、次の 7 項目の通達を行った。①経済援助資金が米国より送金されている旨の連絡がボリビア国農務大臣から組合にあったため、この移住事業が現実のものとなったこと、②使節団は沖縄に帰り次第、移住者の送り出し業務を進めること、③移住者を送る前に、戦前移住者の協力を仰ぐために先遣隊を飛行機で派遣すること、④この移住事業は今後琉球政府の政策事業として進めていくこと、⑤戦前移住者が購入した 2500ha の土地は将来移住者全員で管理すること、⑥移住者の送出以前に産業組合やそのほかの必要な事項について合宿による講習や訓練を実施し、入植後は全員組合員になるよう指導すること、⑦入植後 1 年間は共同作業とし、2 年目から独立させる方法が良いと思われること。比嘉裕（2000）「第 6 章　オ

キナワ移住地の建設と発展」ボリビア日本人移住100周年移住史編纂委員会編『日本人移住100周年誌 ボリビアに生きる』、233-260頁。
30) 1955年3月にはうるま病対策のために米国から医師団がうるま移住地に入り、入植者全員の血液を採取した。この風土病の症状として、医師団は琉球政府に送付した報告書のなかで、①初期の症状は2日前後で首筋と頭部に痛みを伴い、38度内外の熱が出ること、②中期症状は3日前後で40度内外の熱を伴い睡眠剤が効かず眠れなくなるとともに肝臓が肥大、脈拍が早くなる。子供の場合には腹痛を訴え吐き気を伴う場合がある。一般に悪寒、発汗はないが手足が冷える。③末期症状は呼吸困難、腹部の極度の圧迫感、つま先、唇の黒紫色への変色、と記述している。比嘉前掲論文（2008：245-246）。神谷明の研究によれば、「うるま病」は正式には「ハンタ・ウイルス肺症候群」と呼ばれるものであるという。神谷明（2005）「オキナワ移住地の歴史を変えた病気」コロニア・オキナワ入植50周年記念誌編集委員会『ボリビアの大地に生きる沖縄移民　1954-2004』オキナワ日本ボリビア協会、199-202頁。
31) 内堀基光（1989）「民族論メモランダム」田辺繁治編著『人類学的認識の冒険―イデオロギーとプラクティス―』同文館、27-43頁。
32) Barth, Fredrik（1969）"Introduction" in F. Barth（Ed）*Ethnic Groups and Boundaries.* Oslo Univ. Forlaget. バルトの議論で重要なのはアイデンティティーが明白な客観的差異によって表示されるのではないという点である。換言すれば、それぞれの民族のもつ民族文化自体と境界標識としての文化要素はその性質が異なっているということである。また、別の表現をすれば民族文化（言語、習慣、価値観など）の共有はエスニックグループがもたなければならない必然的条件ではなく、アイデンティティーを構築する境界標識としての文化要素を民族の〈文化〉（のシンボル）として認識し他者との差異化＝境界画定が明示されるかどうかが問題となる。
33) 庄司博史（1997）「2. 民族境界としての言語」青木保他編著『岩波講座　文化人類学第5巻　民族の生成と論理』東京、69-96頁。
34) 庄司前掲論文（1997：88）
35) アイデンティティーは連続的で一貫性を持ち合理的固定的なものではなく、本来「複合的で関係的かつ創造的」（Clifford 1988：10）なものであり、「他者との関係性において戦略的且つポジショニングとして構築」（Hall 1996：3）されるものであり、ブラジルの沖縄系人も他者との関係性や状況に応じて様々なアイデンティティーを戦略的に選択し利用している。
Clifford, James（1988）*The Predicament of Culture.* Cambridge and London：Harvard Univ. Press.
Hall, Stuart（1966）"Who Needs "Identity"?" in Hall. S. & Paul du Gay（eds.）*Questions of Cultural Identity.* Sage Pub. pp. 1-17.
36) 新しいエスニック文化の生成は太田（1993）がいう「文化の客体化」というプロセスを通じて行われることになろう。太田好信（1993）「文化の客体化」日本民族学会編『民族学研究』57-4、383-406頁。
37) 冨山一郎（1990）『近代日本社会と「沖縄人」』日本経済評論社、1-19
38) 小熊英二（1998）『〈日本人〉の境界　沖縄・アイヌ・台湾・朝鮮　植民地支配から復帰運動まで』新曜社、18-49頁。
39) 香山六郎（1949）『移民四十年史』聖州新報社
40) ブラジルへの沖縄移民は2度の制限・禁止措置にもかかわらず、戦前においてその移民数は全国第1位になっている。現在、沖縄県人会の推計ではブラジルの県系人総数は15

第 5 章　沖縄系移民と文化再活性化運動

万人程度とされている。本項では沖縄県出身移民やその子弟を沖縄系人として総称しているが、沖縄県出身移民に言及する場合には、沖縄人、沖縄系 1 世、県人、琉球人といった呼称を、またその子弟に関しては沖縄系 2 世などの呼称を使用している。

41)　サントス事件に関しては次のような外務省宛の報告がある。
　「「カナーン」耕地ヲ出デタル沖縄県人三十一名「サントス」港ニ下リ某旅館ニ泊込ミ宿料ヲ払ワス宿主ヲ苦ムル等ノ事件出来シ「サンパウロ」政府ハ此等ノ事件ヲ処理スル為メ毎度少ナカラサル手数ト経費ヲ要シタルノミナラス其当局者ハ本邦移民ノ評判ヲ庇護スル為メ可也此等ノ失体ヲ隠蔽セント試ムルニモ拘ワラス同州ニ於テ伊太利人ノ発行スル新聞紙及其他当国ニ於テ平素日本移民ノ渡来ヲ歓迎セサル諸新聞紙ハ針小棒大ノ記事ヲ掲ケテ其失体ヲ摘発シホタ彼我習慣習性ノ相違ヨリ耕地ニ於ケル本邦労働者ノ醜体ヲ列記シ之ヲ排斥セント試ムル向モ有之候ニ付同州政府ニ於テモ昨今ニ於テハ明年モ尚引続キ本邦移民ヲ輸入スル事ニ関シ躊躇致居候有様ニ御座候」
　なおブラジルへの沖縄県出身移民輸送の制限・禁止措置に関してはブラジル沖縄人会日本語編集委員会編（2000）137-150 頁に比較的詳細な記述があるので参照されたい。
42)　こうした暴力的な名付けは日本政府や移民会社においてのみ見られたものではなかった。それはブラジルのコーヒー耕地で初めて沖縄人との生活を開始した本土出身移民間でもかなり一般的に行われていた。本土出身の日本移民はその言語、習慣風俗、身体的特徴の差異を通じて自らとは異質な存在あるいは劣った存在と認識していた。サンパウロ州奥地マリリア市における日系社会において調査研究を行った Vieira（1973）によれば、沖縄人はある時には「支那人」「朝鮮人」として、またある時には「流刑人の子孫」などと名付けされていたという。Vieira, Francisca Isabel Schurig（1973）*O Japonês Na Frente de Expansão Paulista.* Bib.Pioneira de Ciências Sociais. São Paulo.
43)　斉藤廣志（1960）は「雇用主であるコーヒー農場主の立場から日本移民の『欠点』として指摘されたことはすべて沖縄系移民に帰するという論旨」であり「むしろ日本政府側の偏見ないしステロタイプ現象に基づいたものであって、客観的にその理由は成立」せず不当なものであったと分析している。斉藤廣志（1960）『ブラジルの日本人』丸善、202 頁。
44)　近藤健一郎（2006）『近代沖縄における教育と国民統合』北海道大学出版会、197 頁。
45)　7 つの欠陥とは「教育程度が低く教養が足りない、服装を異にし（特に婦人）容儀に対する観念が薄い、言語の修錬が不充分である、日常の礼儀作法を解しない、衛生思想乏しく一般に不潔である、職業道徳が欠けている、習俗習慣生活様式を異にする」という諸点である。
46)　近藤前掲書（2006：203-207）
47)　『島の教育』は「序にかへて」と「第一篇　本研究題目と移民」「第二篇　教育」「第三篇　其他の施設経営」という三篇からなり、それぞれの篇は章に区分されている。
48)　近藤前掲書（2006：212-213）
49)　球陽協会設立に際しては、この組織の名称をどのようにするかをめぐって激しい議論があり県人リーダー間には「沖縄県人会」という名称にするという意見もあったものの、「それでなくとも差別されるのに、また「沖縄」を強調する名称はその差別を助長させるもの」として最終的には「球陽協会」という名称が付けられた。同質のポジションは地域的沖縄系コミュニティーの中核的組織が地域的沖縄県人会組織であったものの「日本人会」を名乗ったことのなかにも認められる。
50)　この点に関しては「在伯球陽協会会則　細則　第 1 章　互助・救済・改善」の第 4 条から第 8 条において渡航者の逃亡や紛擾に関して罰則規定が設けられている。

51) 翁長助成（1936）「沖縄県移民差別問題の回顧」球陽協会編『球陽協会創立 10 周年記念誌』サンパウロ、29-36 頁。
52) 天皇崇拝儀礼シンボリズムに関しては前山隆（1996）『ブラジル日系人とエスニシティ ブラジル移民の文化人類学的研究—』御茶ノ水書房を参照のこと。
53) 前山隆前掲書（1996）59、139 頁。
54) Vieira（1973）、75-79 頁。
55) ブラジルの沖縄系人のアイデンティティーと琉球・沖縄芸能文化を中心とする文化的実践に関しては森（2003）に詳細な記述があるので参照されたい。森幸一（2003）「ブラジル沖縄系人の琉球芸能実践と主体の構築—演芸会・コンクール・パレード—」西成彦・原毅彦編著『複数の沖縄—ディアスポラから希望へ—』人文書院、287-300 頁。
56) Utiná Press は 1996 年 2 月月刊紙 Utiná News として創刊され、98 年 3 月から現在の名称に改称され、全ページがポルトガル語によって発行されている。ブラジルの沖縄系社会のエスニック・ジャーナルであるとともにブラジル沖縄県人会機関紙的な位置づけをされている。発行部数は 5～6,000 部程度と言われており、日系社会で発行されている日本語新聞 2 紙と発行部数においては遜色がないものである。

資料編

　この資料編には、次の3種類のデータおよびデータに関する説明を入れている。
I　第2章と第3章の言語生活調査に関わる詳細データ
　　（表1～表13、図1～図6）
II　パウリスタ新聞社編『日本・ブラジル人物交流事典』に掲載された「子供移民（15歳以下でのブラジル渡航）一覧」
III　DVD-ROMで公開するボリビアの談話資料に関する説明

Ⅰ　第 2 章と第 3 章の言語生活調査に関わる詳細データ

（1）分析対象者の社会的属性

※表 1～表 4 における(4)学歴の「J」は日本の学校、「B」はブラジルの学校を意味し、数値は人数を表す。例えば、1 世子供移民（6 歳以上渡航）の「J7／B3」は、日本の小学校卒業相当の学歴の人が 7 人おり、ブラジルの小学校卒業相当の学歴の人が 3 人いるという意味である。

表 1　アリアンサ移住地の分析対象者の社会的属性

		1世・成 (戦前/戦後) 16人	1世・子 (6以上) 11人	1世・子 (5以下) 6人	2世 (戦前) 11人	2世 (戦後) 21人	3世 26人
(1)出身地*1 (1世成人・ 1世子供)	東日本	12	5	3			
	西日本	4	5	3			
	その他	−	1	−			
(2)婚姻関係 ・既婚 ・未婚 ・その他	日系（本土系）人	16	10	6	11	15	21
	非日系人	−	−	−	−	−	−
		−	1	−	−	5	5
		−	−	−	−	1	−
(3)国籍	日本	16	8	2	−	−	−
	ブラジル	−	−	−	7	20	26
	2重国籍	−	−	−	4	−	−
	帰化	−	2	4	−	−	−
	その他	−	1	−	−	1	−
(4)学歴	小学校相当	4*2	J7*3／B3	／B6	10	11	1
	中学校相当	5	−	−	−	4	6
	高等学校相当	3	−	−	−	1	2
	専門学校	2	−	−	−	1	−
	大学	1	−	−	−	4	17
	無し	−	J3*4／B7	J6／	−	−	−
	その他	1	J1／B1	−	1	−	−
(5)職業*5	農業・畜産	10(6)	7(4)	4(1)	9	15	15
	商業・販売	−	−	1	−	−	2
	専門・技術・管理職	3	1(1)	−	−	1(1)	1(1)
	主婦	2	3	−	1	5	8
	無職	−	−	1(1)	−	−	−
	その他	1	−	−	1	−	−

＊1　出身地の空欄は、「該当なし」を意味する。
＊2　ブラジルの小学校 2～3 カ月経験者が 1 人いる。
＊3　日本の学校では、「尋常小学校 2 年」など、2～3 年の就学も含めている。
＊4　「小学校 10 日間」が 1 人、2 カ月 1 人が含まれる。
＊5　退職者は、（　）に示す（内数）。

資料編

表2 スザノ市福博村の分析対象者の社会的属性

		1世・成 (戦前/戦後) 10人	1世・子 (6以上) 12人	1世・子 (5以下) 6人	2世 (戦前) 8人	2世 (戦後) 24人	3世 22人
(1)出身地 (1世成人・ 1世子供)	東日本 西日本 その他	3 7 -	6 6 -	2 4 -			
(2)婚姻関係 ・既婚 ・未婚 ・その他	日系人(本土系) 非日系人	10 - - -	12 - - -	6 - - -	8 - - -	17 3 4 -	14 - 8 -
(3)国籍	日本 ブラジル 2重国籍 帰化 その他	9 - - 1 -	11 - - 1 -	5 - - 1 -	- 3 5 - -	- 24 - - -	- 22 - - -
(4)学歴	小学校相当 中学校相当 高等学校相当 専門学校 大学 無し その他	2 4 3 - - - 1	J11／B6 ／B1 - - - ／B5 J1／	／B5 - - - - J6／B1 -	7 - - - - - 1	9 5 2 2 4 - 2	- 1 7 - 14 - -
(5)職業	農業・畜産 商業・販売 専門・技術・管理職 主婦 無職 その他	8(4) - - 2 - -	10(7) - - 2 - -	5(3) - - 1 - -	3(1) 1 1 3 - -	12 4 3(1) 5 - -	7 4 8 2 1 -

I 言語生活調査

表3 本土系コミュニティーのその他の社会的属性

		アリアンサ移住地					
		1世・成 (戦前/戦後) 16人	1世・子 (6以上) 11人	1世・子 (5以下) 6人	2世 (戦前) 11人	2世 (戦後) 21人	3世 26人
(1)性別	男性 女性	9 7	4 7	4 2	7 4	8 13	15 11
(2)出身地 　(2世・3世)	サンパウロ州 同地 その他				11 8 −	21 15 −	25 14 1
(3)渡航時の予定	永住 一時 未定／不明	5 7 1／3	4 4 −／3	1 5 −			
(4)移住当初の 　ガイジンとの接触	ある ない その他	9 7 −	6 5 −	2 3 −			
(5)移住前のポルトガ 　ル語の理解有無	ある ない	4 12	− 11	− 6			

		スザノ市福博村					
		1世・成 (戦前/戦後) 10人	1世・子 (6以上) 12人	1世・子 (5以下) 6人	2世 (戦前) 8人	2世 (戦後) 24人	3世 22人
(1)性別	男性 女性	5 5	6 6	4 2	4 4	8 13	11 11
(2)出身地 　(2世・3世)	サンパウロ州 同地 その他				8 − −	20 7 4	21 9 1
(3)渡航時の予定	永住 一時 未定／不明	3 6 1	2 8 1／1	− 4 −／2			
(4)移住当初の 　ガイジンとの接触	ある ない その他	7 3 −	10 2 −	2 3 1			
(5)移住前のポルトガ 　ル語の理解有無	ある ない	1 9	− 12	− 6			

資料編

表4　サンパウロ市ビラカロンの分析対象者の社会的属性

		1世・成（戦後）9人	1世・子（6以上）5人	1世・子（5以下）2人	2世 36人	3世 13人
(1)出身地（1世成人・1世子供）	沖縄本島北部	－	－	－		
	沖縄本島中南部（小禄）	8	5	1		
	南城市（旧玉城）	1	－	－		
	その他	－	－	1		
(2)婚姻関係 ・既婚	日系人	8	5	2	8	2
	非日系人	－	－	－	－	－
・未婚		1	－	－	28	11
・その他		－	－	－	－	－
(3)国籍	日本	9	5	2	－	－
	ブラジル	－	－	－	34	13
	2重国籍	－	－	－	2	－
	その他	－	－	－	－	－
(4)学歴	小学校相当	3(B1)	J4 ／	／ B2	(J1)	－
	中学校相当	4	／ B1	－	4*¹	－
	高等学校相当	2(B1)	－	－	6	11
	専門学校	－	－	－	－	－
	大学	－	－	－	21	2
	無し	－	／ B2	－	5	－
	その他	－	J1 ／ B2	－	－	－
(5)職業	農業・畜産（兼業）	－	－	－	－	－
	専門・技術・管理職	－	－	－	7	2
	賃金労働者	－	－	－	－	－
	商業・販売	7	5	2	18	4
	学生	－	－	－	6	5
	無職	－	－	－	－	－
	その他*²	2	－	－	5	2

＊1 「中学か高校」が3人いたが、授業年数や「中等教育まで」といった注記などを考慮し、中学と分類した。
＊2 複数職兼業を含む。

I　言語生活調査

表5　オキナワ第1移住地の分析対象者の社会的属性

		1世・成 (戦後) 21人	1世・子 (6以上) 5人	1世・子 (5以下) 7人	2世 52人	3世 8人
(1)出身地 (1世成人・ 1世子供)	沖縄本島北部	4	2	3		
	中南部	9	3	3		
	その他*1	8	-	1		
(2)婚姻関係 ・既婚 ・未婚 ・その他	日系人	21	5	6	36	-
	非日系人	-	-	-	-	-
		-	-	-	9	8
		-	-	1	7	-
(3)国籍	日本	21	5	7	2	1
	ボリビア	-	-	-	3	-
	2重国籍	-	-	-	45	6
	その他	-	-	-	2*2	1*3
(4)学歴	小学校相当	6	J5／B1	-		(J1)
	中学校相当	7(B1)	／B3	／B2	(J1)	
	高等学校相当	4	-	／B3	32(J1)	4
	専門学校	(B1)	-	-	(J6)	1
	大学	-	-	J1／	6(J2)	1
	無し	-	／B1	-	4	2
	その他	4	-	／B2	-	(J1)
(5)職業	専業農家	14	2	7	40	6
	専門・技術・管理職	-	-	-	-	-
	賃金労働者	-	1	-	7	1
	商業・販売	2	1	-	1	1
	学生	-	-	-	-	-
	無職*4	4	1	-	-	-
	その他*5	1	-	-	4	-

*1　サイパンやフィリピンなどである。
*2　2人ともアルゼンチン国籍である。
*3　ブラジルを含む3重国籍である。
*4　退職や「退職した」とのみ記した回答を含む。
*5　日本でのデカセギを主な収入源とする場合を含む。

資料編

表6 沖縄系コミュニティーのその他の社会的属性

		サンパウロ市ビラカロン				
		1世・成（戦後）9人	1世・子（6以上）5人	1世・子（5以下）2人	2世 36人	3世 13人
(1)性別	男性 女性	8 1	4 1	1 1	19 17	4 9
(2)出身地 （2世・3世）	同地 アルゼンチン ブラジル 日本（両親のデカセギ中） その他*1				18 11 7	5 5 3
(3)渡航時の予定	永住 一時 未定／不明	7 1 1／-	4 - -／1	- - 1／1		
(4)移住当初の ガイジンとの接触	ある ない その他	5 4 -	2 3 -	- 1 1		
(5)移住前の現地語の 理解有無 （聞き話す能力）	とてもよくできる よくできる 少ししかできない まったくできない 該当なし その他	- - - 6 3 -	- - - 4 1 -	- - - - 1 1		

		オキナワ第1移住地				
		1世・成（戦後）21人	1世・子（6以上）5人	1世・子（5以下）7人	2世 52人	3世 8人
(1)性別	男性 女性	9 12	1 4	3 4	28 24	5 3
(2)出身地 （2世・3世）	同地 アルゼンチン ブラジル 日本（両親のデカセギ中） その他*1				39 3 1 9	4 - 4
(3)渡航時の予定	永住 一時 未定／不明	21 - -	3 - 1／1	6*2 - 1／-		
(4)移住当初の ガイジンとの接触	ある ない その他	8 13 -	3 2 -	2 5 -		
(5)移住前の現地語の 理解有無 （聞き話す能力）	とてもよくできる よくできる 少ししかできない まったくできない 該当なし その他	- - 5 16 - -	- - - - - -	- - - 2 5 -		

*1 「その他」には出生地を詳細に記していない（「ボリビア国内」とのみ記すなど）ものを含む。
*2 「移住_」という回答が1人いる。

表7 デカセギ経験の有無

	サンパウロ市ビラカロン		オキナワ第1移住地	
	2世	3世	2世	3世
ある	3	1	28	-
ない	13	5	12	3
その他	20	7	12	5
合計	36	13	52	8

表8 デカセギの期間（表7の「ある」のみ）

	サンパウロ市ビラカロン		オキナワ第1移住地	
	2世	3世	2世	3世
2年未満	-	1	1	-
2年以上4年未満	3	-	8	-
4年以上6年未満	-	-	8	-
6年以上	-	-	10	-
その他	-	-	1	-
合計	3	1	28	-

資料編

（２）四技能別の回答結果（沖縄方言は二技能）

※以下の表9(a)〜(d)の数値は回答者数である。

表9(a) 四技能別の回答結果：本土系コミュニティー（アリアンサ移住地）

		聞ける					話せる					読める					書ける				
アリアンサ移住地の日本語能力		ラジオニュース	テレビニュース	テレビドラマ	家庭での話	あいさつ	あいさつ	家庭での話	日常会話	仕事の話	政治経済	新聞・本	雑誌・漫画	仕事の書類	友達・親戚の手紙	回覧・お知らせ	ちらし・看板	メモ	日記	友達や親戚への手紙	仕事相手への手紙	仕事の書類
1世成人移民（戦前/戦後）	よくできる	12	12	12	15	15	10	14	14	15	15	12	12	13	13	13	10	10	11	11	13
	だいたいできる	2	3	2	−	1	4	1	1	−	1	2	2	1	1	1	1	3	3	3	1
	少ししかできない	1	−	1	−	−	1	−	−	−	−	−	−	−	−	−	2	−	−	−	−
	まったくできない	1	1	1	1	−	1	1	1	1	−	2	2	2	2	2	2	2	2	2	2
	回答なし	−	−	−	−	−	−	−	−	−	−	−	−	−	−	−	1	1	−	−	−
1世子供移民（6以上）	よくできる	8	8	10	11	11	6	7	9	11	11	8	7	9	10	10	6	5	8	9	10
	だいたいできる	2	2	−	−	−	1	1	2	−	−	2	1	1	1	1	2	3	3	2	1
	少ししかできない	1	1	1	−	−	4	3	−	−	−	1	2	1	−	−	2	2	−	−	−
	まったくできない	−	−	−	−	−	−	−	−	−	−	−	1	−	−	−	1	1	−	−	−
	回答なし	−	−	−	−	−	−	−	−	−	−	−	−	−	−	−	−	−	−	−	−
1世子供移民（5以下）	よくできる	5	5	6	6	6	3	4	5	5	5	4	4	4	6	5	1	3	3	3	4
	だいたいできる	1	1	−	−	−	2	2	1	1	1	1	1	1	−	1	4	2	2	2	2
	少ししかできない	−	−	−	−	−	1	−	−	−	−	1	1	1	−	−	−	−	−	−	−
	まったくできない	−	−	−	−	−	−	−	−	−	−	−	−	−	−	−	−	−	−	−	−
	回答なし	−	−	−	−	−	−	−	−	−	−	−	−	−	−	−	−	−	−	−	−
2世（戦前）	よくできる	7	7	7	10	10	3	7	9	10	11	1	1	1	4	5	1	1	3	4	7
	だいたいできる	2	3	3	1	−	2	2	2	1	−	4	6	6	5	4	1	3	3	3	2
	少ししかできない	2	1	1	−	−	5	2	−	−	−	2	2	2	1	1	3	1	2	2	2
	まったくできない	−	−	−	−	−	1	−	−	−	−	4	2	2	1	1	5	5	2	2	−
	回答なし	−	−	−	−	−	−	−	−	−	−	−	−	−	−	−	1	1	−	−	−
2世（戦後）	よくできる	7	7	9	15	17	3	8	12	15	18	3	4	7	7	9	2	4	7	6	11
	だいたいできる	8	8	8	6	4	2	10	9	6	3	6	4	4	5	3	2	4	2	5	4
	少ししかできない	5	5	5	−	−	14	2	−	−	−	5	7	4	6	6	5	4	6	3	2
	まったくできない	1	1	1	−	−	2	1	−	−	−	7	6	6	3	2	10	9	6	7	4
	回答なし	−	−	−	−	−	−	−	−	−	−	−	−	−	−	−	1	1	−	−	−
3世	よくできる	1	1	3	9	14	−	2	3	6	11	−	1	1	3	3	1	1	2	3	6
	だいたいできる	4	5	5	9	8	2	3	6	8	10	2	2	5	6	5	−	2	2	4	7
	少ししかできない	12	13	11	6	4	6	8	11	9	3	8	7	8	8	10	7	6	9	5	7
	まったくできない	9	7	7	2	−	18	12	6	2	−	16	16	12	11	8	18	17	13	14	6
	回答なし	−	−	−	−	−	−	−	1	−	−	−	−	−	−	−	−	−	−	−	−

282

I　言語生活調査

アリアンサ移住地の現地語能力

		聞ける					話せる					読める						書ける				
		ラジオニュース	テレビニュース	テレビドラマ	家庭での話	あいさつ	政治経済	仕事の話	日常会話	家庭での話	あいさつ	新聞・本	仕事の書類	雑誌・漫画	友達・親戚の手紙	回覧・お知らせ	ちらし・看板	仕事の書類	仕事相手への手紙	友達や親戚への手紙	日記	メモ
1世成人移民（戦前/戦後）	よくできる	1	1	1	4	11	−	2	4	4	9	1	1	1	3	4	5	−	−	1	1	3
	だいたいできる	5	5	5	3	1	3	4	5	4	1	3	4	3	1	3	5	2	2	−	−	2
	少ししかできない	4	4	4	4	1	5	4	3	4	3	2	4	5	6	4	4	1	2	3	3	3
	まったくできない	5	5	5	4	3	8	6	4	3	3	9	6	6	6	4	2	12	11	11	11	8
	回答なし	1	1	1	1	−	1	1	1	1	−	1	1	1	1	1	1	1	1	1	1	1
1世子供移民（6以上）	よくできる	−	−	−	2	9	−	1	1	2	6	1	1	1	1	1	3	1	1	1	1	4
	だいたいできる	3	3	4	4	2	1	1	2	2	2	2	1	2	4	5	3	2	2	3	2	2
	少ししかできない	5	5	4	3	−	1	2	4	3	2	1	2	3	2	2	2	1	1	1	2	1
	まったくできない	3	3	3	3	2	9	7	4	4	−	6	5	6	4	4	3	7	7	6	6	4
	回答なし	−	−	−	−	−	−	−	−	−	−	−	−	−	1	−	−	−	−	−	−	−
1世子供移民（5以下）	よくできる	3	3	4	4	5						2	3	3	2	3	4					
	だいたいできる	2	3	1	2	1	3	2	2	1	2	3	3	2	3	4	2	2	2	2	2	1
	少ししかできない	1	−	1	−	−						2	1	1				1	2	1	1	
	まったくできない																					
	回答なし																					
2世（戦前）	よくできる	9	10	10	11	11	3	8	10	10	11	6	8	7	11	11	11	7	8	9	10	10
	だいたいできる	1	1	1	−	−	3	2	−	1	−	5	3	4	−	−	−	1	−	−	−	−
	少ししかできない						3	1	1										1	1	2	1	1
	まったくできない						2												1	1			
	回答なし	1																	1	1			
2世（戦後）	よくできる	14	15	16	19	21	8	17	18	19	19	15	16	17	18	18	20	11	12	13	14	19
	だいたいできる	5	4	3	1	−	7	−	1	2	1	3	1	2	2	3	1	3	4	6	6	2
	少ししかできない	2	2	2	1	−	4	3	2	1	−	3	3	1	−	−	−	5	4	2	1	−
	まったくできない	−	−	−	−	−	2	−	−	−	−	−	−	−	−	−	−	1	1	1	−	−
	回答なし	−	−	−	−	−	−	1	−	−	−	−	−	−	−	−	−	2	1	−	−	−
3世	よくできる	22	23	24	23	24	17	21	23	24	24	24	23	24	24	24	24	18	20	22	23	24
	だいたいできる	3	3	2	3	2	6	3	2	1	2	2	3	2	2	2	1	3	4	4	3	2
	少ししかできない	−	−	−	−	2	3	2	1	1	1							4	1			
	まったくできない	1	−	−	−	−																
	回答なし	1	1	1	1	1	1	1	1	1	1	1	1	1	1	1	1	1	1	1	1	1

表9(b)　四技能別の回答結果：本土系コミュニティー（スザノ市福博村）

スザノ市福博村の日本語能力

		聞ける					話せる					読める						書ける				
		ラジオニュース	テレビニュース	テレビドラマ	家庭での話	あいさつ	政治経済	仕事の話	日常会話	家庭での話	あいさつ	新聞・本	仕事の書類	雑誌・漫画	友達・親戚の手紙	回覧・お知らせ	ちらし・看板	仕事の書類	仕事相手や親戚への手紙	友達への手紙	日記	メモ
1世成人移民 （戦前/戦後）	よくできる	8	6	9	10	10	5	9	10	10	10	7	8	9	8	8	9	7	7	7	8	9
	だいたいできる	2	4	1	-	-	4	1	-	-	-	2	1	-	2	2	1	-	-	2	2	1
	少ししかできない	-	-	-	-	-	1	-	-	-	-	1	1	1	-	-	-	2	2	-	-	-
	まったくできない	-	-	-	-	-	-	-	-	-	-	-	-	-	-	-	-	-	-	-	-	-
	回答なし	-	-	-	-	-	-	-	-	-	-	-	-	-	-	-	-	1	1	1	-	-
1世子供移民 （6以上）	よくできる	9	9	10	11	12	6	11	11	11	11	10	10	10	10	10	10	7	8	9	9	10
	だいたいできる	2	3	1	-	-	3	1	1	1	1	1	1	-	1	1	1	2	1	1	1	-
	少ししかできない	1	-	-	-	-	2	-	-	-	-	-	1	1	-	-	-	1	1	-	-	1
	まったくできない	-	-	-	-	-	-	-	-	-	-	-	-	1	-	-	-	1	-	1	1	-
	回答なし	-	-	-	-	-	1	-	-	-	-	1	-	-	1	1	1	1	1	1	1	1
1世子供移民 （5以下）	よくできる	5	5	4	6	6	3	6	6	6	6	2	3	3	3	4	3	1	1	2	3	4
	だいたいできる	1	1	2	-	-	2	-	-	-	-	2	1	1	-	-	-	1	-	-	-	-
	少ししかできない	-	-	-	-	-	-	1	1	1	1	2	1	1	-	-	-	3	4	2	1	1
	まったくできない	-	-	-	-	-	-	-	-	-	-	-	-	-	-	-	-	-	-	1	1	-
	回答なし	-	-	-	-	-	-	-	-	-	-	1	1	1	1	1	1	1	1	1	1	1
2世 （戦前）	よくできる	2	2	4	6	6	1	4	5	5	6	1	1	2	2	3	3	1	-	-	-	3
	だいたいできる	3	2	1	2	2	3	1	1	2	2	3	2	2	2	2	2	1	1	-	2	2
	少ししかできない	2	3	2	-	-	3	2	2	1	-	2	2	2	2	3	2	4	3	2	3	1
	まったくできない	-	1	-	-	-	-	-	-	1	1	2	2	2	2	-	1	3	3	3	3	2
	回答なし	1	-	-	-	-	1	-	-	-	-	-	-	-	-	-	-	1	1	1	1	1
2世 （戦後）	よくできる	2	2	6	13	18	1	5	8	9	15	1	2	1	4	1	4	1	1	2	2	3
	だいたいできる	7	9	7	9	5	3	7	11	7	7	1	-	3	3	3	3	1	1	2	2	2
	少ししかできない	5	6	4	2	1	11	7	1	2	2	2	1	2	2	2	2	3	3	2	3	3
	まったくできない	4	3	3	-	-	-	-	5	4	-	16	16	16	13	14	10	17	16	15	15	12
	回答なし	6	4	4	-	-	9	5	-	2	-	4	5	2	2	4	5	2	3	3	2	4
3世	よくできる	-	1	3	11	15	-	1	4	4	11	-	-	2	2	2	4	1	1	2	3	9
	だいたいできる	4	7	8	9	5	1	6	7	7	7	2	4	5	5	5	5	2	2	6	2	1
	少ししかできない	6	8	4	2	2	2	9	7	9	4	7	4	4	5	7	7	3	6	5	5	5
	まったくできない	9	6	7	-	-	19	6	4	2	1	11	12	8	7	6	5	15	11	8	9	7
	回答なし	3	-	-	-	-	-	-	-	-	1	2	2	1	3	2	1	1	2	1	3	-

I 言語生活調査

スザノ市福博村の現地語能力

		聞ける				話せる				読める				書ける				
		ラジオニュース	テレビニュース	テレビドラマ	家庭での話	あいさつ	政治経済	仕事の話	日常会話	家庭での話	あいさつ	新聞・本	仕事の書類	雑誌・漫画	回覧・お知らせ	ちらし・看板	友達・親戚への手紙	仕事の書類	友達や親戚への手紙	日記	メモ

		聞ける					話せる					読める					書ける				
1世成人移民 (戦前/戦後)	よくできる	-	-	-	1	5	-	1	-	1	4	-	-	-	-	3	-	-	-	-	-
	だいたいできる	-	6	5	4	3	1	2	4	1	4	2	1	2	5	4	1	1	1	1	3
	少ししかできない	5	2	2	2	2	1	4	3	3	2	1	2	2	3	2	1	2	2	2	5
	まったくできない	3	2	2	1	-	8	3	3	3	-	7	7	6	6	3	-	8	7	7	7	2
	回答なし	2	-	1	2	-	-	-	-	2	-	-	-	-	-	-	-	-	-	-	-
1世子供移民 (6以上)	よくできる	3	3	3	2	5	9	3	4	5	5	8	3	3	3	4	4	2	2	2	2	3
	だいたいできる	4	3	4	5	4	-	4	5	5	4	2	1	1	1	3	4	4	2	1	3	3
	少ししかできない	3	4	3	1	1	-	4	2	1	1	1	3	5	3	3	2	1	1	4	2	3
	まったくできない	1	1	2	1	-	5	2	1	2	1	5	3	5	3	2	1	7	5	5	4	1
	回答なし	1	1	1	-	-	-	-	-	-	-	-	-	-	-	-	-	-	-	-	-	-
1世子供移民 (5以下)	よくできる	2	3	4	6	6	1	4	4	3	5	1	4	2	5	5	5	1	1	2	2	3
	だいたいできる	4	3	2	-	-	4	1	1	2	1	5	1	3	1	1	1	2	2	1	1	2
	少ししかできない	-	-	-	-	-	-	-	1	1	-	-	-	1	-	-	-	-	-	1	1	-
	まったくできない	-	-	-	-	-	1	1	-	-	-	-	-	-	-	-	-	3	2	1	1	-
	回答なし	-	-	-	-	-	-	-	-	-	-	-	1	1	1	1	-	-	1	1	1	1
2世 (戦前)	よくできる	4	5	4	7	8	4	6	7	8	8	4	5	4	7	7	7	4	4	3	3	5
	だいたいできる	3	2	4	1	-	3	-	1	-	-	3	-	3	-	1	1	1	1	1	1	1
	少ししかできない	1	1	-	-	-	-	-	-	-	-	-	-	-	-	-	-	1	-	-	-	-
	まったくできない	-	-	-	-	-	-	-	-	-	-	1	1	1	1	-	-	1	1	1	1	-
	回答なし	-	-	-	-	-	1	2	-	-	-	-	-	-	2	-	-	2	2	2	2	1
2世 (戦後)	よくできる	18	18	18	22	21	10	18	19	19	20	17	16	15	20	18	20	12	14	15	15	19
	だいたいできる	5	6	5	2	3	8	5	4	4	3	6	5	8	1	5	3	8	6	6	4	3
	少ししかできない	1	-	-	-	-	4	-	1	1	-	-	-	-	-	-	-	2	2	1	1	-
	まったくできない	-	-	-	-	-	-	-	-	-	-	-	-	-	-	-	-	-	-	-	-	-
	回答なし	-	-	1	-	-	1	1	-	-	1	1	2	1	2	1	1	2	2	1	4	2
3世	よくできる	22	22	22	21	22	17	21	22	21	22	22	21	22	22	22	22	19	20	22	22	22
	だいたいできる	-	-	-	-	-	4	1	-	-	-	-	-	-	-	-	-	3	2	-	-	-
	少ししかできない	-	-	-	-	-	-	-	-	-	-	-	-	-	-	-	-	-	-	-	-	-
	まったくできない	-	-	-	-	-	-	-	-	-	-	-	-	-	-	-	-	-	-	-	-	-
	回答なし	-	-	-	1	-	-	-	-	1	-	-	-	-	-	-	-	-	-	-	-	-

表9(c)　四技能別の回答結果：沖縄系コミュニティー（ビラカロン）

ビラカロンの日本語能力

		聞ける あいさつ	家庭での話	テレビドラマ	テレビニュース	ラジオニュース	話せる あいさつ	家庭での話	日常会話	仕事の話	政治経済	読める ちらし・看板	回覧・お知らせ	友達・親戚の手紙	雑誌・漫画	新聞・仕事の書類・本	書ける 日記	友達や親戚への手紙	仕事相手への手紙	仕事の書類	メモ
1世成人移民（戦後）	よくできる	9	9	9	9	9	8	8	8	8	8	8	8	7	8	8	5	4	5	5	5
	だいたいできる	-	-	-	-	-	-	-	1	-	-	-	-	1	-	-	2	3	2	2	2
	少ししかできない	-	-	-	-	-	1	1	-	1	1	1	1	1	1	1	2	2	2	2	2
	まったくできない																				
	回答なし																				
1世子供移民（6以上）	よくできる	2	2	3	4	3	2	2	2	3	3	-	-	-	-	-	1	1	1	1	1
	だいたいできる	3	3	2	1	1	2	3	3	2	2	1	2	1	1	2	2	2	2	2	2
	少ししかできない											3	2	1	2	2	2	2	2	2	2
	まったくできない											1	1	3	2	1					
	回答なし																				
1世子供移民（5以下）	よくできる																				
	だいたいできる	1	1	1	1	1	1	1	1	1	1	-	-	-	-	-	-	-	-	-	-
	少ししかできない	1	1	1	1	1	1	1	1	1	1	-	-	-	-	-	-	-	-	-	-
	まったくできない											2	2	2	2	2					
	回答なし																				
2世	よくできる	2	3	3	10	14	2	2	3	4	6	2	4	1	2	2	2	2	1	1	3
	だいたいできる	7	7	11	15	10	2	4	7	13	10	2	2	-	3	4	5	1	1	4	3	7
	少ししかできない	13	15	12	9	10	5	12	21	14	14	11	9	8	13	10	10	6	8	13	9	10
	まったくできない	14	11	10	2	2	27	18	5	5	5	21	21	26	18	20	19	27	25	17	22	16
	回答なし															1	-	-	1	1		
3世	よくできる	-	-	-	2	5													-	1	1
	だいたいできる	2	3	4	3	1	-	-	2	4	2	-	1	-	1	1	1	-	1	2	1	2
	少ししかできない	4	2	2	6	5	2	3	6	6	8	4	3	2	3	3	3	2	1	2	1
	まったくできない	7	8	7	1	2	11	10	5	3	3	9	9	11	8	9	9	10	10	10	9	9
	回答なし																				

Ⅰ　言語生活調査

		ビラカロンの現地語能力																						沖縄方言能力									
		聞ける					話せる					読める						書ける					聞ける					話せる				
		あいさつ	ラジオニュース	テレビニュース	テレビドラマ	家庭での話	あいさつ	日常会話	仕事の話	政治経済	家庭での話	新聞・本	雑誌・漫画	回覧・お知らせ	ちらし・看板	友達・親戚への手紙	仕事の書類	メモ	日記	友達や親戚への手紙	仕事相手への手紙	仕事の書類	あいさつ	ラジオニュース	テレビニュース	テレビドラマ	家庭での話	あいさつ	日常会話	仕事の話	政治経済	家庭での話
1世成人移民（戦後）	よくできる	3	3	3	4	4	2	3	3	3	2	2	2	2	2	2	2	2	2	2	2	2	9	9	9	9	9	9	9	9	9	9
	だいたいできる	5	5	5	3	4	1	3	3	3	3	4	3	2	2	2	2	2	2	1	1	1										
	少ししかできない	-	-	-	1	-	4	3	3	3	4	-	-	2	1	2	1	1	1	1	1	1										
	まったくできない	1	1	1	1	1	-	-	-	-	-	3	3	3	3	3	3	4	4	4	4	4										
	回答なし	-	-	-	-	-	-	-	-	-	-	-	1	-	-	-	-	1	1	1												
1世子供移民（6以上）	よくできる	3	3	3	3	3	3	4	4	4	3	4	4	4	4	4	4	3	3	3	3	3	2	2	2	2	2	2	2	2	2	2
	だいたいできる	2	2	2	2	2	1	1	1	1	1	1	1	1	1	1	1	2	2	2	2	2						1	1	1	1	1
	少ししかできない						1	-	-	-	1																	-	1	1	2	1
	まったくできない																						1	1	-	-	-	2	2	1	-	1
	回答なし																															
1世子供移民（5以下）	よくできる	1	1	1	1	1	2	2	2	2	2	2	2	2	2	2	2	2	2	2	2	2										
	だいたいできる	1	1	1	1	1																										
	少ししかできない																						2	2	2	2	2	1	2	2	2	2
	まったくできない																															
	回答なし																															
2世	よくできる	32	32	32	32	32	24	30	31	31	30	31	30	31	31	31	31	29	28	29	28	30	-	-	-	1	1	1	-	1	1	1
	だいたいできる	1	1	1	1	1	6	3	2	3	2	1	2	1	1	1	1	4	4	3	4	4	4	4	4	18	17	-	1	4	4	6
	少ししかできない	1	1	1	2	1	4	-	1	-	1	-	-	-	-	-	-	3	1	1	-	-	13	14	14	13	10	5	5	10	20	15
	まったくできない	2	2	2	1	1	2	3	2	2	2	3	3	3	3	3	2	3	4	3	4	1	19	18	18	4	8	30	29	22	11	14
	回答なし											1	1	1	1	1	1															
3世	よくできる	13	12	13	12	13	9	13	13	12	12	12	13	12	13	13	13	11	13	13	12	13	-	-	-	2	2	-	-	-	2	2
	だいたいできる	-	1	-	1	-	3	-	1	1	1	-	1	-	-	-	-	2	-	-	-	-										
	少ししかできない																						2	2	2	7	4	2	2	3	4	2
	まったくできない																	-	-	-	1	-	11	11	11	4	7	11	11	10	7	9
	回答なし																															

表9(d) 四技能別の回答結果：沖縄系コミュニティー（オキナワ第1移住地）

オキナワ第1移住地の日本語能力

		聞ける					話せる					読める						書ける				
		ラジオニュース	テレビドラマ	家庭での話	あいさつ	仕事・政治経済	あいさつ	家庭での話	日常会話	仕事	政治経済	あいさつ	新聞・本	雑誌・漫画	友達・親戚の手紙	回覧・お知らせ	ちらし・看板	メモ	日記	友達や親戚への手紙	仕事相手への手紙	仕事の書類
1世成人移民（戦後）	よくできる	11	16	19	20	18	6	11	18	20	17	13	16	13	18	19	19	9	9	10	12	15
	だいたいできる	3	4	2	1	3	8	10	3	1	3	4	2	4	2	1	1	4	5	5	3	3
	少ししかできない	1	1	-	-	-	5	-	-	-	-	4	2	3	1	1	1	6	5	3	1	1
	まったくできない	-	-	-	-	-	-	-	-	-	-	-	1	-	-	-	-	-	1	-	-	-
	回答なし	6	-	-	-	-	-	-	-	-	1	-	-	-	-	-	-	2	2	2	5	2
1世子供移民（6以上）	よくできる	3	5	5	5	5	1	4	5	5	5	4	5	5	5	5	5	1	1	2	3	5
	だいたいできる	1	-	-	-	-	-	-	-	-	-	1	-	-	-	-	-	3	3	3	1	-
	少ししかできない	-	-	-	-	-	2	1	-	-	-	-	-	-	-	-	-	1	1	-	-	-
	まったくできない	-	-	-	-	-	-	-	-	-	-	-	-	-	-	-	-	-	-	-	-	-
	回答なし	1	-	-	-	-	-	-	-	-	1	-	-	-	-	-	-	-	-	-	1	-
1世子供移民（5以下）	よくできる	-	3	5	7	7	-	3	6	7	7	-	2	-	3	2	3	-	-	-	-	4
	だいたいできる	5	4	2	-	-	2	3	1	-	-	4	2	4	1	3	2	1	2	3	3	-
	少ししかできない	1	-	-	-	-	4	1	-	-	-	3	3	2	2	2	2	4	3	3	3	2
	まったくできない	-	-	-	-	-	-	-	-	-	-	-	-	-	-	-	-	1	1	-	-	-
	回答なし	-	-	-	-	-	-	-	-	-	1	-	-	1	1	-	-	1	1	1	1	1
2世	よくできる	11	18	27	43	44	3	12	26	34	41	7	15	7	17	16	22	1	2	9	12	19
	だいたいできる	18	30	21	7	6	12	24	23	15	10	17	19	17	14	21	16	11	11	14	11	16
	少ししかできない	5	2	3	1	1	24	12	11	1	-	16	11	14	8	9	10	25	21	17	13	8
	まったくできない	2	1	-	-	-	12	2	1	1	-	11	6	10	3	4	3	12	13	4	5	5
	回答なし	16	1	1	1	1	1	2	1	1	1	1	1	4	10	2	1	3	5	8	11	4
3世	よくできる	2	3	7	7	7	-	-	5	7	7	2	5	1	6	6	5	-	-	2	5	7
	だいたいできる	3	5	1	1	1	1	3	3	1	1	2	3	1	2	2	3	-	-	5	3	1
	少ししかできない	-	-	-	-	-	6	2	-	-	-	3	-	-	-	-	-	4	4	1	-	-
	まったくできない	-	-	-	-	-	-	-	-	-	-	-	-	-	-	-	-	3	3	-	-	-
	回答なし	3	-	-	-	-	-	3	-	-	-	-	1	-	-	-	-	3	3	-	-	-

＊3世のうち1人は、「読める」の新聞・本に、2.5と答えているが、ここでは3として処理した。

I　言語生活調査

		オキナワ第1移住地の現地語能力				沖縄方言能力	
		聞ける	話せる	読める	書ける	聞ける	話せる
		ラジオニュース／テレビドラマ／家庭での話／日常会話／あいさつ	仕事・政治経済／日常会話／家庭での話／あいさつ	新聞・本／仕事の書類／雑誌・漫画／回覧・お知らせ／ちらし・看板	仕事の書類／友達や親戚への手紙／日記／メモ	ラジオニュース／テレビドラマ／家庭での話／日常会話／あいさつ	仕事・政治経済／日常会話／家庭での話／あいさつ
1世成人移民（戦後）	よくできる	1 1 3 6	- 1 1 1 5	1 1 1 2 2	2 1 1 1 2	14 15 19 20 20	12 15 19 20 21
	だいたいできる	4 6 6 7 11	3 6 8 8 8	5 4 4 2 3	3 2 2 2 3	2 2 2 2 3	1 1 2 1 1
	少ししかできない	5 5 5 6 3	4 6 6 6 7	2 3 2 2 5	2 2 2 3 4	- - - - -	6 6 2 1 -
	まったくできない	8 7 6 2 1	11 5 4 3 1	10 9 10 11 10 8	11 13 13 12 9	- - - - -	2 - - - -
	回答なし	3 2 3 3 -	- - - - -	3 3 2 3 -	- - - - -	6 5 - - -	- - - - -
1世子供移民（6以上）	よくできる	- 1 2 5 5	1 2 2 2 3	2 2 2 3 3	2 1 2 - 2	4 4 5 5 5	2 5 5 5 5
	だいたいできる	5 4 3 1 -	2 1 1 - -	2 1 2 - 1	2 1 2 - 1	- - - - -	2 3 2 2 2
	少ししかできない	- - - - -	2 1 1 - -	1 1 - 1 1	2 3 2 2 2	- - - - -	- - - - -
	まったくできない	- - - - -	- 1 1 2 2	- 1 - 1 -	- - - 2 1	- - - - -	1 - - - -
	回答なし	- - - - -	- - - 1 -	- - 1 - -	- - 1 - -	1 1 - - -	- - - - -
1世子供移民（5以下）	よくできる	4 5 5 6 6	1 4 6 6 7	4 4 4 4 5 6	2 2 2 2 6	1 2 2 6 6	- 2 5 6 6
	だいたいできる	3 2 2 1 1	3 2 1 1 -	2 3 3 1 1	1 1 2 2 1	4 4 4 1 1	2 4 2 1 1
	少ししかできない	- - - - -	3 1 - - -	- - - 2 1	2 1 1 2 -	- - - - -	- - - - -
	まったくできない	- - - - -	- - - - -	1 - - - 2	1 1 1 2 -	- - - - -	- - - - -
	回答なし	- - - - -	- - - - -	- - - - -	1 2 1 - -	2 1 1 - -	5 1 - - -
2世	よくできる	39 41 45 48 49	23 36 42 46 47	42 43 42 46 48 48	33 32 33 32 43	1 2 4 10 18	1 4 6 6 11
	だいたいできる	11 9 5 3 2	17 13 7 3 3	8 6 7 1 2 2	13 13 9 8 7	15 15 17 29 25	9 5 6 11 13
	少ししかできない	- 1 - - -	8 2 2 2 1	1 2 2 1 1 -	4 3 - - -	9 9 10 11 5	8 12 21 22 17
	まったくできない	- - - - -	- 2 - - -	- - - - - 1	1 1 1 2 1	10 10 9 1 3	28 25 15 11 9
	回答なし	2 1 2 1 -	2 1 - - 1	1 1 1 1 1 1	1 3 9 10 1	17 16 12 1 1	6 6 4 2 2
3世	よくできる	4 5 6 6 7	1 1 7 6 7	5 7 4 8 8 8	3 3 6 7 7	- - - - 2	1 4 6 6 11
	だいたいできる	2 2 1 1 -	5 3 1 1 -	3 1 1 - -	2 1 1 - -	1 1 3 3 2	- - - - 3
	少ししかできない	2 1 1 - -	1 1 - 1 1	- - 1 - -	- - - - -	1 2 - 1 4 1	- - 1 4 1
	まったくできない	- - - - -	- - - - -	- - - - - 2	2 2 - - -	2 2 4 1 2	8 8 7 4 4
	回答なし	- - - - 1	1 - - - -	- 1 - 2 - 1	- 2 2 - -	4 3 1 - -	- - - - -

*2世のうち1人は、「読める」の新聞・本に、1.3と答えているが、その中間の2として処理した。

資料編

（3）日本語と現地語における四技能の変遷

表10(a)　スザノ市福博村における日本語の四技能の変遷

	聞く	話す	読む	書く
1世・成（戦前/戦後）	3.86	3.86	3.77	3.72
1世・子（6以上）	3.82	3.78	3.71	3.56
1世・子（5以下）	3.87	3.87	3.00	2.67
2世（戦前）	3.29	3.26	2.40	1.80
2世（戦後）	2.96	2.79	1.61	1.50
3世	2.57	2.34	1.95	1.93

表10(b)　アリアンサ移住地における日本語の四技能の変遷

	聞く	話す	読む	書く
1世・成（戦前/戦後）	3.70	3.74	3.54	3.40
1世・子（6以上）	3.82	3.67	3.74	3.56
1世・子（5以下）	3.93	3.70	3.72	3.37
2世（戦前）	3.67	3.56	2.76	2.46
2世（戦後）	3.34	3.32	2.57	2.26
3世	2.48	2.28	1.83	1.79

表10(c)　ビラカロンにおける日本語の四技能の変遷

	聞く	話す	読む	書く
1世・成（戦後）	4.00	3.80	3.76	3.31
1世・子（6以上）	3.48	3.40	1.93	1.80
1世・子（5以下）	2.50	2.50	1.00	1.00
2世	2.42	2.06	1.56	1.55
3世	1.95	1.63	1.33	1.42

表10(d)　オキナワ第1移住地における日本語の四技能の変遷

	聞く	話す	読む	書く
1世・成（戦後）	3.80	3.59	3.67	3.47
1世・子（6以上）	3.95	3.68	3.97	3.45
1世・子（5以下）	3.63	3.46	3.03	2.47
2世	3.55	3.18	2.87	2.51
3世	3.64	3.12	3.38	2.80

表11(a)　スザノ市福博村における現地語の四技能の変遷

	聞く	話す	読む	書く
1世・成（戦前/戦後）	2.52	2.15	1.89	1.61
1世・子（6以上）	3.09	2.91	2.58	2.25
1世・子（5以下）	3.70	3.37	3.63	2.87
2世（戦前）	3.65	3.77	3.53	3.20
2世（戦後）	3.82	3.71	3.77	3.59
3世	4.00	3.94	3.99	3.95

表11(b)　アリアンサ移住地における現地語の四技能の変遷

	聞く	話す	読む	書く
1世・成（戦前/戦後）	2.45	2.43	2.17	1.51
1世・子（6以上）	2.49	2.07	2.03	1.95
1世・子（5以下）	3.57	3.50	3.39	3.20
2世（戦前）	3.94	3.60	3.82	3.62
2世（戦後）	3.74	3.71	3.81	3.59
3世	3.88	3.78	3.95	3.79

表11(c)　ピラカロンにおける現地語の四技能の変遷

	聞く	話す	読む	書く
1世・成（戦後）	3.13	2.82	2.44	2.13
1世・子（6以上）	3.60	3.64	3.80	3.64
1世・子（5以下）	3.50	4.00	4.00	4.00
2世	3.77	3.66	3.71	3.62
3世	3.97	3.89	3.97	3.92

表11(d)　オキナワ第1移住地における現地語の四技能の変遷

	聞く	話す	読む	書く
1世・成（戦後）	2.35	2.22	1.78	1.63
1世・子（6以上）	3.52	3.28	3.38	2.70
1世・子（5以下）	3.74	3.57	3.73	3.23
2世	3.89	3.68	3.89	3.67
3世	3.66	3.33	3.89	3.47

資料編

（4）家族に話しかける言語・家族から話しかけられる言語
（本土系コミュニティー）（本文 110-111 頁参照）

※図の中では、JとBを時計回りに配置し、その間にJBが入るよう処理した。図の中の空欄は、調査時点では家族内に上の世代が同居していないため「回答なし」であったことを示す。

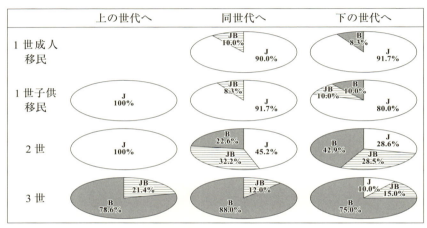

図1(a)　家族に話しかける言語（アリアンサ移住地）

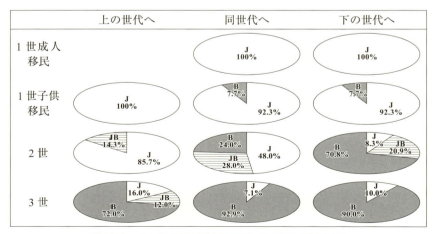

図1(b)　家族に話しかける言語（スザノ市福博村）

I 言語生活調査

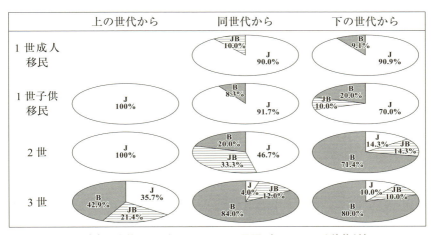

図2(a) 家族から話しかけられる言語（アリアンサ移住地）

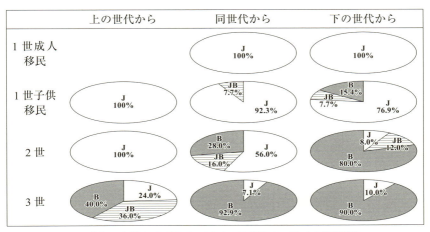

図2(b) 家族から話しかけられる言語（スザノ市福博村）

資料編

（5）家族に話しかける言語・家族から話しかけられる言語
（沖縄系コミュニティー）（本文115-117頁参照）

※以下の図では、O、J、Bを時計回りに配置し、その間にOJとJBが入るようにしている。その後に、JOBの順となるが、ビラカロンにのみ出てきたOBについては最後に入れている。空欄（1世成人移民の場合の上の世代や3世の場合の下の世代）は、そのような家族が同居していないため、「回答なし」であったことを示す。

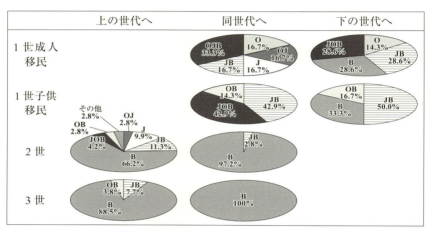

図3(a)　家族に話しかける言語（ビラカロン）

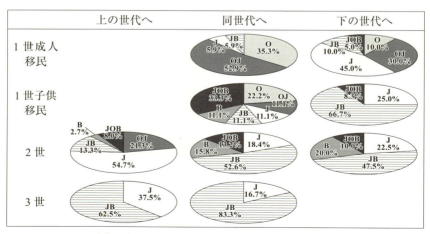

図3(b)　家族に話しかける言語（オキナワ第1移住地）

Ⅰ　言語生活調査

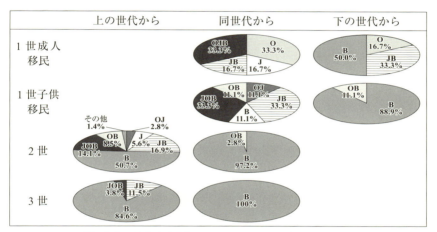

図4(a)　家族から話しかけられる言語（ビラカロン）

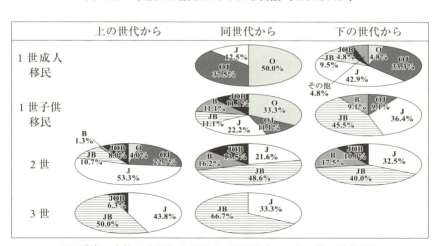

図4(b)　家族から話しかけられる言語（オキナワ第1移住地）

※なお、図の中の「その他」は複数回答や回答なしなどの場合である。

資料編

（6）家族内外の同世代への使用言語（本文118頁参照）

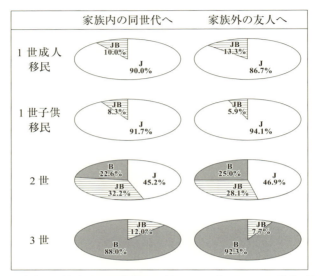

図5(a)　家族内外の同世代への使用言語（アリアンサ移住地）

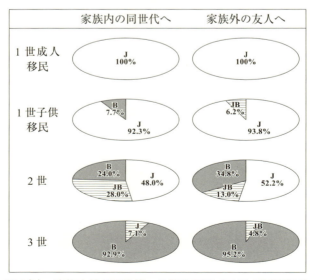

図5(b)　家族内外の同世代への使用言語（スザノ市福博村）

I 言語生活調査

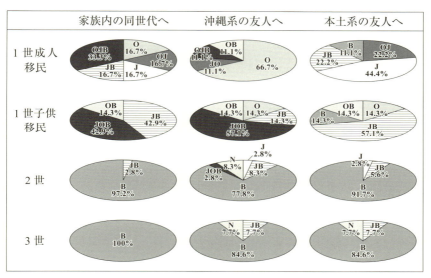

図6(a) 家族内外の同世代への使用言語（ビラカロン）

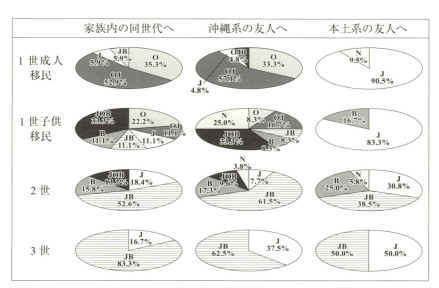

図6(b) 家族内外の同世代への使用言語（オキナワ第1移住地）

（7）言語の混交に関する意見 （本文 123-125 頁参照）

表12(a) 言語の混交に対する意見（アリアンサ移住地）

	1世・成	1世・子	2世	3世	合計
Aタイプ	1	2	1	4	8
Bタイプ	11	14	27	20	72
Cタイプ	2	-	3	-	5
その他	1	1	1	2	5
計	15	17	32	26	90

表12(b) 言語の混交に対する意見（スザノ市福博村）

	1世・成	1世・子	2世	3世	合計
Aタイプ	1	3	2	2	8
Bタイプ	7	12	27	13	59
Cタイプ	1	3	3	4	11
その他	1	-	-	3	4
計	10	18	32	22	82

表13(a) 言語の混交に対する意見（ビラカロン）

	1世・成	1世・子	2世	3世	合計
Aタイプ	-	1	4	3	8
Bタイプ	7	5	17	7	37
Cタイプ	-	1	6	1	8
その他	2	-	9	1	12
計	9	7	36	12	64

表13(b) 言語の混交に対する意見（オキナワ第1移住地）

	1世・成	1世・子	2世	3世	合計
Aタイプ	-	2	2	1	5
Bタイプ	19	8	27	4	58
Cタイプ	1	2	13	3	19
その他	1	-	8	-	9
計	21	12	50	8	91

Ⅱ パウリスタ新聞社編『日本・ブラジル人物交流事典』に掲載された「子供移民（15歳以下でのブラジル渡航）一覧」

パウリスタ新聞社編『日本・ブラジル人物交流事典』に掲載された子供移民（15歳以下でのブラジル渡航）

氏名	生年	移住年	年齢	職業、社会的役割等
青木正男	1913	1923	10歳	農産物仲買・映画館経営草分け、認識運動、日本戦災同胞救援活動
飯田彦光	1900	1913	13歳	実業家、プロミッソン文化日本人会会長、汎プロミッソン文化日本人会会長
五十嵐正雄	1914	1928	14歳	農業、山本喜誉司賞受賞
猪狩甲一	1924	1935	11歳	コクエーラ植民地日本人会会長・モジ文化協会評議員会会長
井川末数	1922	1928	6歳	希望の家福祉協会理事長、サンターナ文化体育協会理事長
出羽孝司	1921	1933	12歳	リオ日本国大使館勤務、日本航空リオ支店長
市村之	1918	1920	2歳	実業家、ウライ市長、ウライ市親睦会会長
伊藤三郎	1914	1927	13歳	ポッソス・デ・カルダス日本人会会長、日伯援護会地方委員
伊藤基治	1915	1917	2歳	様形象経営、瑞穂村開設以来村づくりに尽力、同村40年祭の委員長
井原日吉	1915	1929	14歳	実業家、サンパウロ日伯援護協会（副会長）、ブラジル生長の家理事長
今井純平	1920	1932	12歳	農業篤志家
上原幸啓	1927	1936	9歳	サンパウロ大学工学部教授
大浦文雄	1924	1929	5歳	福博青年会会長、福博村村長、「いこいの園」「こどもの園」理事
岡川秀春	1912	1926	14歳	マリリア市日伯文化協会会長、マリリア市会議員
小笠原一二三	1915	1920	5歳	農園経営者、陸上競技貢献者、ロンドリーナ文化体育協会評議員など
岡野源一	1917	1928	11歳	農業、フロレスタ市市会議員、日系移住者と伯国人社会との友好促進など
岡村良雄	1930	1937	7歳	実業家、パラナ州日伯商工会議所副会頭
小川真一	1915	1928	13歳	農業篤志家、ゴヤバ品種改良、山本喜誉司賞受賞
沖本昇	1919	1921	2歳	実業家、マリンガ文化体育協会会長
奥山孝太郎	1923	1929	6歳	農業経営、イタリアブドウの新品種発見、山本喜誉司賞受賞
小田憲璽	1924	1928	4歳	弁護士、会計士、クリチーバ日本文化援護協会会長など
小野恵全	1925	1934	9歳	日本合気会伯国総副支部長など
小野圭三	1912	1926	14歳	カーザ・小野商会社長
尾身倍一	1921	1932	11歳	実業家、サウーデ文化体育協会会長、こどもの園評議員副会長、ブラジル日本文化協会会長
鹿毛博文	1928	1936	12歳	農業篤志家、山本喜誉司賞受賞
笠井幸三	1926	1932	6歳	建築技師、クリチーバ学生聯盟創設者、パラナ総合大学工学部卒業
春日譲治	1920	1927	7歳	財界人、リオ国立大学土木科卒業
片岡菅夫	1916	1925	9歳	農業、イビポラン文化体育協会会長など
片山利宣	1916	1929	13歳	農場主、ドウラードス日本人会会長、南マットグロッソ州日伯文化連合会会長
上新	1922	1933	11歳	南伯農協中央会サントス販売所主任、サントス日本人会会長、救済会顧問など
栢野計治	1918	1929	11歳	ラヴィニア日本人会会長　俳人、コロニア文学賞受賞、雑誌「のうそん」俳壇選者

資料編

氏名	生年	移住年	年齢	職業、社会的役割等
河井美津子	1921	1934	13歳	翻訳家、ブラジル児童文学院、コロニア詩文学社、椰子樹など所属
北口勝治	1926	1935	9歳	モジダスクルーゼス文化協会理事長など
行徳八郎	1929	1929	0歳	実業家、スザノ市敷島植民地日本人会会長など
京野匹郎	1923	1926	3歳	サンパウロ化学専門学校卒、サンパウロ市会議員、州議員。山口県人会会長など
清谷益次	1916	1926	10歳	歌人、作家、農業、商業、新聞記者、農協職員など
栗原謙一	1918	1930	12歳	俳人、雑誌「のうそん」俳壇選者など
郷原重登	1900	1914	14歳	新聞記者、日伯実家女学校を夫人とともに経営、在伯福岡県人会理事など
斎藤廣志	1919	1934	15歳	サンパウロ大学教授
坂根源吾	1918	1930	12歳	サンパウロ日伯援護協会カンポス結核療養所所長
笹崎友三郎	1923	1933	10歳	実業家、マリリア日伯文化協会会長など
笹谷恒義	1929	1934	5歳	ドイス・イルモンエス文化協会など
佐藤常蔵	1907	1922	15歳	歴史学者、著述業、ブラジル日本文化協会理事
佐藤篤似	1918	1927	9歳	俳人、佐藤念腹の末弟。雑誌「木陰」の編集など、雑誌「朝陰」主宰
沢田脩	1922	1930	8歳	地方政治家（アマゾン・トメアスー移住地）、トメアスー産業組合の基礎つくり
島ノ江次郎	1915	1930	15歳	実業家、プレジデンテ・プルデンテ農村体育文化協会名誉会長など
榛葉隆一	1917	1928	11歳	バストス移住地、公証翻訳人、リオ日伯文化協会副会長など
末兼達雄	1924	1934	10歳	実業家、農業経営、ナビライ市に自己資金で寄宿舎建設、日本語教育普及
杉本正	1917	1930	13歳	農業経営者、スザノ福博日本人会会長、日系老人クラブ連合会副会長など
隅田弘	1921	1930	9歳	実業家、地方政治家、福岡県人会会長、中津川市レジストロ市姉妹友好都市協会会長
瀬古義言	1913	1926	13歳	農場主、文芸家、ブラジルにおける川柳の指導的役割、ブラジル川柳社代表など
高野芳久	1921	1934	13歳	実業家、山梨県人会会長、ブラジル日本都道府県人会連合会会長など
高橋勝	1907	1919	12歳	社会福祉法人「救済会」創立メンバー。サンパウロ商科大学卒。公証翻訳人など
滝谷良一	1931	1936	5歳	サンパウロ大学文理学部卒。米国留学。ブラジル自由メトジスト教会神学校教授
竹中正	1917	1929	12歳	アルバレス・ペンテアード高等商業学校卒、実業家、日系コロニアのスポーツ振興など
谷垣皓巳	1911	1926	15歳	実業家、コチア産業組合中央会専務理事など
田村昭	1933	1934	1歳	医師、ウライ市長など。教育のため単身帰国。後再渡航しクリチーバ総合大学医学部卒
土居健良	1918	1929	11歳	種鶏・孵化場経営。福祉事業貢献、スザノ市チジュッコ・プレット日本人会会長など
徳尾恒寿	1909	1924	15歳	会計士、歌人、アルバレス・ペンテアード商科大学卒。「渓舟」のペンネームで短歌
行方一郎	1919	1934	15歳	果樹改良家、山本喜誉司賞受賞
西徹	1923	1929	6歳	農園主、バストス市長、三重・サンパウロ州姉妹提携協力委員長など
西村一喜	1902	1912	10歳	コチア産業組合功労者（産業組合創立組合員）
二宮正人	1948	1954	6歳	サンパウロ大学法学部教授、弁護士
野田次平	1918	1925	7歳	サンパウロ州議員、建築技師、サンパウロ市マッケンジー大学卒

Ⅱ　子供移民一覧

氏名	生年	移住年	年齢	職業、社会的役割等
浜崎智	1910	1925	15歳	ウベラーバ日本人会会長など
原田節子	1912	1926	14歳	アルヴァーレス・マッシャード洋裁学校創設
半田知雄	1906	1917	11歳	画家、移民史研究者。サンパウロ美術研究会（聖美会）創設
平田公泰	1914	1927	13歳	映画興行。「シネ・ニッポン」代表
福島正登	1924	1935	11歳	実業家。アラボンガス文化運動聯盟会長など
星野瞳	1918	1930	12歳	俳人。ブラジル3人目のホトトギス同人。念腹のあと「パウリスタ俳壇」継承。「子雷」創刊
星野博	1921	1934	13歳	農場経営者。日本人会会長など
本庄賢一	1914	1927	13歳	実業家。農場試験場経営など
槇本智	1914	1928	14歳	農。ピラネマ植民地の農村文化の振興に貢献　ピラネマ日協会会長など
松岡春寿	1913	1928	15歳	花卉栽培者。山本喜誉司賞受賞
松原武雄	1917	1925	8歳	農・牧場経営。「サッカー・マツバラ」オーナー
松村英治	1917	1917	0歳	農場主、産業組合貢献者（レジストロ移住地）
間部学	1924	1934	10歳	画家
水本すみ子	1920	1932	12歳	エスペランサ婦人会功労者など
水本光任	1914	1929	15歳	新聞社（サンパウロ新聞経営）。菊池寛賞受賞（新聞社として）
溝口亥石	1923	1930	7歳	コチア産業中央理事、リンス慈善文化体育教会会長など
宮口義長	1910	1917	7歳	家具商。サンベルナルド・ド・カンポス市文化協会会長など
村上慶之助	1918	1927	9歳	農業、子弟の日本語教育への貢献、桃の新品種導入（山本喜誉司賞受賞）
村田典太郎	1915	1930	15歳	農場経営。ランシャリア日伯文化協会会長など
村松吉次郎	1919	1934	15歳	イビウーナ文化協会副会長、ブラジル岩手県人会会長
山田作市	1906	1919	13歳	サンパウロ州内の植民地開設。アレシャンドレ・グスモン農村文化協会顧問など
山中三郎	1909	1923	14歳	バストス日伯文化協会副会長。コチア産組バストス倉庫代表
山根保夫	1912	1926	14歳	実業家。ビリグイ日本人会会長
山本周作	1923	1930	7歳	茶業。レジストロ文化協会会長、南聖球連会長など
山本辰夫	1916	1929	13歳	実業家。カストロ文化体育協会、サンパウロ文化協会理事を歴任
山本守	1933	1946	13歳	農場経営者。ブドウ栽培の技術確立
吉雄武	1909	1918	9歳	実業家。東京都友会初代会長
吉雄弘	1912	1918	6歳	実業家。牧場経営者。プレジデンテ・プルデンテ農村文化体育協会評議員など
渡辺トミ・マルガリーダ	1900	1912	12歳	社会福祉事業家。社会福祉法人「救済会」創立。「サンパウロ聖母婦人会」創立など
渡辺廣	1927	1932	5歳	農業。トマトの品種改良

資料編

Ⅲ　DVD-ROM で公開するボリビアの談話資料に関する説明

　ボリビアのオキナワ第 1 移住地で実施した談話収録調査によるデータの一部を、本書添付 DVD-ROM「ボリビア沖縄系移民社会の談話資料 2015」で公開する。その内容は次の通りである。

1．談話収録調査の概要

　談話収録調査は、2007 年 8 月 23 日〜26 日に、オキナワ第 1 移住地内にあるオキナワ日本ボリビア協会の協力のもとに行われた。調査対象者は、「言語生活調査」の回答結果に基づいて選定した。収録対象とする談話については、基本的には、ブラジル（アリアンサ移住地、スザノ市福博村、サンパウロ市ビラカロン）で行った談話収録調査の方法を踏襲したが、オキナワ第 1 移住地の特徴を考慮し、次のように設計されている。（なお、②の談話収録の際には、調査者は同席しないことにした。）

表 1　収録談話のタイプ

①日本人調査員とのフォーマルな場面における談話			
②知人同士のインフォーマルな場面における談話	1 世	(a) 成人移民	(A) 同性の 1 世成人移民との沖縄方言中心の談話
			(B) 同性の 1 世成人移民との日本語中心の談話
		(b) 子供移民	(A) 同性の 1 世子供移民との談話
			(B) 同性の 1 世成人移民との談話
	2 世	(a) 中年	(A) 同性の 2 世中年話者との談話
			(B) 同性の 1 世話者との談話
		(b) 青年	(A) 同性の 2 世青年話者との談話
			(B) 同性の 1 世話者との談話
	3 世		同性の 3 世話者との談話

　ブラジルでの談話収録調査と異なる点は、「②知人同士のインフォーマルな場面における談話」の場合に、会話の相手を基本的に同性の知人としたう

えで、次のような基準を設け、下位タイプを行ったという点である。

1）世代の下位区分

1 世を、渡航時の年齢によって（a）成人移民と（b）子供移民に分けた。また、2 世は、年齢によって（a）中年話者（30〜40 代）と（b）青年話者（20 代）に分けた。

2）使用言語の設定

1 世成人移民と 3 世については、言語運用能力に見られる特徴から、次のように使用言語の指定をした。

・1 世成人移民：
　沖縄方言と日本語の両方の運用能力をもっている成人移民同士には、（A）沖縄方言中心、（B）日本語中心の 2 パターンで話していただくように依頼した。

・3 世：
　日本語の分析を主眼としたため、スペイン語ではなく、できるだけ日本語を使用していただくように依頼した。

このようにして、計 35 本の談話を収録した。このうち、本書で公開する談話は、計 8 本の談話（その一部）である。

資料編

2．談話資料の話者

本書で公開する談話の話者の属性を一覧化すると、次の表2のようになる。話者情報の詳細は、DVD-ROMの「話者詳細情報」を参照されたい。

表2　話者の属性

談話番号	話者	世代*	生年	性別	出身地	渡航年	職業
【01**】	A	1成	1930	男	名護市	1954	元農業
	B	1成	1931	男	北谷町	1961	元農業
【02**】	A	1成	1930	男	名護市	1954	元農業
	B	1成	1931	男	北谷町	1961	元農業
【03】	C	1子	1947	男	豊見城町	1960	農業・自営業
	D	1子	1953	男	読谷町	1958	農業
【04】	E	1子	1958	女	金武町	1959	農業
	F	1子	1959	女	読谷町	1961	農業
【05】	G	2世	1957	男	オキナワ第一移住地	－	農業・組合職員
	H	2世	1964	男	オキナワ第一移住地	－	農業・工場経営
【06】	H	2世	1964	男	オキナワ第一移住地	－	農業・工場経営
	I	2世	1964	男	オキナワ第一移住地	－	農業
【07】	J	2世	1983	男	オキナワ第一移住地	－	学生
	K	2世	1978	男	オキナワ第一移住地	－	農業・自営業
【08】	L	3世	1991	男	神奈川県***	－	学生（高校生）
	M	3世	1986	男	オキナワ第一移住地	－	学生

*　「1成」「1子」は、それぞれ「1世成人移民」「1世子供移民」を指す。
**　談話【01】、【02】のみ調査者が同席。（談話音声文字化資料での話者番号はまとめて#で示す。）
***　両親デカセギの際に出生。（2歳でオキナワ移住地に帰る。）

3. DVD-ROM の構成内容

本書に添付の DVD-ROM は、DVD-ROM 利用に際しての注意点について記した readme.txt と、次の3つのフォルダから成る。DVD-ROM を使用する前に、readme.txt の「はじめにお読みください」を一読されたい。

表3に、各フォルダを構成しているファイルとその概要を示す。

表3　CD-ROM の構成（フォルダ）

フォルダ	フォルダ内のファイル	概要
話者および談話情報	話者詳細情報	談話の話者となっているインフォーマントの情報（国籍、移民後の日本での居住経験、日本での通学歴、ボリビアでの通学歴、沖縄系日系人と話すときの使用言語）
	談話の概要	各談話の話者および使用言語に関する説明
談話音声文字化資料	文字化の基準	談話音声資料を文字化するにあたって作成した「文字化の基準」
	談話音声文字化資料【01】～【08】	談話音声を文字化したもの。2段組みになっており、左欄が音声をそのまま文字化したもの、右欄がその日本語（標準語）訳となっている。各談話の収録日、話者情報、談話時間、談話の概要についても記載。
談話音声ファイル	談話音声【01】～【08】	談話の音声ファイル

（本談話資料は、工藤真由美編（2012）『ボリビア沖縄系移民社会における談話資料』（大阪大学大学院文学研究科日本語学講座）に基づくものである。）

参考文献

青木保・内堀基光・梶原景昭・小松和彦・清水昭俊・中村伸浩・福井勝義・船曳達夫・山下晋司編（1997）『岩波講座 文化人類学 第5巻 民族の生成と論理』pp. 69-96, 岩波書店.
アリアンサ移住地史編纂委員会編（1970）『創設四十五年』アリアンサ移住地四十五年史刊行会.
井脇千枝（2005）「ブラジル日系移民社会における方言接触」大阪大学大学院文学研究科修士学位論文（未公刊）.
伊那宏（1985）「『コロニア文学』の意味づけ」『コロニア詩文学』5, pp. 2-8, コロニア詩文学編集部.
内堀基光（1989）「民族論メモランダム」田辺繁治編著『人類学的認識の冒険：イデオロギーとプラクティス』pp. 27-43, 同文館.
太田好信（1993）「文化の客体化：観光をとおした文化とアイデンティティの創造」『民族学研究』57-4, pp. 383-406, 日本民族学会.
大野盛雄・宮崎信江（1957）「小商品生産農家の成立過程：ノロエステ線ビラッキの事例」泉靖一編著『移民：ブラジル移民の実態調査』pp. 129-196, 古今書院.
大橋英寿編（1998）『南米ボリビア移住地出身者の日本適応に関する社会心理学的研究：中間報告（科学研究費補助金（基盤研究（B）(2)）研究成果報告書）』東北大学文学部社会心理学研究室.
小熊英二（1998）『〈日本人〉の境界：沖縄・アイヌ・台湾・朝鮮 植民地支配から復帰運動まで』新曜社.
小内透編著（2009）『ブラジルにおけるデカセギの影響（講座トランスナショナルな移動と定住 定住化する在日ブラジル人と地域社会 第三巻）』御茶の水書房.
翁長助成（1936）「沖縄県移民差別問題の回顧」球陽協会編『球陽協会創立10周年記念誌』pp. 29-36, 球陽協会.
神谷明（2005）「オキナワ移住地の歴史を変えた病気」コロニア・オキナワ入植50周年記念誌編集委員会編『ボリビアの大地に生きる沖縄移民：1954～2004』pp. 199-202, オキナワ日本ボリビア協会.
木村博（1936）「第二世と日本文化」『学友』4, pp. 38-42, サンパウロ学生聯盟.
清谷益次（1985）『遠い日々のこと』私家版.
――――（1998）「証言としての移民短歌：ブラジル日系人の百二十一首とその周辺」梶山美那江編『積乱雲 梶山季之：その軌跡と周辺』pp. 696-767, 季節社.
清谷益次・栢野桂山（2006）『ブラジル日系コロニア文芸 上巻』サンパウロ人文科学研究所.
工藤真由美編（2003）「ブラジル日系社会と日本語」『言語の接触と混交：日系ブラジル人の言語の諸相（大阪大学21世紀COEプログラム「インターフェイスの人文学」2002・2003年度報告書第5巻（第1部））』pp. 9-106, 大阪大学21世紀COEプログラム「インターフェイスの人文学」.
――――（2004）「ブラジル日系社会言語調査報告」『大阪大学大学院文学研究科紀要』

参考文献

44-2,pp. 1-460,大阪大学大学院文学研究科.
―――――― (2006)『言語の接触と混交:ブラジル日系社会言語調査報告』大阪大学 21 世紀 COE プログラム「インターフェイスの人文学」報告書.
―――――― (2012)『ボリビア沖縄系移民社会における談話資料』大阪大学大学院文学研究科日本語学講座工藤真由美研究室.
工藤真由美・森幸一・山東功・李吉鎔・中東靖恵(2009)『ブラジル日系・沖縄系移民社会における言語接触』ひつじ書房.
工藤真由美・白岩広行 (2010)「ボリビアの沖縄系移民社会における日本語の実態」『日本語学』29-6,pp. 4-16,明治書院.
国本伊代 (1989)『ボリビアの日本人村:サンタクルス州サンフアン移住地の研究』中央大学出版部.
久山恵 (2000a)「ブラジル日系一世の日本語におけるポルトガル語借用:借用頻度と社会的要因との関連性について」国立国語研究所編『日系ブラジル人のバイリンガリズム(第 7 回国立国語研究所国際シンポジウム第 1 専門部会)』pp. 1-19,凡人社.
――― (2000b)「ブラジル日系一世の日本語におけるポルトガル語借用:その形態と運用」『社会言語科学』3-1,pp. 4-16,社会言語科学会.
香山六郎 (1949)『移民四十年史』聖州新報社.
コロニア・オキナワ入植 40 周年記念誌編纂委員会編 (1995)『うるまからの出発』コロニア・オキナワ入植四十周年記念誌編纂委員会.
近藤健一郎 (2006)『近代沖縄における教育と国民統合』北海道大学出版会.
斉藤廣志 (1960)『ブラジルの日本人』丸善.
――― (1984)『ブラジルと日本人:異文化に生きて 50 年』サイマル出版.
在伯沖縄青年協会編 (1982)『移民青年隊着伯二五周年記念誌』在伯沖縄青年協会.
在ブラジル小禄田原字人会編 (1997)『小禄田原字人移民 80 周年記念誌:1917〜1997』在ブラジル小禄田原字人会.
佐藤常蔵 (1957)『ブラジルの風味』日本出版貿易.
佐野保太郎 (1937)「海外に於ける国語教育」『国語教育の諸問題(岩波講座国語教育 第 7 巻)』pp. 1-24,岩波書店.
サンパウロ人文科学研究所編著 (2002)『日系社会実態調査報告書』サンパウロ人文科学研究所.
庄司博史 (1997)「民族境界としての言語」青木保他編著『民族の生成と論理(岩波講座文化人類学 第 5 巻)』pp. 69-96,岩波書店.
白岩広行・森田耕平・齋藤美穂・朴秀娟・森幸一・工藤真由美 (2011)「ブラジルとボリビアにおける沖縄系エスニックコミュニティと日本語」『阪大日本語研究』23,pp. 1-31,大阪大学文学研究科日本語学講座.
鈴木一郎 (1980)『ブラジル社会と日本人』三修社.
鈴木正威 (1967)「ブラジルにおける日本語教育の現状とその将来について」『研究レポート』2,pp. 111-138,サンパウロ人文科学研究所.
高江洲頼子 (1994)「ウチナーヤマトゥグチ:その音声、文法、語彙について」『沖縄言語研究センター報告』3,pp. 245-289,沖縄言語研究センター.
高橋麟太郎編 (1937)『CADERNO DAS LICÇÕE／全科自習帳 小学第一学年用』私家版.
田辺繁治編著 (1989)『人類学的認識の冒険―イデオロギーとプラクティス―』pp. 27-43,同文館.

高畠清（1935）「愛する兄弟よ、何処に行くや」『学友』2, pp. 10-16, サンパウロ学生聯盟.
辻本昌弘（1998a）「日本におけるオキナワ移住地出身者の展開」東北大学文学部心理学研究室編『南米ボリビアのオキナワ村：移民の社会心理学的研究（中間報告書　第3章）』pp. 311-344, 東北大学文学部心理学研究室.
―――（1998b）「文化間移動によるエスニック・アイデンティティの変容過程：南米日系移住地から日本への移民労働者の事例研究」『社会心理学研究』14-1, pp. 1-11, 日本社会心理学会.
東北大学社会心理学研究室編（1998）『南米ボリビアのオキナワ村：移民の社会心理学的研究（中間報告書）』東北大学文学部心理学研究室.
冨山一郎（1990）『近代日本社会と「沖縄人」：「日本人」になるということ』日本経済評論社.
永田泰三（1969）「日語教育の諸問題」『研究レポート』4, pp. 83-96, サンパウロ人文科学研究所.
中東靖恵・Leonard A. de P. MELO（2003）「ブラジル日系社会における言語の総合的研究へ向けて（1）」『岡山大学文学部紀要』39, pp. 67-82, 岡山大学文学部.
中隅哲郎（1998）『ブラジル日系社会考』無明舎出版.
中野育男（2005）『米軍統治下沖縄の社会と法』専修大学出版局.
名護市史編さん室編（2008）『名護市史　本編5：出稼ぎと移民Ⅳ：戦後編・展望』名護市役所.
日伯文化普及会日本語教科書刊行委員会編（1961）『日本語教科書編集摘要』日伯文化普及会日本語教科書刊行委員会.
パウリスタ新聞社編（1996）『日本・ブラジル交流人名事典』五月書房.
朴秀娟・森幸一・工藤真由美（2013）「沖縄系エスニックコミュニティにおける日本語と沖縄方言の継承意識：ブラジル及びボリビアの言語生活調査から」『阪大日本語研究』25, pp. 1-29, 大阪大学文学研究科日本語学講座.
――――――――――――（2014）「沖縄系2世における言語生活史と日本語保持に関わる要因：ブラジルとボリビアの沖縄系移民社会の場合」『阪大日本語研究』26, 1-32, 大阪大学文学研究科日本語学講座.
半田知雄（1935）「雑草の花束」『学友』2, pp. 30-32, サンパウロ学生聯盟.
―――（1966）『今なお旅路にあり：或る移民の随想』太陽堂書店.
―――（1970）『移民の生活の歴史：ブラジル日系人の歩んだ道』家の光協会.
―――（1980a）「ブラジル日系社会における日本語の問題（1）」『言語生活』346, pp. 75-81, 筑摩書房.
―――（1980b）「ブラジル日系社会における日本語の問題（2）」『言語生活』347, pp. 58-65, 筑摩書房.
―――（1980c）「ブラジル日系社会における日本語の問題（完）」『言語生活』348, pp. 67-73, 筑摩書房.
比嘉裕（2000）「オキナワ移住地の建設と発展」ボリビア日本人移住100周年移住史編纂委員会編『ボリビアに生きる：日本人移住100周年誌（第六章）』pp. 233-260, ボリビア日系協会連合会.
弘中千賀子（1994）『いのち折々』日伯毎日新聞社.
深沢正雪（2013）「雑誌・刊行物史」ブラジル日本移民百周年記念協会・日本語版ブラジル日本移民百年史編纂・刊行委員会編『ブラジル日本移民百年史　第四・五巻合本（第六章）』pp. 473-628, 風響社.
ブラジル沖縄県人会日本語編集委員会編（2000）『ブラジル沖縄県人移民史：笠戸丸から90

参考文献

年：1908〜1998』ブラジル沖縄県人会.
ブラジル日本移民 70 年史編纂委員会編（1991）『ブラジル日本移民 70 年史：1908〜1978』ブラジル日本文化協会.
ブラジルに於ける日本人発展史刊行委員会編（1953）『ブラジルに於ける日本人発展史　下巻』ブラジルに於ける日本人発展史刊行会.
ブラジル日本移民八十年史編纂委員会編（1991）『ブラジル日本移民八十年史』ブラジル日本文化協会.
ブラジル日本移民百周年記念協会・日本語版ブラジル日本移民百年史編纂・刊行委員会編（2010）『ブラジル日本移民百年史　第三巻：生活と文化編（1）』風響社.
ブラジル日本移民百周年記念協会・日本語版ブラジル日本移民百年史編纂・刊行委員会編（2012）『ブラジル日本移民百年史　第一巻：農業編』風響社.
ブラジル日本人教育普及会編（1937）『日本語読本　巻一〜巻八』ブラジル日本人教育普及会.
─────（1937）『日本語読本教授参考書　巻一〜巻八』ブラジル日本人教育普及会.
細川周平（2008）『遠きにありてつくるもの：日系ブラジル人の思い・ことば・芸能』みすず書房.
ボリビア・コロニア沖縄入植 25 周年祭典委員会編（1980）『ボリビア・コロニア沖縄入植 25 周年誌』ボリビア・コロニア沖縄入植 25 周年祭典委員会.
ボリビア日本人移住 100 周年移住史編纂委員会編（2000）『ボリビアに生きる：日本人移住 100 周年誌』ボリビア日系協会連合会.
前山隆（1972）「薮崎正寿の文学」『コロニア文学』17 号，pp. 32-39，コロニア文学会.
─────（1975a）「加害者不明の被害者：コロニア文学論覚書」『コロニア文学』26，pp. 72-78，コロニア文学会.
─────（1975b）「コロニア文学の原点：安井・醍醐両氏に応える」『コロニア文学』28，pp. 102-104，コロニア文学会.
─────（1981）『非相続者の精神史：或る日系ブラジル人の遍歴』御茶の水書房.
─────（1982）『移民の日本回帰運動』NHK ブックス.
─────（1996）『エスニシティとブラジル日系人：文化人類学的研究』御茶の水書房.
─────（2001）『異文化理解とアイデンティティ：ブラジル社会と日系人』御茶の水書房.
マリオ平岡（1972）「ボリビアの農地改革と熱帯低地移植民」『移住研究』8，pp. 23-38，海外移住事業団.
水野浩志（1969）「『樽』を書いた頃」『コロニア文学』10，pp. 162-163，コロニア文学会.
森幸一（1991）「移民と二世：二人の日系社会科学者のライフ・ヒストリー研究序説」『移住研究』28，pp. 69-82，海外移住事業団.
─────（2000）「球陽協会の結成」ブラジル沖縄県人会編『ブラジル沖縄県人移民史：笠戸丸から 90 年：1908〜1998（第二節）』pp. 137-150，サンパウロ州印刷局.
─────（2003）「ブラジル沖縄県人の琉球芸能実践と主体の構築：演芸会・コンクール・パレード」西成彦・原毅彦編著『複数の沖縄：ディアスポラから希望へ』pp. 287-300，人文書院.
─────（2006）「ある沖縄系移民社会の予備的考察：家族・コミュニティー」『大阪大学 21 世紀 COE プログラム「インターフェイスの人文学」報告書　言語の接触と混交：ブラジル日系社会言語調査報告』大阪大学 21 世紀 COE プログラム「インターフェイスの人文学」.
─────（2011）「サンパウロ市における沖縄系エスニックコミュニティの成立と展開過程の経済的側面：自営業戦術の累積的連鎖を視点として」『比較民俗研究』26，pp. 92-124，神

奈川大学比較民俗研究会.
——— (2012)「オキナワ移住地における子弟教育の歴史と葛藤の諸相」『ボリビア沖縄系移民社会における談話資料』pp. 5-30, 大阪大学文学研究科工藤真由美研究室.
森幸一・大橋英寿 (1996)「日系人移住地への現地労働者の流入と定着：ボリビアのオキナワ移住地の事例」『日本文化研究所研究報告別巻』33 (通巻第 37 集), pp. 55-88, 東北大学文学部日本文化研究施設.
森脇礼之・古杉征己・森幸一 (2010)「ブラジルにおける子弟教育（日本語教育）の歴史」ブラジル日本移民百周年記念協会・日本語版ブラジル日本移民百年史編纂・刊行委員会編『ブラジル日本移民百年史　第三巻：生活と文化編 (1)』pp. 252-370, 風響社.
椰子樹社編 (2002)『椰子樹 300 号記念』椰子樹社.
屋比久孟清 (1987)『ブラジル沖縄移民誌』在伯沖縄県人会.
山本雅代 (1991)『バイリンガル：その実像と問題点』大修館書店.
李吉鎔 (2014a)「ブラジル日系社会 2 世の日本語能力の維持に関する要因」『日本語学研究』39, pp. 119-137, 韓国日本語学会.
——— (2014b)「南米の日系移民社会における言語運用能力の変容」『日本研究』37, pp. 65-87, (韓国) 中央大学校日本研究所.
李吉鎔・工藤真由美 (2014)「ブラジル日系社会における言語交替と日本語の保持」『日本研究』59, pp. 409-431, 韓国外国語大学校日本研究所.
李吉鎔・全紫蓮 (2014)「ブラジル日系社会における言語使用の動的諸相」『日本学研究』43, pp. 311-336, (韓国) 壇国大学校日本研究所.
琉球海外協会事務局編 (1955)『海外協会三十年沿革史』琉球海外協会.
琉球政府編 (1957)『ティグナー報告書：ブラジル編』琉球政府.
——— (1959)『ディグナー報告書：後編』琉球政府.
輪湖俊午郎 (1939)『バウル管内の邦人』私家版.
若槻泰雄・鈴木譲二 (1975)『海外移住政策史論』福村出版.

Barth, F. (1969) "Introduction" In Barth, F. (eds.) *Ethnic Groups and Boundaries : The Social Organization of Culture Difference.* Bergen：Oslo Univ. Forlaget, pp. 9-38.
——— (eds.) (1969) *Ethnic Groups and Boundaries : The Social Organization of Culture Difference.* Bergen：Oslo Univ. Forlaget.
Beebe, L. and Giles, H. (1984) Speech accommodation theories : a discussion in terms of second language acquisition. *International Journal of the Sociology of Language* 46, pp. 5-32.
Bell, A. (1984) Language style as audience design. *Language in Society* 13, pp. 145-204.
Brian, D. J. and Janda, R. D. (eds.) (2003) *The Handbook of Historical Linguistics.* Malden：Blackwell.
Bullock, B. and Toribio, A. J. (eds.) (2009) *The Cambridge Handbook of Linguistic Code-switching.* Cambridge；New York：Cambridge UP.
Chambers, J. K., Trudgill, P. and Schilling-Estes, N. (eds.) (2002) *The Handbook of Language Variation and Change.* Malden；Oxford：Blackwell.
Clifford, J. (1988) *The Predicament of Culture.* Cambridge and London：Harvard Univ. Press.
Clyne, M. (1997) Multilingualism. In Coulmas, F. (ed.) *The Handbook of Sociolinguistics.* Oxford：Blackwell, pp. 301-314.
——— (2003) *Dynamics of Language Contact : English and Immigrant Languages.* Cambridge；

参考文献

New York: Cambridge UP.
Coulmas, F. ed. (1997) *The Handbook of Sociolinguistics*. Oxford: Blackwell.
Fishman, J. (1972) *The Sociology of Language : An Interdisciplinary Social Science Approach to Language in Society*. Rowley: Newbury House. (湯川恭敏訳『言語社会学入門』大修館書店.)
Fishman, J. A. and Garcia, O. (eds.) (2010) *Handbook of Language and Ethnic Identity : Disciplinary and Regional Perspectives*. Vol. 1. 2nd ed. Oxford: Oxford UP.
Fuyou Koyama. (1949) O Nissei ; Ligeiros Traços. *Era*. No9/10, p. 1.
Hall, S. (1996) Who Needs "Identity"? In Hall, S. and Paul du Gay (eds.) *Questions of Cultural Identity*. London: Sage Pub., pp. 1-17.
Hall, S. and Paul du Gay (eds.) (1996) *Questions of Cultural Identity*. London: Sage Pub.
Haugen, E. (1953) *The Norwegian Language in America*. Philadelphia: University of Pennsylvania Press.
Hickey, R. (ed.) (2010) *The Handbook of Language Contact*. Chichester: Wiley-Blackwell.
Hiroshi Saito. (1957) Tipologia do Nissei, *Jornal Paulista* 1 do janeiro.
James, L. T. (1954) *The Okinawans in Latin America,* pp. 468-472.
─────── (1954) *The Okinawans in Latin America : investigations of Okinawan Communities in Latin America, with exploration of Settlement Possibilities*. Washington DC: Pacific Science Board, National Reseach Council.
Kerswill, P. (2002) Koineization and Accommodation. In Chambers, J. K., Trudgill, P., and Schilling-Estes, N. (eds.) *The Handbook of Language Variation and Change*. Malden; Oxford: Blackwell, pp. 669-702.
Lehmann, W. P. and Malkiel, Y. (eds.) *Directions for Historical Linguistics : A symposium*. Austin: University of Texas Press. (山口秀夫訳『言語史要理』大修館書店.)
Matras, Y. (2009) *Language Contact*. Cambridge; New York: Cambridge UP.
Thomason, S. T. and Kaufman, T. (1988) *Language Contact, Creolization, and Genetic Linguistics*. Berkeley: University of California Press.
Trudgill, P. (2004) *New-Dialect Formation : The Inevitability of Colonial Englishes*. Edinburgh: Edinburgh UP.
Vieira, F. I. S. (1973) *O Japonês Na Frente de Expansão Paulista*. São Paulo: Bib. Pioneira de Ciências.
Weinreich, U. (1953) *Language in Contact : Findings and Problems*. New York: Linguistic Circle of New York. (Reprinted 1968. Mouton.)
Weinreich, U., Labov, W., and Herzog, M. (1968) Empirical foundations for a theory of language change. In Lehmann, W. P. and Malkiel, Y. (eds.) *Directions for Historical Linguistics : A symposium*. Austin: University of Texas Press, pp. 95-189.
Winford, D. (2003) *An Introduction to Contact Linguistics*. Malden: Blackwell.

あとがき（謝辞）

　2007年までのブラジルにおける調査研究に関しては、すでに工藤・森・山東・李・中東（2009）において謝辞を述べさせていただいているが、その後、本書を仕上げるにあたって、ボリビア、ブラジルの方々（敬称略、肩書は調査当時）および機関をはじめとする多くの皆様のご協力をいただいた。記して心より感謝申し上げます。

- ボリビア、ブラジルでの調査研究：宮城和男（日ボ協会会長）、新城ベニータ（日ボ協会事務）、大城千景（日ボ協会事務）、桜井宏章（父兄会会長、日ボ協会副会長）、安里幸子（日ボ校日本語部校長）、比嘉裕（オキナワ第1移住地在住）、細川巧（オキナワ第1移住地在住）、比嘉徹（オキナワ第1移住地在住）、武田浩幸（ラパス・JICAボリビア事務所副所長）、ラパス沖縄県人会、サンパウロ人文科学研究所、ブラジル日本文化福祉協会図書館、ブラジル日本移民資料館、中東靖恵、仲間恵子、青木由香、森田耕平
- データ整理、文字化等：狩俣繁久、島袋幸子、高江洲頼子、白岩広行、齊藤美穂、森田耕平、王子田笑子、伊波枝里子、照屋ルジーア美雪、ファクンド・ガラシーノ、全紫蓮、林貴哉

索引

あ行

一般指名呼寄 218, 219
移民金庫(法) 212, 214, 216, 219, 222, 224
移民二分制限法 168, 175
井本淳 42, 155, 167, 169, 170, 181
ウチナーグチ 7, 8, 11, 242, 261-263
ウチナーグチ講座 44, 79, 262, 263
ウチナーヤマトゥグチ 14, 48, 308
内堀基光 269, 307
うるま移住組合 212, 229-232, 268
うるま農業産業組合 229
永住型自営開拓農移住地 63, 167
大浦文雄 43, 90, 181, 299
沖縄海外協会 207-211, 214, 220, 221, 225, 268
おきなわ学園 78, 79
オキナワ祭り(Okinawa Festival) 78, 79, 266
沖縄産業開発青年隊移民 219, 222
沖縄文化救済協会 220, 221, 268
沖縄民政府 207, 209
小野寺郁子 165, 166

か行

外国語新聞並びに外国語出版物禁止令 168
外国人移民同化政策 65, 168, 169, 252
外国人入国法施行細則 168
加害者不明の被害者意識 153, 201
『学友』 173, 174, 176, 203, 307, 309
勝ち組(戦勝派) 200, 220, 252
カボクロ(caboclo) 70, 92, 157, 158, 162, 173
木口小平 195
『球陽』 249
挙家移住 238
清谷益次 5-7, 42, 152, 170, 179-181, 185, 188, 201, 202, 300, 307
キングと通信教育の青春 162, 165, 202
近親呼寄 215, 218-220, 267
グルッポ・エスコラール(Grupo Escolar) 159
軍用地問題 215
計画移住 218, 219, 234
皇国殖民合資会社 144, 243
皇国臣民 188, 189
構成家族 145-148
公募移住 218, 219
コードスイッチング 14, 28, 48, 120
『国語読本』 47, 193-195
国策移民時代 146, 147, 149
雇用移住 218, 219
雇用農移民 222
『コロニア』(雑誌) 187, 188
コロニア文学 42, 150, 156, 181, 201, 202, 299, 307, 310

さ行

斉藤(廣志) 42, 145-147, 149, 151, 153, 186, 187, 201, 270, 300, 308
在伯沖縄救援連盟 220

在伯沖縄県人会　75, 78, 227, 268, 311
在伯青年　41, 172, 173, 179
在伯同胞社会　41, 150, 169, 172, 176, 177, 179
在伯邦人　41, 172
在伯邦人社会　172
在伯ボリビア親睦会　226, 227
桜田武夫　157, 158
佐野保太郎　197, 308
サンパウロ学生聯盟　173-175, 203, 307, 309
サンパウロ聖母婦人会　42, 181, 301
自営業型上昇戦術　76
試験移民時代　146
島袋伸三　208
指名呼寄移民　219, 222
下元健郎　175
純二世　34, 41, 172, 176, 183, 184
象徴化機能　9, 34, 133, 135
殖民事業　64, 149, 167
城間善吉　220, 249, 250
『尋常小学修身書』(巻一)　197
世界のウチナーンチュ大会　265
戦後2世　61, 87, 97, 99
戦前2世　61, 87, 97-99, 262
先祖の移住　261
属地主義　84, 187, 238

た行

第二世　17, 41, 172-176, 179, 183, 184, 190, 203, 307
竹中正　43, 181, 204, 300
タノモシ　227
短期の出稼ぎ戦術　145
中・長期の出稼ぎ戦術　149

同伴移民　143, 144, 153, 201, 202
土地収用令　223

な行

中隅哲郎　39, 153, 188, 202, 309
永田稠　63, 66, 88
2言語2文化教育　12, 20, 23, 24, 44, 45, 83, 84, 237, 239, 240
2重国籍　20, 45, 60, 61, 84-86, 237-240, 275, 276, 278, 279
日主伯従主義の教育観　66
日ボ校　9, 20, 24, 45, 46, 82, 83, 86, 103, 136, 240, 313
日本語禁止令　15, 19, 24
『日本語読本』　47, 192, 195-197, 204
日本語文学運動　42, 150, 156, 180, 181
野田良治　147, 148, 244, 246
野村基　198

は行

排日運動　168, 175, 203
伯主日従的子弟教育観　66
半田知雄　7, 8, 15-17, 42, 43, 63, 181, 185, 187, 200, 203, 301, 309
弘中千賀子　40, 42, 155, 164, 178, 179, 181, 185, 202, 309
フェイランテ(Feirante)　226
普通家族　147, 149
プライス勧告　215, 223
ブラジル学校　167, 204
ブラジル公教育　20, 23, 24, 44, 66, 67, 79, 159, 166, 177
ブラジル拓殖組合(ブラ拓)　64, 65
ブラジル日本人教育普及会　47, 192-195, 197, 310

米国民政府（USCAR） 208, 210, 212-214, 224, 229, 267
邦人小学校 169
縫製業（Custuleiro, Confecção） 77, 226, 227
ボリビア農業開拓移民 219, 267
ボリビア農業開拓移民計画 80, 238
ホワイトカラー・テクノクラート型上昇戦術 76

ま行

前山（隆） 4, 17, 76, 77, 143, 146, 147, 150, 151, 153, 154, 156, 165, 174, 176, 183, 184, 201-203, 253, 256, 258, 259, 271, 310
負け組（認識派） 200, 220
間部学 43, 181, 204, 301

や行

椰子樹 40, 90, 155, 180, 185, 203, 300, 311

薮崎正寿 42, 156, 157, 166, 181, 202, 310
ヤマトーンチュ 19, 44, 135, 257
呼寄移住 218, 219, 267
呼寄（せ）移民 210, 211, 215, 216, 221, 222, 247, 267, 268

ら・わ行

琉球海外協会 208, 211-214, 219, 220, 225, 232, 267, 268, 311
渡辺トミ・マルガリーダ 42, 181, 204, 301

A-Z

Utiná Press（ウチナー・プレス） 262, 263, 271
WUB（ワールドワイド・ウチナーンチュ・ビジネス協会） 265

著者紹介

工藤真由美（くどう　まゆみ）【編者】［第1章］
　大阪大学名誉教授・特任教授。東京大学大学院人文科学研究科博士課程単位修得退学、博士（文学、大阪大学）。専門は、日本語学、言語接触論。主な著作は、『現代日本語ムード・テンス・アスペクト論』（2014年、ひつじ書房、単著）、『複数の日本語』（2008年、講談社、共著）、『方言の文法』（2006年、岩波書店、共著）。

森幸一（もり　こういち）【編者】［第2章第2節、第4章第1節、第5章、資料編Ⅱ］
　サンパウロ大学哲学・文学・人間科学部教授。明治大学大学院政治学研究科修士課程修了、カンピーナス州立大学大学院社会人類学課程単位取得退学、博士（文学、東北大学）。専門は、文化人類学、沖縄（移民）研究。主な著作は、『ブラジル日本移民百年史　第4巻　生活と文化編2』・『ブラジル日本移民百年史　第5巻　総論・社会史論』（2013年、トッパン・プレス、共著）、『ブラジル日本移民百年史　第1巻　農業編』（2012年、トッパン・プレス、共著）、Diálogos Interculturais—Reflexões Interdisciplinares e Intervenções Psicossociais（2012年、サンパウロ大学高等研究院、共著）、『ブラジル日本移民百年史　第3巻　生活と文化編1』（2010年、風響社、共著）。

山東功（さんとう　いさお）［第4章第2節］
　大阪府立大学21世紀科学研究機構教授。大阪大学大学院文学研究科博士後期課程修了、博士（文学、大阪大学）。専門は、日本語学、日本思想史。主な著作は、『日本語の観察者たち—宣教師からお雇い外国人まで—』（2013年、岩波書店、単著）、『唱歌と国語—明治近代化の装置—』（2008年、講談社選書メチエ、単著）、『明治前期日本文典の研究』（2002年、和泉書院、単著）。

李吉鎔（い　きりょん）［第2章第1節、第3章第1節・第2節、資料編Ⅰ］
　（韓国）中央大学校人文大学アジア文化学部副教授。大阪大学大学院文学研究科博士後期課程修了、博士（文学、大阪大学）。専門は、社会言語学、日本語学。主な著作は、『사회언어학사전（社会言語学事典）』（2012年、소통（ソトン）、共著）、『韓国人による日本社会言語学研究』（2006年、おうふう、共著）、『社会言語学の展望』（2006年、くろしお出版、共著）。

朴秀娟（ばく　すよん）［第3章第3節、資料編Ⅲ、DVD-ROM（談話資料）］
　神戸大学留学生センター専任講師。大阪大学大学院文学研究科博士後期課程修了、博士（文学、大阪大学）。専門は、日本語学。主な著作は、「沖縄系2世における言語生活史と日本語保持に関わる要因—ブラジルとボリビアの沖縄系移民社会の場合—」（2014年、『阪大日本語研究』26、共著）、「類義形式「それほど」「そんなに」の一分析—テクストタイプと極性の観点から—」（2009年、『日語日文学研究』69-1、単著）。

日系移民社会における言語接触のダイナミズム
ブラジル・ボリビアの子供移民と沖縄系移民

発　行　日	2015 年 8 月 18 日　初版第 1 刷
編　　　者	工藤真由美　森幸一
発　行　所	大阪大学出版会
	代表者　三成賢次

　　　　　〒 565-0871
　　　　　吹田市山田丘 2-7　大阪大学ウエストフロント
　　　　　TEL　06-6877-1614（直通）
　　　　　FAX　06-6877-1617
　　　　　URL：http://www.osaka-up.or.jp

印刷・製本　　尼崎印刷株式会社

Ⓒ Mayumi Kudo & Koichi Mori et al. 2015　　　Printed in Japan
ISBN 978-4-87259-512-3 C3080

Ⓡ〈日本複製権センター委託出版物〉
本書を無断で複写複製（コピー）することは、著作権法上の例外を除き、禁じられています。本書をコピーされる場合は、事前に日本複製権センター（JRRC）の許諾を受けてください。